CYFLWYNIAD I HYFFORDDI CHWARAEON

Mae *Cyflwyniad i Hyfforddi Chwaraeon* yn rhoi arweiniad hwylus, llawn gwybodaeth i fyfyrwyr ar y theori sy'n sail i waith hyfforddi chwaraeon o ansawdd uchel.

Mae'r gyfrol unigryw, ddarllenadwy hon yn egluro arferion hyfforddi o amrywiaeth o safbwyntiau gwyddor chwaraeon, gan ddangos sut mae elfennau gwybodaeth mor amrywiol yn sail i hyfforddi chwaraeon effeithiol.

Defnyddir enghreifftiau hyfforddi go iawn ym mhob pennod i ddangos y theori ar waith, ac i ddangos sut y gall athletwyr elwa yn sgil dealltwriaeth eang yr hyfforddwr o chwaraeon.

Mae'r gyfrol yn rhoi cyflwyniad llawn i sut y gall Seicoleg Chwaraeon, Dysgu Echddygol, Ffisioleg, Meddygaeth Chwaraeon, Biomecaneg, Dadansoddi Nodiannol, Cymdeithaseg, Hanes, Athroniaeth, Pedagogeg a Datblygu Chwaraeon oleuo hyfforddi chwaraeon, ac yn egluro pam ei bod yn bwysig eu bod yn gwneud hynny.

Mae'r gyfrol *Cyflwyniad i Hyfforddi Chwaraeon* wedi'i golygu gan dîm o academyddion blaenllaw ym myd hyfforddi chwaraeon, a phob un ohonynt hefyd yn hyfforddwr chwaraeon profiadol. Mae'r testun yn cynnwys:

- Cyngor gan hyfforddwyr clybiau a hyfforddwyr rhyngwladol cyfoes
- Diffiniadau clir o themâu pwysig a chysyniadau allweddol sy'n ymwneud â'r wybodaeth gwyddor chwaraeon sy'n sail i hyfforddi
- Cwestiynau seminar a hunanbrofi i helpu i gadarnhau eich dealltwriaeth

Mae *Cyflwyniad i Hyfforddi Chwaraeon* yn gyfrol ddelfrydol i gefnogi myfyrwyr hyfforddi chwaraeon heddiw.

Mae **Robyn L. Jones** yn Athro Hyfforddi Chwaraeon, mae **Mike Hughes** yn Athro Dadansoddi Perfformiad ac mae **Kieran Kingston** yn Uwch Ddarlithydd mewn Seicoleg Chwaraeon. Mae pob un ohonynt yn gweithio yn Ysgol Chwaraeon Caerdydd yn Athrofa Prifysgol Cymru Caerdydd (UWIC).

CYFLWYNIAD I HYFFORDDI CHWARAEON

Y theori sy'n sail i'r ymarfer

Yr Athro Robyn L. Jones, Dr Kieran Kingston a'r Athro Mike Hughes

GWASG UWIC PRESS

Mae Robyn L. Jones yn Athro Chwaraeon a Theorïau Cymdeithasol, mae Mike Hughes yn Athro Dadansoddi Chwaraeon, ac mae Kieran Kingston yn Uwch Ddarlithydd mewn Seicoleg Chwaraeon. Mae'r tri yn aelodau o Ysgol Chwaraeon Caerdydd, Athrofa Prifysgol Cymru Caerdydd.

Diolchiadau

Mae fersiwn Cymraeg y llyfr hwn yn ffrwyth llafur prosiect a ariannwyd gan y Ganolfan Addysg Uwch Cyfrwng Cymraeg. Cyflawnwyd y prosiect gan yr Athro Robyn L. Jones a Dr Carwyn Jones o Ysgol Chwaraeon Caerdydd (APCC [UWIC]) gyda chymorth Dafydd Trystan (Canolfan Addysg Uwch Cyfrwng Cymraeg), Dafydd Hughes-Williams a Daniel Tiplady o Uned Iaith Gymraeg yr Athrofa. Diolch hefyd i Routledge am roi caniatâd i gyfieithu'r llyfr ac i Sports Coach UK am gael defnyddio'r llun ar y clawr.

ISBN: 978-1-905617-84-5

Gosodiad yr argraffiad Cymraeg: Andy Dark
Cyhoeddwyd gan Wasg UWIC
UWIC, Heol Cyncoed, Caerdydd, CF23 6XD
thill@uwic.ac.uk
029 2041 6515

CYNNWYS

ADRAN 1

ADRAN 2

ADRAN 3

RHESTR O DABLAU A FFIGURAU

Tablau

Ffigurau

RHESTR Y CYFRANWYR

Mae **Dr Nicola Bolton** yn Brif Ddarlithydd yn Ysgol Chwaraeon Caerdydd, Athrofa Prifysgol Cymru, Caerdydd (UWIC). Mae ei diddordebau ymchwil ym meysydd datblygu a rheoli chwaraeon, polisi cyhoeddus, strategaeth a gwerthuso. Mae'n aelod o fwrdd Cyngor Chwaraeon Cymru ac o fwrdd ISPAL.

Mae **Dr Scott Fleming** yn Uwch Ddarlithydd yn Ysgol Chwaraeon Caerdydd, UWIC. Mae ei ddiddordebau ymchwil ac addysgu yn bennaf ym maes cymdeithaseg chwaraeon a hamdden, yn ogystal ag ym meysydd methodoleg a moeseg ymchwil. Ar hyn o bryd, mae'n Gadeirydd y Gymdeithas Astudiaethau Hamdden (LSA).

Mae **Dr Kieran Kingston** yn Uwch Ddarlithydd a Chyfarwyddwr Disgyblaeth Seicoleg Chwaraeon yn Ysgol Chwaraeon Caerdydd, UWIC. Dyfarnwyd Doethuriaeth iddo yn 1999 gan Brifysgol Cymru, Bangor. Mae ei ddiddordebau ymchwil yn ymdrin yn bennaf ag agweddau symbylol ar chwaraeon, gan gynnwys nodau, hunanbenderfyniad, llwyrlosgi a hyder. Mae hefyd yn ymchwilio i seicoleg golff. Mae Kieran yn seicolegydd chwaraeon sydd wedi'i achredu gan Gymdeithas Gwyddorau Ymarfer a Chwaraeon Prydain (BASES) er 1999, a bu'n ymgynghorydd mewn amrywiaeth o chwaraeon unigol a chwaraeon tîm.

Mae **Dr Alun Hardman** yn Uwch Ddarlithydd yn Ysgol Chwaraeon Caerdydd, UWIC. Mae'n ymchwilio ym maes moeseg ac athroniaeth gymhwysol chwaraeon, ac mae'n canolbwyntio ar ddeall sut y gall sefydliadau wella hinsawdd foesegol eu camp o'r lefel sylfaenol hyd at y lefel elît.

Mae **Mike Hughes** yn Athro Dadansoddi Perfformiad ac yn Gyfarwyddwr y Ganolfan Dadansoddi Perfformiad yn Ysgol Chwaraeon Caerdydd, UWIC. Mae hefyd yn Gyfarwyddwr Academi Sboncen UWIC (Hyfforddwr Lefel IV) ac yn Gymrawd o'r Gymdeithas Ystadegol Frenhinol. Mae'n Athro Gwadd ym Mhrifysgolion Zagreb, Ljubljana a Magdeburg. Mae ei ddiddordebau ymchwil yn bennaf ym meysydd dadansoddi perfformiad chwaraeon, effaith dynameg hylifol mewn chwaraeon a datblygu methodolegau mewn dadansoddi nodiannol. Mae ei waith yn cael ei gyhoeddi mewn llawer o gyfnodolion blaenllaw, ac ef oedd Golygydd Cyffredinol cyntaf yr *International Journal of Performance Analysis of Sport*. Mae'n aelod o fwrdd golygyddol y *Journal of Sports Science*, yr *International Journal of Kinesiology* (Zagreb), yr *International Journal of Computers in Sports Science* a'r *International Journal of Sports Science and Engineering*.

Mae **Michael G. Hughes** yn Uwch Ddarlithydd ac yn Gyfarwyddwr Disgyblaeth Ffisioleg Ymarfer a Chwaraeon yn Ysgol Chwaraeon Caerdydd, UWIC. Mae ei brofiad ym maes ffisioleg perfformiad mewn campau elît yn seiliedig yn rhannol ar ei swyddi blaenorol fel ffisiolegydd ymarfer gyda Chanolfan Feddygol Olympaidd Prydain a Badminton England. Mae wedi'i achredu yn ddarparwr gwaith cefnogi gwyddor chwaraeon gan BASES. Ymhlith ei ddiddordebau ymchwil ar hyn o bryd mae ffisioleg chwaraeon amlwibiadau, asesu a hyfforddi ffitrwydd.

Mae **Dr Gareth Irwin** yn Uwch Ddarlithydd a Phennaeth Biomecaneg yn Ysgol Chwaraeon Caerdydd, UWIC. Mae'n Fiomecanydd Chwaraeon sydd wedi'i achredu gan BASES. Mae ei waith ymchwil yn trafod materion damcaniaethol sy'n ymwneud â datblygu sgiliau a chyfuno biomecaneg, gwyddor hyfforddi ac egwyddorion ymarfer drwy ddull amlbatrwm. Mae ei gefndir mewn chwaraeon ar lefel ryngwladol fel cyn gystadleuydd ac, ar hyn o bryd, fel hyfforddwr ar lefel ryngwladol yn hwyluso'i waith ymchwil cymhwysol.

Mae **Dr Carwyn Jones** yn Uwch Ddarlithydd mewn Moeseg Chwaraeon, ac ef oedd y person cyntaf yn y DU i ennill Doethuriaeth yn y pwnc. Mae'n addysgu moeseg chwaraeon, moeseg ymchwil a moeseg broffesiynol. Ei brif ddiddordebau ymchwil yw delfrydau ymddwyn, datblygiad moesol, twyllo, hiliaeth a materion moesegol eraill mewn chwaraeon. Yn ddiweddar cyhoeddwyd ei waith yn *The Journal of the Philosophy of Sport*, y *Sociology of Sport Journal* a'r *European Physical Education Review.*

Mae **Robyn L. Jones** yn Athro yn Ysgol Chwaraeon Caerdydd, UWIC ac yn Athro Gwadd yn Ysgol Gwyddorau Chwaraeon Norwy, Prifysgol Oslo, Norwy. Maes ei ymchwil yw cymdeithaseg feirniadol hyfforddi o safbwynt archwilio cymhlethdod y cyd-destun hyfforddi rhyngweithiol a'r modd y mae ymarferwyr yn ymdopi â'r dilemâu a fydd, yn anochel, yn codi. Cyhoeddwyd ei waith mewn nifer o gyfnodolion blaenllaw gan gynnwys *Quest, Sport, Education and Society, The Sport Psychologist* a'r *Sociology of Sport Journal.* Mae'n aelod o fwrdd golygyddol *Physical Education and Sport Pedagogy* a'r *International Journal of Sports Science and Coaching.*

Mae **David G. Kerwin** yn Athro ac yn Brif Ddarlithydd yn Ysgol Chwaraeon Caerdydd, UWIC. Mae ei ymchwil yn canolbwyntio ar ddatblygu a defnyddio technolegau newydd wrth ddadansoddi techneg mewn chwaraeon. Mae'n un o Gymrodyr Cymdeithas Frenhinol Meddygaeth (FRSM) a Chymdeithas Gwyddorau Ymarfer a Chwaraeon Prydain (FBASES), yn Aelod Colegol o'r EPSRC ac yn aelod o Gomisiwn Gwyddoniaeth y Fédération Internationale de Gymnastique (FIG). Mae David hefyd yn Brif Ymchwilydd i brosiect EPSRC sy'n ymchwilio i dechnolegau synwyryddion diwifr yn y gwaith o hyfforddi athletwyr elît.

Mae **Dr Gavin Lawrence** yn Ddarlithydd mewn Dysgu a Rheoli Echddygol yn Ysgol Gwyddorau Chwaraeon, Iechyd ac Ymarfer Prifysgol Cymru, Bangor. Ymhlith ei ddiddordebau ymchwil mae rheoli gweld-echddygol gan ganolbwyntio ar brosesu adborth, rhaglennu echddygol a chyrraedd arbenigedd.

Mae **Dr Malcolm MacLean** yn darlithio mewn hanes yn y Gyfadran Chwaraeon, Iechyd a Gofal Cymdeithasol ac yn Ddirprwy Ddeon Cynlluniau Modiwlaidd yn yr Uned Datblygu Academaidd ym Mhrifysgol Swydd Caerloyw. Mae ei ymchwil yn canolbwyntio ar chwaraeon mewn lleoliadau trefedigaethol ac ôl-drefedigaethol â ffocws arbennig ar y berthynas rhwng chwaraeon fel arfer ddiwylliannol a mudiadau cymdeithasol a gwleidyddol. Mae Dr MacLean yn Ddirprwy Gadeirydd Cymdeithas Hanes Chwaraeon Prydain, yn Llywydd Cymdeithas Ryngwladol Ysgolheigion Pêl-droed ac yn aelod o fwrdd golygyddol *Football Studies* a *Sport in History*.

Mae **Dr Andy Miles** yn Brif Ddarlithydd ac yn Gyfarwyddwr Menter ar gyfer Ysgol Chwaraeon Caerdydd, UWIC. Mae meysydd ei ddiddordeb a'i waith proffesiynol yn cynnwys cynnig gwyddor chwaraeon yn gefnogaeth i athletwyr elît, a datblygu a chyflwyno deunyddiau addysg hyfforddiant. Ar hyn o bryd mae'n aelod o Grŵp Adolygwyr Allanol UKCC.

Mae **Ian Mitchell** yn Uwch Ddarlithydd mewn Seicoleg Chwaraeon ac yn Gyfarwyddwr Pêl-droed yn Ysgol Chwaraeon Caerdydd, UWIC. Ac yntau'n gyn chwaraewr pêl-droed proffesiynol, bu'r rhan fwyaf o waith cymhwysol Ian ym maes gwella perfformiad ac ymddygiad hyfforddi mewn pêl-droed proffesiynol. Mae'n hyfforddwr sydd â chymhwyster UEFA a bydd yn gweithredu'n gyson ar gyrsiau addysg trwyddedau 'A' a 'Phroffesiynol' UEFA ar gyfer hyfforddwyr pêl-droed elît.

Mae **Dr Kevin Morgan** yn Uwch Ddarlithydd ac yn Gyfarwyddwr y Rhaglen MSc mewn Gwyddor Hyfforddi yn Ysgol Chwaraeon Caerdydd, UWIC. Mae ei ddiddordebau ymchwil ym meysydd pedagogeg a hinsawdd symbylol mewn addysg gorfforol a hyfforddi chwaraeon. Mae'n aelod o'r Gymdeithas ar gyfer Addysg Gorfforol (afPE) ac yn aelod o grŵp diddordeb arbennig Addysg Gorfforol BERA.

Mae **Dr Ian Pritchard** yn Uwch Ddarlithydd ac yn Gyfarwyddwr y Rhaglen BSc mewn Chwaraeon ac Addysg Gorfforol yn Ysgol Chwaraeon Caerdydd, UWIC. Ymhlith ei brif ddiddordebau ymchwil mae chwaraeon a phersbectifau neo-Farcsaidd; chwaraeon, hamdden a chenedlaetholdeb; a hanes chwaraeon a hamdden y bedwaredd ganrif ar bymtheg.

Mae **Bev Smith** yn Uwch Ddarlithydd ac yn Gyfarwyddwr Rhaglen ar gyfer gradd MA Hyfforddi a Datblygu Chwaraeon yn Ysgol Chwaraeon Caerdydd, UWIC. A hithau'n gyn hyfforddwr gymnasteg rhyngwladol, mae Bev ar hyn o bryd yn aelod o Fwrdd Sports Coach UK ac o Fwrdd ISPAL.

Mae **Dr Owen Thomas** yn Uwch Ddarlithydd mewn Seicoleg Chwaraeon yn Ysgol Chwaraeon Caerdydd, UWIC. Ymhlith ei brif ddiddordebau ymchwil mae straen mewn chwaraeon a hyder chwaraeon. Mae'n Seicolegydd Chwaraeon sydd wedi'i achredu gan BASES.

Mae **Dr Richard Tong** yn Gyfarwyddwr Dysgu ac Addysgu yn Ysgol Chwaraeon Caerdydd, UWIC. Mae'n Ffisiolegydd Chwaraeon yn ogystal ag yn Gydlynydd Academaidd y rhaglen MSc mewn Meddygaeth Ymarfer a Chwaraeon yn UWIC. Mae wedi'i achredu gan BASES ers dros ddegawd erbyn hyn i roi cymorth ffisiolegol i berfformwyr elît.

RHAGAIR

NOD A CHEFNDIR

Er bod ysgolheigion yn cytuno bod hyfforddi'n weithgaredd cymhleth, amlweddog sy'n ymwneud â nifer o fathau gwahanol o wybodaeth, mae'r deunydd darllen sy'n sail iddo wedi'i feirniadu'n hallt (e.e. Jones *et al*. 2006 ymhlith eraill), yn enwedig y deunydd sydd ar lefel dechreuwyr neu lefel ragarweiniol. Mae'r anfodlonrwydd yn ymwneud yn bennaf â'r ffaith bod hyfforddi'n cael ei bortreadu fel cyfres o weithgareddau dilyniannol y gellir eu nodi, a'r rheini'n cael eu cyflwyno ac yna eu derbyn gan yr athletwr heb ddadlau – darlun sy'n gorsymleiddio'r broses yn ddybryd. Bu'r portread hwn yn un darniog a rhanedig ei natur, yn cyflwyno hyfforddi fel cyfres o elfennau unigol, ar wahân, sydd i raddau helaeth heb gysylltiad â'i gilydd. Y broblem â'r math yma o gyflwyniad yw bod y rhannau sy'n cael eu dadansoddi yn cael eu tynnu o'u cyd-destun, gan olygu bod pethau'n cael eu disgrifio mewn ffordd artiffisial iawn. Y gwir yw nad yw hyfforddi yn beth mor ddiamwys, ac mae pawb sy'n hyfforddi neu a gafodd eu hyfforddi yn dyst i hynny. Yr hyn sy'n halen yn y briw yw bod hyfforddwyr a myfyrwyr hyfforddi wedi cael eu gadael i wneud y cysylltiadau rhwng y gwahanol haenau damcaniaethol a realiti anodd ymarfer drostynt hwy eu hunain, ac nad ydynt wedi llwyddo i wneud hynny'n gyson. Nid yw'n syndod, felly, fod pobl yn amau perthnasedd y math yma o waith. O ganlyniad mae llawer o'r wybodaeth sydd gan hyfforddwyr yn dal i fod yn seiliedig ar dybiaethau dealledig yn hytrach nag ar theori ac ymchwil bendant. Yn ddiau, byddai awduron y testunau rhagarweiniol hyn yn gallu dadlau mewn ffordd ddigon teilwng bod angen i hyfforddi gael ei gyflwyno mewn modd sy'n hygyrch ac yn ddealladwy i fyfyrwyr a hyfforddwyr newydd. Yr ydym ni'n cytuno'n llwyr. Felly mae dilema'n wynebu'r rhai hynny sy'n dymuno ysgrifennu llyfr sylfaenol ar hyfforddi – sut i ysgrifennu testun clir, darllenadwy ar gyfer myfyrwyr israddedig a hyfforddwyr sy'n dechrau ar eu gwaith, heb lastwreiddio'r gwaith i'r fath raddau fel na ellir gweld unrhyw werth iddo yn y byd real.

Mae'r llyfr hwn, a ysgrifennwyd yn bennaf gan academyddion o Ysgol Chwaraeon Caerdydd, UWIC, yn ymateb i'r her honno. Felly, mae iddo dri phrif nod: cyflwyno myfyrwyr i natur amlweddog hyfforddi a'r prif wybodaethau sy'n ei oleuo; amlygu'r modd y gellir – ac, yn wir, y dylid – cysylltu'r gwybodaethau hyn ag ymarfer hyfforddi; ac, yn olaf, eu pwysleisio yn rhan o gyfanrwydd integredig sy'n ffurfio natur gyfannol y gweithgaredd. Felly, er bod y llyfr hwn yn rhagarweiniad, nid yw'n un o'r llyfrau 'dangos sut i hyfforddi' hynny sy'n cynnwys dim mwy na rhestr o awgrymiadau defnyddiol ac atebion cyflym. Yn wir, dyma sut y mae'n wahanol i lyfrau'r gorffennol. Mae arwyddocâd y llyfr i'w weld yn hytrach yn y ffaith ei fod yn diffinio'n well y gwybodaethau sy'n rhan o hyfforddi a sut y maent yn cyfrannu at gorff cyfunol o ddealltwriaeth ar gyfer hyfforddwyr newydd a myfyrwyr hyfforddi. Drwy egluro fel hyn, mae'n bosib i ni beri i ddarllenwyr deimlo bod ffynonellau gwybodaeth pendant yn fwy perthnasol ac, yn sgil hynny, gellir lleihau'r bwlch rhwng theori ac ymarfer.

CYNNWYS

Er nad yw'r penodau sydd wedi'u cynnwys yn y llyfr yn honni eu bod yn cwmpasu pob ffynhonnell bosib o wybodaeth sydd ar gael i hyfforddwyr, eto i gyd maent yn archwilio hyfforddi o nifer o bersbectifau sy'n gysylltiedig â gwyddorau chwaraeon. Yr ydym ni'n ymwybodol y gallai pobl ystyried bod cyflwyno'r llyfr yn y fformat hwn yn mynd yn groes i'r ddadl sydd newydd ei chyflwyno o safbwynt darnio gwybodaeth. Fodd bynnag, gan gymryd cymhlethdod y pwnc a natur ragarweiniol y llyfr i ystyriaeth, er mwyn eglurder ac er mwyn dileu unrhyw ofnau a rhwystredigaeth ymhlith darllenwyr, penderfynwyd cyplysu'r gwybodaethau ar gyfer hyfforddwyr ynghyd gan ddilyn diffiniadau gwyddor chwaraeon. Nid yw hynny'n golygu ein bod wedi aberthu natur amlweddog a dyrys hyfforddi er mwyn hwyluso pethau i ni ein hunain, gan fod pob pennod, er ei bod yn uned ar wahân, yn trafod tystiolaeth a chysyniadau priodol sy'n uniongyrchol gysylltiedig â natur anniben a deongliadol hyfforddi. Yn ogystal, yn unol â chymhlethdod y deunydd sy'n cael ei archwilio, mae'n anochel bod elfen o orgyffwrdd rhwng y syniadau a drafodir yn rhai o'r penodau. Yn hytrach na gweld hyn yn beth gwael, fodd bynnag, yr ydym ni'n ystyried bod y cyfuno cysyniadol hwn yn caniatáu i ddarllenwyr ganfod a deall y syniadau mwyaf dadlennol a chyson sy'n sail i waith hyfforddi, a hynny mewn modd eglur (Jones *et al.* 2007). Er enghraifft, mae'r penodau sy'n ymwneud â seicoleg (Pennod 3) ac athroniaeth (Pennod 6) yn amlygu pwysigrwydd cymharol datblygu symbyliad mewnol athletwyr – hynny yw, gwerthfawrogi'r gêm er ei mwyn ei hun er mwyn sicrhau'r perfformiad gorau posib. Gellid dweud yr un peth ynghylch penderfynu beth a olygir wrth ryngweithio priodol gydag athletwyr, a drafodir (mewn gwahanol ffyrdd) ym Mhennod 1 ('Pedagogeg ar gyfer hyfforddwyr') ac ym Mhennod 4 ('Cymdeithaseg ar gyfer hyfforddwyr').

Yn ogystal, er mwyn annog darllenwyr i wneud y cysylltiadau angenrheidiol rhwng y gwahanol benodau drostynt hwy eu hunain, yr ydym wedi'u clystyru'n fwriadol fel bod pob pennod yn cael ei dilyn gan bennod arall sy'n berthnasol iddi. Er enghraifft, mae 'Caffael sgiliau ar gyfer hyfforddwyr' (Pennod 2) yn cael ei rhagflaenu gan 'Pedagogeg ar gyfer hyfforddwyr' (Pennod 1) a'i dilyn gan 'Seicoleg ar gyfer hyfforddwyr' (Pennod 3). Mae'r penodau sy'n trafod 'Cymdeithaseg ar gyfer hyfforddwyr' (Pennod 4), 'Hanes ar gyfer hyfforddwyr' (Pennod 5), 'Athroniaeth ar gyfer hyfforddwyr' (Pennod 6) a 'Datblygu chwaraeon ar gyfer hyfforddwyr' (Pennod 7) wedi'u grwpio yn yr un modd, ac felly hefyd y penodau sy'n ymwneud â 'Biomecaneg ar gyfer hyfforddwyr' (Pennod 8), 'Dadansoddi nodiannol ar gyfer hyfforddwyr' (Pennod 9), 'Meddygaeth chwaraeon ar gyfer hyfforddwyr' (Pennod 10) a 'Ffisioleg ar gyfer hyfforddwyr' (Pennod 11). Fodd bynnag, nid yw grwpio'r penodau fel hyn yn awgrymu na ellir ac na ddylid gwneud cysylltiadau rhwng y clystyrau, gan fod y ffiniau rhyngddynt wrth reswm yn rhai hyblyg ac hydraidd. Yn wir, yr oedd

XiV

cynnwys y grwpiau o benodau yn benderfyniad goddrychol pendant gennym a chafwyd digon o ddadlau brwd yn ei gylch. Y pwynt sydd i'w wneud yw bod cysylltiad naturiol (i raddau amrywiol) rhwng pob pennod, a dylid cofio hyn wrth eu darllen.

Mae pob un o'r penodau hyn sy'n trafod disgyblaeth benodol yn defnyddio fformat tebyg. Mae hyn yn cynnwys diffiniad clir o'r maes dan sylw ac yna drafodaeth ar nifer o is-feysydd neu luniadau pwysig sy'n sail iddo. Er enghraifft, yn y bennod 'Cymdeithaseg ar gyfer hyfforddwyr' (Pennod 4) trafodir materion sy'n ymwneud â micro-cymdeithaseg (h.y. rhyngweithio wyneb yn wyneb) a macro-cymdeithaseg (h.y. sut y bydd grymoedd cymdeithasol ehangach megis hil neu rywedd yn effeithio ar ymddygiad). Fodd bynnag, yn hytrach na chadw'r wybodaeth a gyflwynir ar wahân, yr ydym wedi ceisio cadw ei natur mewn golwg drwy ei rhoi o fewn cyd-destun hyfforddi. Felly, fel y crybwyllwyd uchod, ceir ymgais i ddangos sut mae'r wybodaeth a gyflwynir ym mhob pennod yn goleuo'r gwaith hyfforddi mewn ffyrdd cyffredinol ac mewn ffyrdd penodol. Bydd pob pennod, felly, yn nodi enghreifftiau sy'n taflu goleuni ar haen benodol o wybodaeth hyfforddi ac yn dangos sut y gellir defnyddio'r enghreifftiau hyn i ddeall byd real hyfforddi yn well. Mae pob pennod yn cloi hefyd â chyfres o bwyntiau trafod sy'n ymwneud â'r wybodaeth a gyflwynwyd yn y bennod, a gellir defnyddio'r pwyntiau hyn i wirio a mesur dealltwriaeth y darllenwr. I gloi'r llyfr, bydd y bennod olaf (Pennod 12: 'Dod â phopeth ynghyd') yn amlinellu sut y gellir ystyried dull hyfforddi mwy cyfannol a phersonol a fydd yn cynnwys yr holl haenau gwahanol o wybodaeth a drafodwyd eisoes. Y nod yn y fan yma yw dangos sut mae angen i'r gwahanol wybodaethau a gyflwynwyd yn y penodau eraill gael eu dwyn ynghyd, eu dadansoddi a'u defnyddio ar lefel unigol er mwyn mynd i'r afael â phroblemau unigryw, cyd-destunol hyfforddi.

AR GYFER PWY MAE'R LLYFR?

Mae'r enw 'Cyflwyniad i hyfforddi chwaraeon' yn un cwbl addas ar gyfer y llyfr hwn gan ei fod yn eich cyflwyno i'r wybodaeth am wyddor chwaraeon sydd wrth wraidd hyfforddiant ar gyfer myfyrwyr israddedig. O ran ei gynllun, mae hwn yn llyfr clir a hylaw. Dyma'r unig astudiaeth hyfforddi ffurfiol y bydd rhai myfyrwyr yn ei chael, ond i fyfyrwyr eraill bydd yn sylfaen ar gyfer ymchwilio pellach. Fodd bynnag, dylai'r llyfr wella ymwybyddiaeth gyffredinol pob myfyriwr ynglŷn â'r gwahanol wybodaethau sy'n sail i waith hyfforddi a sut y gellir cysylltu pob un ohonynt ag ymarfer. Gwedd werthfawr arall ar y llyfr yw ei fod, wrth gyfleu i raddau natur gymhleth hyfforddi, yn cyfuno'r prif wybodaethau o fewn adrannau dealladwy, ac ar yr un pryd, gobeithio, yn rhoi i'r myfyrwyr ryw flas o'r hyn y mae bod yn hyfforddwr yn ei olygu. Ein bwriad, felly, yw cyflwyno elfen o bendroni ac o fyfyrio i waith meddwl ac arferion y rhai hynny sy'n dechrau astudio hyfforddi fel maes ymchwilio academaidd. Mae hyn yn arbennig o wir o safbwynt codi ymwybyddiaeth ynglŷn â'r math o wybodaethau sy'n rhan o hyfforddiant a sut y gellir eu deall yn well a'u datblygu er mwyn llywio arferion gwaith.

Robyn L. Jones,
Kieran Kingston
a Mike Hughes

DIOLCHIADAU

Yn amlwg, mae cyfrol fel hon yn ffrwyth llafur llawer o bobl. Hoffem ddiolch yn arbennig i'r awduron sydd wedi cyfrannu – y mae'r rhan fwyaf ohonynt yn gydweithwyr yn Ysgol Chwaraeon Caerdydd yn UWIC – am eu gwaith caled a'u diwydrwydd wrth i'r prosiect ddatblygu, ac i'r hyfforddwyr a roddodd i ni eiriau addas i'w dyfynnu ar ddechrau pob pennod. Diolch hefyd i Routledge ac yn arbennig i Sam Grant, y golygydd a gomisiynodd y gwaith, am ei chymorth parhaus o ran datblygu testunau academaidd ar gyfer myfyrwyr hyfforddi. Yn olaf, yr ydym yn cydnabod yn ddiolchgar barodrwydd sawl awdur a deiliad hawlfraint i ganiatáu i ni ailgynhyrchu eu gwaith yn y gyfrol hon.

ADRAN 1

PENNOD 1

PEDAGOGEG AR GYFER HYFFORDDWYR

Kevin Morgan

Mae'r hyfforddwyr gorau yn athrawon da.

Syr Clive Woodward
Hyfforddwr tîm rygbi buddugol Lloegr yng Nghwpan y Byd 2003
(Cain 2004: 19)

RHAGARWEINIAD

Yn draddodiadol ystyriwyd bod bwlch rhwng y modd y mae pobl yn synio am hyfforddi chwaraeon a'r modd y syniant am addysgu chwaraeon, â hyfforddi'n cael ei ystyried yn fater o gynnig hyfforddiant a chaffael sgiliau corfforol tra bod addysgu'n ymwneud â datblygiad cyfan yr unigolyn (Jones 2006, Lee 1988). Mae'r bwlch hwn yn cael ei amlygu gan ddiffiniadau o chwaraeon ac addysg gorfforol, megis: 'Mae chwaraeon yn cwmpasu ystod o weithgareddau corfforol y gall oedolion a phobl ifanc gymryd rhan ynddynt ond mae AG ar y llaw arall yn broses o ddysgu' (Adran Addysg a Gwyddoniaeth/Y Swyddfa Gymreig 1991: 7) ac 'mae AG yn y bôn yn broses addysgol, tra bydd y ffocws mewn chwaraeon ar y gweithgaredd' (Capel 2000: 137). Y duedd fu, felly, i bobl ystyried bod pedagogeg, sy'n cael ei diffinio fel 'unrhyw weithgaredd ymwybodol gan un person sydd wedi'i gynllunio i wella'r dysgu mewn person arall' (Watkins a Mortimer 1999: 3), y tu allan i'r cysyniad traddodiadol o hyfforddiant mewn chwaraeon (Jones 2006). Dangosodd data o gyfweliadau diweddar gyda hyfforddwyr elît (Jones *et al.* 2004), fodd bynnag, eu bod hwy'n ystyried eu hunain yn addysgwyr yn hytrach nag yn hyfforddwyr sgiliau corfforol. Er enghraifft, soniodd Ian McGeechan, cyn hyfforddwr tîm rygbi'r Llewod, am sefydlu amgylchedd dysgu er mwyn 'tyfu chwaraewyr' ac am hyfforddi unigolion fel eu bod yn 'deall rhywbeth'. Yn yr un modd, awgrymodd Graham Taylor, cyn hyfforddwr tîm pêl-droed Lloegr, mai 'math o ddysgu yw hyfforddi mewn gwirionedd' gan ei fod yn ymwneud yn bennaf â chyfathrebu, dysgu a chynnal perthynas bositif â'r rheini sy'n cael eu haddysgu (Jones *et al.* 2004: 21). Canfu astudiaethau ymchwil eraill fod hyfforddwyr da yn ymddwyn yn debyg i athrawon da, gan eu bod yn poeni ynghylch y rheini sydd yn eu gofal ac yn pendroni'n gyson ynghylch yr hyn y maent yn ei wneud a'u ffordd hwy o'i gyflawni (Gilbert a Trudel 2001). Mae hyn yn awgrymu mai'r 'athletwr yn dysgu yn hytrach na'r perfformio mecanistig sy'n greiddiol i hyfforddi' (Jones 2006: 8) ac mae'n bosib y dylid rhoi lle mwy canolog i theori bedagogaidd

3

yn y gwaith o baratoi hyfforddwyr.

Diben y bennod hon yw nodi rhai o'r cysyniadau pedagogaidd allweddol y gellid eu defnyddio i lywio arferion hyfforddi ac felly i wella gwaith dysgu'r athletwr. Mae'r adran gyntaf yn ymdrin â theorïau dysgu, gan ddechrau gyda'r persbectif ymddygiadol cyn symud ymlaen i drafod theori dysgu cymdeithasol ac adeileddiaeth, ac mae'n cynnwys enghreifftiau ymarferol sy'n dangos sut y gellir eu defnyddio wrth hyfforddi. Yna ceir ymdriniaeth o arddulliau addysgu a theori deallusrwydd lluosog, a rhoddir sylw arbennig i waith Mosston (1966) a Gardner (1993). Yn olaf, defnyddir theori hinsawdd symbylol (Ames 1992a, 1992b, 1992c) a'r gwaith ymchwil cysylltiedig (Morgan a Carpenter 2002, Morgan et al. 2005a, Morgan et al. 2005b) a'u perthnasu ag ymarfer hyfforddi.

THEORÏAU DYSGU

Cafodd dysgu ei ddiffinio fel y newid sy'n digwydd i unigolyn o ganlyniad i brofiad (Mazur 1990). Ers diwedd y bedwaredd ganrif ar bymtheg bu theorïau dwy brif garfan o feddylwyr yn amlwg mewn sefyllfaoedd addysgol a sefyllfaoedd chwaraeon, sef eiddo'r ysgol ymddygiadol ac eiddo'r ysgol adeileddol. Mae theorïau dysgu ymddygiadol yn canolbwyntio ar sut y mae canlyniadau gweithgareddau, er enghraifft canmoliaeth yn dilyn perfformiad gwell, yn newid ymddygiad unigolion (Slavin 2003). Mae theori dysgu cymdeithasol, sy'n un o gynhyrchion mawr y traddodiad ymddygiadol (Bandura 1986), yn canolbwyntio ar sut y mae unigolion yn modelu eu hymddygiad ar ymddygiad pobl eraill. Ar y llaw arall, mae theorïau adeileddol yn honni bod rhaid i ddysgwyr ddarganfod a thrawsnewid gwybodaeth newydd er mwyn dysgu'n effeithiol.

Theori dysgu ymddygiadol

Mae theorïau dysgu ymddygiadol yn ceisio darganfod egwyddorion ymddygiad sy'n nodweddu pob person byw (Slavin 2003). Bu ymddygiadwyr megis Pavlov (1849-1936) yn Rwsia a Watson (1878-1958) a Thorndike (1874-1949) yn UDA yn canolbwyntio'n bennaf ar geisio manipiwleiddio'r cysylltiadau rhwng sbardun (S) ac ymateb (R) ac arsylwi ar y canlyniadau. Yn ôl deddf effaith Thorndike, os ceir newid boddhaol yn yr amgylchedd yn dilyn rhyw weithred, yna mae'n fwy tebygol y caiff y weithred honno ei hailadrodd mewn sefyllfaoedd tebyg na gweithred a ddilynir gan effaith anffafriol. Er enghraifft, os bydd hyfforddwr yn canmol gweithred, mae'n fwy tebygol y caiff y weithred honno ei hailadrodd na gweithred sy'n cael ei beirniadu.

Mewn ffordd debyg i Thorndike, canolbwyntiodd Skinner (1904-1990) ar ddefnyddio canlyniadau dymunol neu annymunol er mwyn rheoli ymddygiad, a chafodd hyn ei alw'n gyflyru gweithredol. Ystyriwyd bod canlyniadau dymunol, megis rhoi canmoliaeth neu wobrau, a elwir yn atgyfnerthwyr, yn cryfhau'r ymddygiad tra bod canlyniadau annymunol, megis beirniadaeth gyhoeddus, a elwir yn gosbwyr, yn ei wanhau (Slavin 2003). Ar y sail hon, mae theori dysgu ymddygiadol yn awgrymu os yw unigolion yn mwynhau'r amgylcheddau hyfforddi chwaraeon a chystadlu, yna byddant yn fwy tebygol o barhau i gymryd rhan ac i fod yn llwyddiannus ynddynt ond, os bydd y canlyniadau'n annymunol iddynt, maent yn

4

fwy tebygol o roi'r gorau iddi. Mae'n debyg felly fod creu hinsawdd sy'n bleserus ac yn werthfawr yn elfen bwysig mewn hyfforddi da, er y bydd gan bawb wahanol syniadau ynglŷn â'r hyn sydd gyfystyr â hinsawdd bleserus a gwerthfawr.

Mae'r atgyfnerthwyr a ddefnyddir amlaf yng nghyswllt chwaraeon yn cynnwys canmoliaeth, sylw, graddau a chydnabyddiaeth ar ffurf tlysau, tystysgrifau a bathodynnau. Fodd bynnag, er bod y math yma o atgyfnerthwyr yn cael eu hystyried yn symbylwyr, mae'r farn yn eu cylch yn amrywio o un person i'r llall. O'r herwydd, ni allwn gymryd yn ganiataol y bydd canlyniad arbennig yn gweithredu fel atgyfnerthwr i bawb. Er enghraifft, bydd rhai unigolion yn mwynhau cael eu dewis i ddangos sgìl arbennig mewn rhyw gamp neu'i gilydd o flaen eu cyfoedion, ond bydd eraill yn teimlo'n lletchwith yn gwneud hynny ac yn ceisio osgoi cael eu dewis. Felly, os bydd yr hyfforddwr yn dewis gwahanol bobl i gymryd rhan heb ofyn neu ystyried gyntaf a ydynt am wneud hynny, gallai'r atgyfnerthwr tybiedig weithredu fel cosbwr mewn gwirionedd. Yn ei dro, gallai hyn beri i rai pobl beidio â gwneud eu gorau er mwyn osgoi cael eu dewis i gymryd rhan yn gyhoeddus.

Mae atgyfnerthwyr sy'n ffyrdd o osgoi neu ddianc rhag sefyllfaoedd annymunol yn cael eu galw'n atgyfnerthwyr negyddol, e.e. peidio â gorfod gwneud mwy o ymarfer os yw ansawdd y sesiwn yn dda. Mae egwyddor atgyfnerthu arall, sy'n cael ei galw'n Egwyddor Premack (Premack 1965), yn ymwneud â hyrwyddo ymddygiad llai dymunol drwy ei gysylltu â gweithgareddau mwy dymunol. Un defnydd cyffredin o'r egwyddor hon yng nghyswllt addysgu AG a hyfforddi chwaraeon yw addo gêm i'r rhai sy'n cymryd rhan os bydd eu hymarferion sgiliau blaenorol yn ddigon da.

Mae'r prif ganllawiau ar gyfer defnyddio atgyfnerthu i sicrhau mwy o ymddygiad dymunol yn yr ystafell ddosbarth ac ym mywyd pob dydd yr athletwr yr un mor addas hefyd yng nghyswllt hyfforddi (e.e. Baldwin a Baldwin 1998, Walker a Shea 1999). Er enghraifft, dylid penderfynu i ddechrau pa ymddygiad sy'n ddymunol ac atgyfnerthu'r math yma o ymddygiad pan fydd yn digwydd. Yn ail, dylid cyfleu'r math dymunol o ymddygiad – megis ymdrech, gwelliant, agwedd bositif a chwarae teg – yn glir ac esbonio pam y mae'n bwysig. Yn olaf, dylid atgyfnerthu'r ymddygiad cyn gynted ag sy'n bosib wedi iddo ddigwydd er mwyn gwneud y cysylltiad rhwng yr ymddygiad a'r canlyniad.

Mae atgyfnerthwyr mewnol yn ffyrdd o ymddwyn sydd gan unigolion a fydd yn rhoi boddhad o'u rhan eu hun heb ddim gwobr arall. Mae atgyfnerthwyr allanol, ar y llaw arall, yn wobrau sy'n cael eu rhoi i symbylu unigolion i ymddwyn mewn ffyrdd sy'n wahanol i'r modd y byddent yn ymddwyn fel arall (Slavin 2003). Ceir tystiolaeth sy'n awgrymu bod atgyfnerthu'r math o ymddygiad y byddai plant wedi'i ddangos beth bynnag yn gallu tanseilio symbyliad mewnol sy'n hanfodol os ydynt am gymryd rhan mewn chwaraeon yn y tymor hir (e.e. Deci et al. 1999). Felly, os bydd tasgau hyfforddi yn cael eu cynllunio i fod yn bleserus ac yn amrywiol ac i gynnig yr her fwyaf bosib i athletwyr, efallai na fydd yn rhaid defnyddio gwobrau allanol er mwyn cynnal eu diddordeb a'u symbyliad ac y gallai gwneud hynny, mewn gwirionedd, wneud drwg i'r symbyliad mewnol. Mae Slavin (2003) yn awgrymu, os tybir bod atgyfnerthwyr allanol yn angenrheidiol, y dylid defnyddio hunanatgyfnerthiad neu ganmoliaeth i ddechrau cyn defnyddio tystysgrifau neu wobrau. Fodd bynnag, efallai y bydd yn rhaid defnyddio atgyfnerthwyr ymarferol er mwyn symbylu unigolion i wneud pethau pwysig na fyddent, o bosib, yn eu gwneud fel arall.

5

Mae cosbwyr yn ganlyniadau sy'n gwanhau ymddygiad (Slavin 2003). Os na fydd canlyniad sy'n cael ei ystyried yn annymunol yn lleihau'r ymddygiad, mae'n dilyn nad yw'n gosbwr. Er enghraifft, mae'n bosib y bydd gweiddi ar rywrai am ymddygiad gwael tybiedig yn rhoi iddynt y sylw yr oeddent yn chwilio amdano ac yn gwella'u statws ymhlith eu cyfoedion, gan ei gwneud hi'n fwy tebygol y byddant yn ailadrodd y math hwn o ymddygiad yn hytrach na'i leihau. Un math o gosb a ddefnyddir yn aml ac yn llwyddiannus mewn AG a sefyllfaoedd hyfforddi plant iau yw 'saib', pan fydd yn rhaid i unigolyn eistedd ar wahân i'r gweithgaredd am amser penodol. Yn ôl White a Bailey (1990), drwy ddefnyddio canlyniad 'eistedd a gwylio' mewn dosbarthiadau AG llwyddwyd i gael gwared, fwy na heb, ar unrhyw gamymddwyn gan ddisgyblion ysgolion cynradd.

Gall tynnu atgyfnerthwyr yn ôl fod yn ffordd effeithiol o wanhau ymddygiad hefyd. Ystyriwch, er enghraifft, sefyllfa lle y bydd un plentyn yn gweiddi'r atebion drwy'r amser mewn sesiynau grŵp fel na fydd yr un o'r plant eraill yn cael cyfle i gyfrannu. Bydd anwybyddu'r plentyn hwnnw a mynnu bod pawb yn codi llaw er mwyn ateb yn gwanhau ac yn y pen draw yn cael gwared ar y gweiddi. Fodd bynnag, cyn i'r gweiddi beidio, gallai gynyddu; gelwir y math yma o ymddygiad yn gynnydd cyn tewi (Slavin 2003). Os bydd yr hyfforddwr yn gweld bod yr ymddygiad hwn yn cynyddu ac yn caniatáu i'r unigolyn ateb, yna bydd yn anfon y neges waethaf bosib i'r unigolyn, a ddaw i feddwl bod gweiddi yn gweithio os bydd yn parhau i wneud hynny.

Mewn theori dysgu ymddygiadol, caiff sgiliau newydd eu haddysgu neu eu ffurfio drwy symud fesul cyfres o gamau atgyfnerthu bach tuag at y weithred derfynol ddymunol (Walker ac O'Shea 1999). Er enghraifft, pan fyddai hyfforddwr yn addysgu ergyd flaenllaw i ddechreuwyr llwyr mewn tennis, ni fyddai'n dangos yr ergyd lawn yn unig ac yna'n aros nes y câi ei pherfformio'n berffaith cyn atgyfnerthu'r dysgwr. Yn hytrach, byddai'r hyfforddwr yn atgyfnerthu gafael gywir ar y raced yn gyntaf, yna'r safle, y pwynt cyswllt ac yn y blaen, nes y câi'r ergyd lawn ei pherfformio. Felly, caiff techneg yr unigolyn ei gwella drwy atgyfnerthu'r camau unigol tuag at y nod terfynol. Ymhen tipyn, ni fydd rhaid atgyfnerthu'r camau cynnar er mwyn cynnal yr ymddygiad gan y bydd canlyniad terfynol yr ergyd yn llwyddiannus ac yn ddymunol. Felly, unwaith y bydd y dechneg wedi'i sefydlu, bydd gofyn atgyfnerthu yn llai aml ac mewn ffordd lai rhagweladwy er mwyn sicrhau ymatebion cywir. Y rheswm dros hyn yw bod atgyfnerthu ar adegau amrywiol, a rhoi gwobr yn dilyn cyfnod amhenodol o ran amser a chymhlethdod, yn fwy cadarn o lawer nag amserlenni penodedig (Slavin 2003). Er enghraifft, os bydd yr hyfforddwr yn canmol y chwaraewr tennis yn dilyn pob ergyd dda ac yna'n peidio â'i ganmol, gallai'r chwaraewr golli ei symbyliad. Fodd bynnag, os bydd yr hyfforddwr yn raddol yn caniatáu i'r chwaraewr gynyddu nifer yr ergydion da y bydd yn eu chwarae cyn ei ganmol, ac yn canmol bob hyn a hyn (amserlen cymhareb amrywiol), bydd y chwaraewr yn fwy tebygol o barhau i chwarae heb ddim atgyfnerthu neu â dim ond ychydig iawn o atgyfnerthu gan yr hyfforddwr.

Felly, gall theori dysgu ymddygiadol esbonio a chyfiawnhau llawer o'r mathau o ymddygiad a ddefnyddir yng nghyd-destun chwaraeon. Fodd bynnag, anaml iawn y bydd defnyddio'r theori yn broses syml. Er enghraifft, bydd y pethau fydd yn atgyfnerthwyr i un person yn gosbwyr i berson arall. Mae'n well gan rai chwaraewyr atgyfnerthwyr mewnol, ond bydd eraill yn ymateb yn fwy positif i wobrau allanol. Gallai lefelau hunan-barch a chymhwysedd

6

yr unigolyn ddylanwadu ar sut y bydd yn ystyried ac yn ymateb i wahanol atgyfnerthwyr a chosbwyr. Gallai profiadau blaenorol gyda phobl arwyddocaol eraill, megis rhieni, athrawon/hyfforddwyr, cyfoedion a brodyr/chwiorydd, ddylanwadu ar ymateb unigolyn i ganmoliaeth a beirniadaeth hefyd. Yn ogystal, bydd rhai chwaraewyr yn barnu eu llwyddiant drwy gymharu ag eraill (h.y. canfyddiad normadol), tra bydd eraill yn fwy hunangyfeiriol yn eu diffiniad personol o lwyddiant (Nicholls 1989) (ceir trafodaeth fanylach ar hyn ym Mhennod 3: 'Seicoleg ar gyfer hyfforddwyr'). Gallai'r holl ystyriaethau hyn ac eraill ddylanwadu ar sut y bydd yr hyfforddwr yn defnyddio theori dysgu ymddygiadol. Drwy adnabod unigolion a newidynnau sefyllfaol yn drwyadl a myfyrio ar brofiadau blaenorol, bydd yr hyfforddwyr gorau yn dysgu defnyddio'r ymddygiadau a'r strategaethau fydd fwyaf effeithiol ar gyfer gwahanol sefyllfaoedd hyfforddi. Felly, yr unig ffordd y gall yr hyfforddwyr gorau ddysgu mabwysiadu'r ymddygiadau a'r strategaethau mwyaf effeithiol ac addas ar gyfer gwahanol sefyllfaoedd hyfforddi yw drwy fod â gwybodaeth drylwyr am unigolion a newidynnau sefyllfaol ynghyd â myfyrio ar brofiadau a gafwyd eisoes.

Theori dysgu cymdeithasol

Mae theori dysgu cymdeithasol yn derbyn y rhan fwyaf o egwyddorion theorïau ymddygiadol ond mae'n canolbwyntio mwy ar fodelu neu ddysgu arsylwadol (Bandura 1986). Er ei bod yn berthnasol i waith dysgu athletwyr, hyd yma fe'i defnyddiwyd yn fwy arferol i esbonio sut mae hyfforddwyr yn datblygu eu dulliau a'u harddulliau hyfforddi eu hunain. Ac, yn y cyswllt hwn, mae'n debyg i fwrw prentisiaeth (Cassidy et al. 2004). O safbwynt y berthynas rhwng y dysgu a'r addysgu, mae Bandura (1986) yn disgrifio modelu fel proses ag iddi bedwar cyfnod: sylwi, cadw, cynhyrchu symud a symbylu. Yn y cyfnod sylwi, bydd yr hyfforddwyr gorau yn gosod eu hunain mewn safle sy'n addas ar gyfer y grŵp, yn cyfathrebu'n effeithiol gan ganolbwyntio ar ychydig o bwyntiau hyfforddi allweddol, ac yn dangos y sgiliau sawl gwaith gan roi gwybod i'r dysgwyr ar yr un pryd beth yn union y dylent fod yn edrych amdano (Weinberg a Gould 2003). Mae'r ail gyfnod, sef y cyfnod cadw, yn ymwneud â rhoi'r weithred dan sylw ar gof. Gallai hyn gynnwys ymarfer yn y meddwl neu holi ac ateb gan yr hyfforddwr i helpu'r dysgwyr gofio'r pwyntiau allweddol. Yna mae angen ymarfer corfforol er mwyn cael cyfnod effeithiol o ailgynhyrchu'r symud, fel y gall unigolion ddysgu cydlynu gwaith eu cyhyrau â'u meddwl. Er mwyn i'r cyfnod hwn fod yn effeithiol, mae angen dilyniant sgiliau a chymaint o amser â phosib i ymarfer. Y cyfnod olaf yw'r cyfnod symbylu, ac ni all y cyfnodau eraill fod yn effeithiol heb y cyfnod hwn, pan fydd y dysgwyr yn dynwared model oherwydd eu bod yn credu y bydd gwneud hynny'n gwella'u cyfle i lwyddo.

Mae hunanreolaeth yn gysyniad pwysig arall mewn theori dysgu cymdeithasol (Schunk 1999). Yn ôl Bandura (1977a), bydd pobl yn ystyried eu hymddygiad eu hunain, yn ei feirniadu yn erbyn eu safonau eu hunain ac yn atgyfnerthu neu'n cosbi eu hunain yn sgil hynny. Er mwyn i ni wneud hyn, bydd angen i ni wybod hyd at ba lefel yr ydym ni ein hunain yn disgwyl perfformio. Gall hyfforddwyr feithrin hunanreolaeth drwy gael athletwyr i osod nodau hunangyfeiriol cyn ac yn ystod cystadlaethau a sesiynau hyfforddi (Ames 1992b). Gallai'r nodau olygu ceisio gwella perfformiad techneg neu sgìl penodol neu dorri i lawr ar

7

nifer y camgymeriadau a wneir. Felly, mae hunanreolaeth yn gysylltiedig â phrosesau'r meddwl ac mae'n dechrau cau'r bwlch rhwng y persbectif ymddygiadol a'r dull adeileddol o fynd ati i ddysgu.

Theorïau dysgu adeileddol

Y farn gyffredinol bellach yw na fyddwn yn dysgu drwy dderbyn yn oddefol ac yna ddwyn i gof y pethau sy'n cael eu haddysgu i ni. Yn hytrach, mae a wnelo dysgu ag adeiladu ein hystyr ni ein hunain drwy greu cyswllt â'r pethau yr ydym yn eu gwybod eisoes. Mae theori dysgu adeileddol yn pwyso'n drwm ar waith Piaget (1896-1980) a Vygotsky (1896-1934) a oedd yn dadlau y naill fel y llall fod angen proses o golli cydbwysedd ar ôl derbyn gwybodaeth newydd er mwyn dysgu'n effeithiol (Slavin 2003). Mae pedair egwyddor allweddol sy'n deillio o syniadau Vygotsky wedi helpu i lunio theorïau dysgu adeileddol. Yn gyntaf, cynigiodd Vygotsky fod plant yn dysgu drwy ryngweithio'n gymdeithasol gydag oedolion a chyfoedion mwy medrus, sy'n debyg iawn i theori dysgu cymdeithasol. Felly, bydd adeileddwyr yn hybu grwpiau gallu cymysg a sefyllfaoedd dysgu cydweithredol lle y bydd unigolion yn agored i feddyliau a syniadau nifer o bobl eraill. Enghraifft o hyn mewn sefyllfa hyfforddiant tîm fyddai gosod tasg ar gyfer grŵp lle byddai timau o allu cymysg yn cydweithredu â'i gilydd i ganfod cryfderau a gwendidau eu gwrthwynebwyr a dyfeisio strategaethau a thactegau i ennill y blaen arnynt.

Yr ail gysyniad allweddol yw'r syniad bod plant ar eu gorau yn dysgu pan fyddant wrthi'n gwneud tasgau na allant eu gwneud ar eu pennau eu hunain ond y gallant eu gwneud â chymorth oedolion neu gyfoedion – gofod dysgu sy'n cael ei alw'n barth datblygiad procsimol (Vygotsky 1978). Dylai unigolion gael wynebu heriau ar wahanol lefelau gan fod parth datblygiad procsimol pob un ohonynt yn wahanol. Mae gwahaniaethu o ran tasg neu ganlyniad, felly, yn un agwedd allweddol ar hyfforddi lle y defnyddir dull adeileddol. Gallai'r gwahaniaethu fod ar ffurf cynllunio tasgau â rhai ohonynt yn fwy anodd na'i gilydd, neu drwy ganiatáu amser hyblyg ar gyfer cwblhau tasgau.

Mae'r trydydd cysyniad yn cael ei alw'n brentisiaeth wybyddol. Mae'n deillio o'r ddau gyntaf gan ei fod yn cyfeirio at y broses lle y bydd dysgwr yn raddol yn magu arbenigedd drwy ryngweithio ag arbenigwr a fydd naill ai'n oedolyn neu'n ddysgwr cyfoed sy'n gweithio ar safon uwch. Ym myd hyfforddiant, gallai hyn olygu proses o fentora lle y bydd hyfforddwyr sydd newydd gymhwyso neu sydd o dan hyfforddiant yn dysgu gan ymarferwyr mwy profiadol. Yn yr un modd, gallai chwaraewyr llai profiadol elwa'n sylweddol drwy dderbyn arweiniad gan eu cydchwaraewyr mwy profiadol.

Yn olaf, mae cysyniad Vygotsky o sgaffaldio neu ddysgu cyfryngol yn ystyried bod yr athro neu'r hyfforddwr yn hwyluso'r dysgu drwy gynnig llawer o gymorth yn y cyfnodau cynnar ac yna gynnig llai a llai yn raddol wrth i'r dysgwr ddod yn fwy hyddysg. Mewn termau ymarferol, gallai hyn olygu bod yr hyfforddwr yn strwythuro'r sesiynau yn fwy yn rhan gyntaf y tymor ac yna'n gadael i'r chwaraewyr gymryd mwy o gyfrifoldeb ac arwain mwy wrth i'r tymor fynd yn ei flaen. Enghraifft arall o ddefnyddio'r cysyniad o sgaffaldio wrth hyfforddi yw defnyddio tasgau ymarferol a holi cysylltiedig gan yr hyfforddwr er mwyn i'r athletwyr ddarganfod atebion drostynt hwy eu hunain. Mae hyn yn gyson ag arddull addysgu

8

Darganfod dan Arweiniad y byddwn yn ei thrafod yn yr adran nesaf. Dylai'r gwaith holi wneud i'r dysgwr feddwl a dylai ganolbwyntio ar gwestiynau 'pam' a 'sut' ac ar fynnu barn yn hytrach nag ar ddwyn i gof yn unig, gan ei gwneud hi'n angenrheidiol i athletwyr lunio eu cysyniadau eu hunain a, thrwy wneud hyn, wella eu dysgu.

ARDDULLIAU ADDYSGU

Mae'r defnydd a wneir o'r termau 'arddulliau addysgu' a 'dulliau addysgu' yn y deunydd darllen ar hyfforddi chwaraeon ac addysg gorfforol yn gallu peri cryn ddryswch. Yn ôl diffiniad Seidentop (1991), arddull addysgu yw'r rhyngweithio rhwng athro a disgyblion, ond mae ef yn disgrifio dull addysgu fel fformat hyfforddi. Yn groes i hyn, mae Mosston (1966) yn awgrymu nad mater o fympwy personol yw arddulliau addysgu, a'u bod yn ddulliau o'r herwydd. At ddibenion y bennod hon ac er mwyn osgoi dryswch, byddwn yn defnyddio diffiniad Mosston o arddull addysgu, sy'n gyfystyr â dull addysgu.

Mae sbectrwm arddulliau addysgu Mosston yn gontinwwm sy'n cael ei gategoreiddio yn ôl y penderfyniadau y bydd yr athro neu'r dysgwr yn eu gwneud yng nghyfnodau cynllunio (cyn-effaith), addysgu (effaith) a gwerthuso (ôl-effaith) gwers (Mosston 1966). Ar un pen i'r sbectrwm mae'r Arddull Orchmynnol lle y bydd yr athro'n gwneud y penderfyniadau i gyd ym mhob un o'r tri chyfnod. Ar y pen arall mae'r arddull Pennwyd gan y Dysgwr lle y bydd y dysgwr yn gwneud bron bob un o'r penderfyniadau a lle mae'r athro'n gweithredu fel ymgynghorydd. Rhwng y ddau ben hyn, nododd Mosston ac Ashworth (2002) yn systematig gyfres o arddulliau eraill, a phob un ohonynt â'i hanatomi gwneud penderfyniadau ei hun (gweler Tabl 1.1).

Gellir categoreiddio'r sbectrwm ymhellach i ddau glwstwr pendant, y naill yn gysylltiedig ag atgynhyrchu a'r llall â chynhyrchu. Yn y clwstwr Atgynhyrchiol (dulliau A – E), y canlyniad dysgu canolog yw bod disgyblion yn atgynhyrchu neu'n dwyn i gof sgiliau symud a'r wybodaeth sydd ganddynt. Ar y llaw arall, yn y clwstwr Cynhyrchiol (dulliau F – J), y canlyniad dysgu canolog yw bod disgyblion yn darganfod gwybodaeth newydd neu atebion gwreiddiol i broblemau. Felly, mae'r clwstwr Atgynhyrchiol yn gyson â theorïau dysgu ymddygiadol ac mae'r clwstwr Cynhyrchiol yn gyson â theorïau dysgu adeileddol, fel y cawsant eu trafod yn gynharach yn y bennod hon.

Mewn astudiaeth oedd yn canolbwyntio ar addysg athrawon, canfu Pichert et al. (1976) fod athrawon oedd wedi'u hyfforddi ynghylch sut i ddefnyddio sbectrwm addysgu Mosston yn rhoi mwy o adborth unigol, yn dominyddu llai yn y gwersi ac yn rhoi mwy o amser i dasgau. Yn yr un modd, canfu Ashworth (1983) fod athrawon a gafodd hyfforddiant sbectrwm yn cadw eu dysgwyr wrth eu tasgau am fwy o amser, yn defnyddio mwy o adborth, yn rhyngweithio yn fwy preifat ac mewn ffordd fwy unigol â'r disgyblion, yn rhoi llai o sylwadau negyddol, yn symud o gwmpas mwy ymhlith y plant ac yn newid eu dulliau addysgu'n fwy aml. Ceir cyswllt clòs rhwng yr ymddygiadau hyn a hinsawdd symbylol bositif (Ames 1992b), fel y gwelir yn nes ymlaen yn y bennod hon.

Yn ôl Metzler (2000) mae dewis arddull addysgu benodol yn dibynnu ar nifer o ffactorau, gan gynnwys y canlyniadau dysgu a fwriedir, y cyd-destun a'r amgylchedd addysgu, a

Tabl 1.1. Arddulliau addysgu wedi'u haddasu o Mosston ac Ashworth (2002)

Arddull	Nodweddion Hanfodol	Ffocws
A. Gorchmynnol	Yr athro'n gwneud y penderfyniadau i gyd	Datblygu sgiliau symud
B. Ymarfer	Y disgyblion yn ymarfer tasgau a bennir gan yr athro	Datblygu sgiliau symud ac ymreolaeth
C. Dwyochrog	Y disgyblion yn gweithio mewn parau, un yn athro ac un yn ddysgwr	Sgiliau cymdeithasol, symud a gwybyddol
D. Hunanwirio	Y disgyblion yn gwerthuso'u perfformiad eu hunain yn erbyn meini prawf penodol	Sgiliau symud, gwybyddol ac annibyniaeth
E. Cynhwysiad	Yr athro'n cynnig gwahanol lefelau anhawster ar gyfer y disgyblion	Sgiliau gwahaniaethu, symud a gwybyddol
F. Darganfod dan Arweiniad	Yr athro'n creu targed ac yn arwain y disgyblion i'w ddarganfod	Datblygu sgiliau gwybyddol a symud
G. Darganfod Cydgyfeiriol	Yr athro'n cyflwyno problem a'r disgyblion yn darganfod yr ateb cywir	Datblygu sgiliau gwybyddol, symud, cymdeithasol ac affeithiol
H. Darganfod Dargyfeiriol	Yr athro'n cyflwyno problem a'r disgyblion yn darganfod eu hateb eu hunain	Datblygu sgiliau gwybyddol, symud, cymdeithasol ac affeithiol
I. Rhaglen Unigol	Yr athro'n penderfynu ar y cynnwys a'r disgyblion yn cynllunio ac yn dylunio'r rhaglen	Datblygu sgiliau gwybyddol, personol (ymreolaeth) a symud
J. Pennwyd gan y Dysgwr	Y disgyblion yn cael bod yn gyfrifol am y broses ddysgu	Datblygu sgiliau gwybyddol, personol (ymreolaeth) a symud

chyfnod datblygol y dysgwr. Er enghraifft, gallai dau hyfforddwr gael canlyniadau dysgu gwahanol ar gyfer sesiwn bêl-droed. Efallai fod Hyfforddwr A am ganolbwyntio ar ddatblygu'r gwaith gwneud penderfyniadau mewn gemau, tra bod Hyfforddwr B am ganolbwyntio ar wella technegau'r chwaraewyr. Ar sail y canlyniadau dysgu hyn yn unig, gallai arddull fwy Cynhyrchiol, megis Darganfod dan Arweiniad (gweler Tabl 1.1), fod yn fwy addas ar gyfer Hyfforddwr A, gan mai ei fwriad ef yw datblygu gallu'r chwaraewyr i ddeall y gêm a gwneud y penderfyniadau priodol mewn sefyllfaoedd gwahanol. Er mwyn gwneud hyn, dylai lunio sefyllfaoedd gêm gwahanol ac arwain y chwaraewyr drwy gyfres o dasgau ymarferol gan ofyn cwestiynau treiddgar a fydd yn caniatáu iddynt ganfod yr ymatebion mwyaf addas drostynt hwy eu hunain. Gallai fod yn fwy buddiol i Hyfforddwr B, ar y llaw arall, ddewis arddull o'r clwstwr Atgynhyrchiol, megis yr arddull Ymarfer, er mwyn rhoi'r cyfle gorau i chwaraewyr wella eu technegau drwy ailadrodd a driliau ymarfer.

10

Er mai'r canlyniadau dysgu yw'r rheswm pwysicaf dros ddewis yr arddull briodol, fel y mae Metzler (2000) yn ei awgrymu, dylai'r hyfforddwr ystyried cyfnod datblygol y dysgwr a'r amgylchedd addysgu hefyd. Er enghraifft, os yw'r dysgwyr yn sesiwn Hyfforddwr B uchod yn chwaraewyr mwy profiadol, gallai arddull Ddwyochrog fod yn well ar gyfer yr ymarferion techneg, gan ei bod hi'n debygol bod ganddynt y wybodaeth dechnegol angenrheidiol i'w throsglwyddo i eraill. Fodd bynnag, os bydd y tywydd yn wael neu pan fydd Hyfforddwr B yn delio â nifer fawr o chwaraewyr dibrofiad, gallai fod yn well defnyddio'r arddull Orchmynnol neu'r arddull Ymarfer er mwyn cadw'r sesiwn i fynd ac er mwyn dangos technegau priodol. Mae Metzler (2000) yn awgrymu hefyd, pan fydd diogelwch yn ystyriaeth allweddol, er enghraifft mewn sefyllfaoedd megis taflu'r bicell a nofio, ei bod yn bosib mai hyfforddi uniongyrchol neu'r arddull Orchmynnol sydd orau i'w defnyddio. Fodd bynnag, os yw datblygu dealltwriaeth yn fwy pwysig, byddai arddull Ddwyochrog neu arddull Ddarganfod yn ddewis gwell.

Ffactor bwysig wrth benderfynu sut i hyfforddi yw y gallai sesiwn gynnwys sawl math gwahanol o arddull gyflwyno gan ddibynnu ar ganlyniadau dysgu bwriedig pob cyfnod o'r sesiwn. A dweud y gwir, gall yr ymarferwyr gorau newid eu harddull yn ôl y sefyllfa a bod yn ddigon hyblyg i ddefnyddio sawl arddull wahanol o fewn un sesiwn (Mawer 1995). Felly, ac ystyried yr enghreifftiau o fyd pêl-droed yn y paragraffau uchod unwaith eto, mae'n bosib mai arddull Atgynhyrchiol megis Ymarfer fyddai'r dull mwyaf priodol o gyflwyno mewn cyfnod cyflyru corfforol. Ar y llaw arall, efallai mai'r ffordd orau o gyflwyno cyfnod tactegol fyddai drwy ddefnyddio dull mwy Cynhyrchiol, Darganfyddiadol er mwyn datblygu gallu'r chwaraewyr i wneud penderfyniadau yn ystod y gêm heb ddibynnu ar yr hyfforddwr.

Wrth drafod y berthynas rhwng dysgu ac addysgu, mae Tinning et al. (1993) yn awgrymu na ddylid ystyried arddulliau addysgu yn ddim ond strategaethau i'w defnyddio gan yr athro ond y dylid, yn hytrach, synio amdanynt yn fwy fel set o ddaliadau ynghylch sut i gyflawni rhai mathau o addysgu. Felly, maent 'yn ddatganiadau sy'n dweud cymaint am ba wybodaeth sy'n werthfawr ag y maent am weithdrefnau ar gyfer gweithredu' (Tinning et al. 1993: 123). Mae hyn yn ein hatgoffa'n bendant mai arfer gymdeithasol yw hyfforddi neu addysgu sy'n cynnwys gwerthoedd ac athroniaeth yr hyfforddwr a'r athletwr unigol, amcanion y gweithgaredd a'r cyd-destun cymdeithasol.

Yn gyson ag athroniaeth hyfforddi sy'n canolbwyntio ar y dysgwr, mae Kay (2003) yn dadlau y dylai dysgu effeithiol mewn chwaraeon ac AG olygu cynnwys y cyfranogwyr mewn gweithgareddau sydd wedi'u cynllunio i ddatblygu'r pedwar maes canolog: y corfforol, y cymdeithasol, y gwybyddol a'r affeithiol, sef yr hyn y mae'n ei alw'n 'ddysgu cyflawn'. Mae'r ffordd hon o weithredu yn adlewyrchu cysyniad Jones (2006) y soniwyd amdano eisoes, sef bod hyfforddwyr yn addysgwyr yn hytrach nag yn hyfforddwyr sgiliau corfforol. Datblygu'r maes corfforol yw'r un mwyaf amlwg a dylai gynnwys datblygu a defnyddio technegau a sgiliau craidd a chymhwyso'r rhain mewn sefyllfaoedd cystadlu (Kay 2003). Er mwyn datblygu'r maes cymdeithasol, dylai'r cyfranogwyr fod yn rhyngweithio ag eraill mewn sefyllfaoedd cydweithredol, fel y trafodwyd eisoes o dan theorïau dysgu adeileddol ac arddulliau addysgu megis arddull Ddwyochrog ac arddull Ddarganfod. Mae datblygu gwybyddol yn cyfeirio at wybodaeth a dealltwriaeth o gysyniadau corfforol, strategaethau a thactegau, a gellir ei ddatblygu drwy ddefnyddio arddulliau addysgu Cynhyrchiol megis

11

Darganfod dan Arweiniad a Darganfod Dargyfeiriol neu drwy Raglen Unigol (gweler Tabl 1.1). Yn olaf, dylai datblygu'r maes affeithiol gynnwys helpu'r holl ddisgyblion i ddatblygu hunan-barch wrth iddynt gael profiadau llwyddiannus a fydd yn adlewyrchu eu doniau corfforol, gwybyddol a chymdeithasol hwy eu hunain (Kay 2003). Gallai'r arddulliau addysgu a fydd yn hyrwyddo'r datblygiad hwn gynnwys Cynhwysiad a Hunanwirio (gweler Tabl 1.1). Gellir dadlau i'r arddulliau addysgu uniongyrchol mwy traddodiadol ganolbwyntio ar ddatblygu'r maes corfforol ar draul y meysydd cymdeithasol, gwybyddol ac affeithiol. Felly, mae'n bosib dadlau, er mwyn hybu dysgu cyflawn, bod angen i hyfforddwyr ac athrawon wneud mwyfwy o ddefnydd o arddulliau addysgu sy'n canolbwyntio ar yr unigolyn yn cael ei ddysgu ac nid ar y gweithgaredd.

DEALLUSRWYDD LLUOSOG

Mae'r gwahanol fathau o ddeallusrwydd sydd gan gyfranogwyr yn ystyriaeth bwysig wrth ddewis yr arddulliau addysgu mwyaf priodol (Gardner 1993). Nododd Gardner sawl math o ddeallusrwydd (gweler Tabl 1.2), ac awgrymodd y dylai ymarferwyr ddefnyddio ystod o arddulliau sy'n gysylltiedig â'r mathau hyn i gyd er mwyn gwneud y defnydd gorau o'r amgylchedd dysgu. Gall unigolion fod â llawer neu ychydig o bob deallusrwydd a gallai ambell enghraifft o ddeallusrwydd fod yn fwy amlwg nag eraill.

Tabl 1.2. Deallusrwydd lluosog wedi'i addasu o Gardner (1993)

Deallusrwydd	Nodweddion y dysgwr
Llafar/Ieithyddol	Yn gallu defnyddio geiriau'n effeithiol. Ar ei fwyaf effeithiol yn dysgu drwy ddarllen, ysgrifennu, gwrando a thrafod.
Gweledol/Gofodol	Yn gallu gweld cydberthnasau gofodol ac yn meddwl mewn lluniau neu ddelweddau yn y meddwl. Ar ei fwyaf effeithiol yn dysgu drwy fewnbwn gweledol megis arddangosiadau, fideo neu edrych ar ddiagramau.
Cinesthetig	Yn gallu trin gwrthrychau a defnyddio amrywiaeth o sgiliau symud bras a manwl. Ar ei fwyaf effeithiol yn dysgu drwy gyfranogi'n ymarferol a rhyngweithio â'r gofod o'i amgylch.
Cerddorol/Rhythmig	Yn gallu cyfathrebu neu ganfod ystyr drwy gerddoriaeth. Ar ei fwyaf effeithiol yn dysgu drwy wrando ar a chreu cerddoriaeth neu rythmau.
Mathemategol	Yn meddwl mewn, gyda ac am rifau. Ar ei fwyaf effeithiol yn dysgu drwy weithgareddau sy'n hyrwyddo meddwl yn rhesymegol neu ddefnyddio rhifau.
Rhyngbersonol	Yn rhyngweithio'n llwyddiannus gydag eraill. Ar ei fwyaf effeithiol yn dysgu mewn sefyllfaoedd grŵp cydweithredol.
Mewnbersonol	Yn fewnsyllgar ac yn canolbwyntio ar sbardunau mewnol. Ar ei fwyaf effeithiol yn dysgu pan fydd ganddo ddigon o amser i brosesu gwybodaeth yn unigol, i lunio'i syniadau ei hunan ac i fyfyrio ar y rhain.

12

Er mwyn dangos enghraifft o sut y gellir defnyddio theori deallusrwydd lluosog Gardner wrth addysgu tennis, datblygodd Mitchell a Kernodle (2004) amrywiaeth o strategaethau i sicrhau'r dysgu mwyaf effeithiol o safbwynt y gwahanol fathau o ddeallusrwydd. Er enghraifft, awgrymasant y dylai dysgwyr ieithyddol gadw dyddiadur tennis er mwyn disgrifio'r strategaethau a'r ergydion newydd y maent yn eu dysgu, neu drafod pwyntiau allweddol ergyd tennis gyda'r hyfforddwr. Efallai y byddai'n well gan ddysgwyr mwy gweledol greu darlun yn eu meddwl oddi ar fideo neu o weld ergydion go iawn, ac efallai y byddai'n well gan ddysgwyr mwy cinesthetig ddynwared yr hyfforddwr.

O bersbectif hyfforddi ymarferol, fodd bynnag, mae dyfeisio ymarferion sy'n addas ar gyfer y gwahanol fathau o ddeallusrwydd a'r gwahanol gyfuniadau posib ohonynt yn dipyn o her. Yn ogystal, er bod holiaduron ar gael i ganfod y mathau gwahanol o ddeallusrwydd (Gardner 1993), byddai asesu'r holl chwaraewyr ac yna ddehongli eu proffiliau i weld pa rai yw'r arddulliau addysgu mwyaf effeithiol ar gyfer pob un ohonynt yn broses fyddai'n draul mawr o ran amser ac o bosib yn afrealistig. Wedi dweud hyn, mae gwir botensial i strategaeth addysgu sy'n rhoi mwy o ystyriaeth i'r pethau hyn ac felly efallai y bydd yr hyfforddwyr mwyaf arloesol a chreadigol o'r farn bod y maes hwn yn un y byddai'n werth ei ystyried a'i archwilio ymhellach.

HINSAWDD SYMBYLOL

Drwy gydol y bennod hon buom yn cysylltu'r gwahanol gysyniadau pedagogaidd a gyflwynwyd â'r hinsawdd symbylol y bydd yr hyfforddwr yn ei chreu. Gwnaed hyn oherwydd na fydd y cysyniadau pedagogaidd a drafodwyd yn ddefnyddiol os na chânt eu defnyddio yng ngwaith bob dydd hyfforddwr, a'r hyn sy'n allweddol er mwyn cyflawni'r rôl honno'n llwyddiannus yw creu hinsawdd hyfforddi bositif lle caiff pob athletwr ei gymell a lle caiff bob cyfle i gyflawni ei wir botensial. Felly, bydd yr adran olaf hon yn ymdrin yn benodol â sut y gellir creu'r hinsawdd hon.

Gellir diffinio hinsawdd symbylol fel amgylchedd seicolegol sy'n deillio o sefyllfa arbennig ac a fydd yn dylanwadu ar y nodau y bydd unigolion yn eu mabwysiadu mewn sefyllfaoedd o gyflawni, megis sesiynau hyfforddi (Ames 1992a). Yn ôl Ames (1992a), ceir dau fath o hinsawdd symbylol sydd fwyaf amlwg yn y sefyllfaoedd hyn: hinsawdd gymharol (perfformiad), sy'n canolbwyntio ar gymariaethau gallu normadol, a hinsawdd hunangyfeiriol (meistroli), sy'n canolbwyntio ar ymdrech a gwelliant hunangyfeiriol. Dangosodd gwaith ymchwil ar yr hinsawdd symbylol mewn chwaraeon ac addysg gorfforol (Carpenter a Morgan 1999, Ebbeck a Becker 1994, Kavussanu a Roberts 1996, Ntoumanis a Biddle 1998, Ommundsen et al. 1998, Papaioannou 1997, Spray 2002, Walling et al. 1993) fod y tybiaethau ynglŷn â'r hinsawdd meistroli yn ymwneud ag ymatebion symbylol positif, megis cymhwysedd tybiedig, boddhad, ymdrech, dysgu, symbyliad mewnol, hoffter o dasgau heriol a'r gred bod llwyddiant yn dod drwy ymdrech a datblygu sgiliau oes. Ar y llaw arall mae'r tybiaethau ynglŷn â'r hinsawdd perfformio yn ymwneud ag ymatebion sy'n gallu bod yn rhai negyddol, megis gofidio'n fawr, canolbwyntio ar allu cymharol a bod â'ch bryd ar wella eich statws cymdeithasol.

Ar sail gwaith Epstein (1989), awgrymodd Ames (1992b, 1992c) y gall yr athro ddefnyddio

13

strwythurau TARGET yr amgylchedd dysgu – sef tasgau (*task*), awdurdod (*authority*), cydnabod (*recognition*), grwpio (*grouping*), gwerthuso (*evaluation*) ac amseru (*time*) – i hybu hinsawdd symbylu meistrolaeth (gweler Tabl 1.3). Yn unol ag awgrym Ames, er mwyn datblygu hinsawdd meistroli, dylid cynllunio'r tasgau o fewn y sesiynau hyfforddi i bwysleisio nodau hunangyfeiriol fydd yn sicrhau gwelliant, amrywiaeth, newydd-deb a gwahaniaethiad. Er mwyn bod yn gyson â phersbectif adeileddol a chysyniadau rhoi grym (Kidman 2001) a rhannu arweinyddiaeth (Jones a Standage 2006), dylai'r strwythur awdurdod a geir yma gynnwys y cyfranogwyr yn y broses ddysgu drwy roi dewisiadau a chyfleoedd iddynt wneud penderfyniadau. Dylai'r strwythur grwpio ganolbwyntio ar ddysgu drwy gydweithrediad grŵp a defnyddio trefniadau grwpio amrywiol a gallu cymysg. Dylai unrhyw gydnabod a gwerthuso fod yn seiliedig yn bennaf ar ymdrech a gwelliant yr unigolyn, a dylid eu rhoi'n breifat lle bynnag y bo modd gwneud hynny, gan gynnig yr un cyfle i bob un o'r cyfranogwyr lwyddo. Yn olaf, dylid rhoi cymaint o amser â phosib i'r gweithgareddau a'r gwaith dysgu yn y sesiynau a dylai'r amser fydd gan unigolion fod yn hyblyg er mwyn iddynt gael cwblhau eu tasgau. Cafwyd bod ymyriad dysgu sy'n canolbwyntio ar feistroli yn gwella ymatebion symbylol disgyblion mewn sefyllfaoedd chwaraeon ac addysg gorfforol (Morgan a Carpenter 2002, Solmon 1996, Treasure 1993). Ar y llaw arall, bydd hinsawdd perfformio yn pwysleisio tasgau cystadleuol un-dimensiwn (h.y. yr un dasg i bawb), awdurdod yr athro, gwerthuso a chydnabod cyhoeddus normadol eu sail, grwpiau wedi'u trefnu ar sail gallu ac amser anhyblyg ar gyfer ymarfer (gweler Tabl 1.3).

Tabl 1.3. Ymddygiadau TARGET sy'n dylanwadu ar yr hinsawdd symbylol (Epstein 1989, Ames 1992b)

Ymddygiad TARGET	Meistroli	Perffformiad
Tasg	Nodau hunangyfeiriol, amlddimensiynol, amrywiol a gwahaniaethol	Nodau cymharol, un-dimensiwn a heb eu gwahaniaethu
Awdurdod	Myfyrwyr yn cael rolau arwain a rhan yn y gwaith o wneud penderfyniadau	Yr athro'n gwneud pob penderfyniad
Cydnabod	Gwelliant ac ymdrech yn cael eu cydnabod yn breifat	Gallu a pherfformiadau cymharol yn cael eu cydnabod yn gyhoeddus
Grwpio	Grwpiau gallu cymysg a chydweithredol	Grwpiau gallu Grwpiau mawr
Gwerthuso	Hunangyfeiriol. Dyddiaduron preifat ac ymgynghoriadau gyda'r athro yn seiliedig ar sgorau ymdrech a gwelliant	Normadol a chyhoeddus
Amser	Amser hyblyg ar gyfer cwblhau tasgau	Amser anhyblyg ar gyfer cwblhau tasgau

14

Yn ddiweddar bu Morgan *et al.* (2005a) yn defnyddio meddalwedd BEST (Strategaethau a Thacsonomegau Gwerthuso Ymddygiad / *Behavioral Evaluation Strategies and Taxonomies*; Sharpe a Koperwas 1999) i ddatblygu mesur arsylwadol o ymddygiadau TARGET ar gyfrifiadur (Ames 1992b). Mae'r mesur hwn yn galluogi ymchwilwyr i ffilmio sesiynau hyfforddi a chodeiddio a dadansoddi'n systematig yr ymddygiadau hyfforddi fydd yn effeithio ar ganfyddiadau athletwyr o'r hinsawdd symbylol. Mewn astudiaeth oedd yn cyfuno hinsawdd symbylol ac arddulliau addysgu ym maes addysg gorfforol, defnyddiodd Morgan *et al.* (2005b) y mesur ymddygiadol er mwyn ymchwilio i effeithiau gwahanol arddulliau addysgu ar hinsawdd symbylol ac ymatebion athletwyr yn sgil hynny. Dangosodd y canlyniadau fod arddulliau addysgu Dwyochrog a Darganfod dan Arweiniad yn arwain at ymddygiadau TARGET oedd â'u ffocws ar feistroli ac a fyddai, yn eu tro, yn arwain at well symbyliad ar ran yr athletwyr. Mewn astudiaeth ddiweddarach, datblygodd Morgan a Kingston (yn aros i'w gyhoeddi) raglen ymyriad meistroli ar gyfer ymarferwyr addysg gorfforol ac aseswyd ei heffaith ar ymddygiadau TARGET a symbyliad disgyblion. Gwelwyd i'r ymyriad hwn wella galluoedd myfyriol athrawon wrth iddynt ddatblygu eu strategaethau cyd-destunol eu hunain er mwyn defnyddio ymddygiadau TARGET sy'n canolbwyntio ar feistroli, ac ar yr un pryd wella symbyliad y disgyblion hynny yn y dosbarth oedd wedi colli diddordeb.

CASGLIADAU

Diben y bennod hon oedd sefydlu'r ffaith bod a wnelo hyfforddi, o ran ei gysyniadaeth, â dysgu ac addysgu, a nodi rhai o'r cysyniadau, y theorïau a'r gwaith ymchwil pedagogaidd allweddol y gellir eu defnyddio wrth hyfforddi. Nid yw'n honni ei bod yn cynnwys pob un o'r cysyniadau pedagogaidd y gellid eu cymhwyso ar gyfer hyfforddi, neu mai'r enghreifftiau a ddewiswyd yw'r rhai pwysicaf o reidrwydd. Fodd bynnag, mae'r bennod yn ceisio cyfrannu i'r gwaith o ailgysyniadu hyfforddi yn waith addysgu a chynnig gwybodaeth bellach i arfer ac addysg hyfforddi. Yr ydym yn cydnabod ei bod hi'n bosib nad yw rhai o'n hyfforddwyr llwyddiannus a phrofiadol yn gyfarwydd mewn ffordd ymwybodol â'r theorïau dysgu ac addysgu a gyflwynwyd yn amrywiol adrannau'r bennod. Fodd bynnag, yr hyn a awgrymir yw y gall hyfforddwyr fyfyrio ar lefel fwy treiddgar os ydynt yn ymwybodol o'r cysyniadau allweddol a drafodwyd ac yn gwybod mwy amdanynt. Bydd hyn yn eu helpu i ddatblygu gwell dealltwriaeth o sut mae unigolion yn dysgu a'r effaith y gallai eu hymddygiadau hyfforddi ei chael ar ddysgu a symbyliad yr athletwyr sydd yn eu gofal.

Er mai'r awgrym yw y bydd unigolion ar eu mwyaf effeithiol pan fyddant yn dysgu mewn modd adeileddol, eto i gyd mae'n bwysig cydnabod bod arfer hyfforddi dda hefyd yn galw ar lawer o elfennau theori dysgu cymdeithasol ac ymddygiadol, yn enwedig yn y prosesau adborth a gwerthuso. Yn yr un modd, bydd yr hyfforddwyr gorau yn defnyddio ystod eang iawn o theorïau dysgu ac arddulliau addysgu Atgynhyrchiol a Chynhyrchiol er mwyn cyflawni eu canlyniadau dysgu wrth ddelio'n llwyddiannus â gwahanol setylltaoedd hyfforddi. Neges allweddol y bennod hon, felly, yw y dylai hyfforddwyr werthuso eu sesiynau'n barhaus o fewn fframwaith damcaniaethol pedagogaidd eang fydd yn eu galluogi i ddod yn hyfforddwyr gwell a mwy myfyriol.

PENNOD 2

CAFFAEL SGILIAU AR GYFER HYFFORDDWYR

Gavin Lawrence a Kieran Kingston

Mae trefnu ymarfer mewn ffordd briodol a sut yr ydych yn rhoi adborth yn allweddol er mwyn gwella sgiliau.

Dave Pearson
Prif Hyfforddwr Sboncen Lloegr

RHAGARWEINIAD

A ninnau'n fodau dynol gweithgar, yn anaml iawn y byddwn ni'n aros yn llonydd. Byddwn yn caffael y rhan fwyaf o'r symudiadau bob dydd hyn â chymorth rhieni neu athrawon, ac yn magu symudiadau eraill drwy broses o brofi a methu. Mewn sefyllfaoedd chwaraeon, bydd llawer o'r symudiadau elfennol hyn yn gweithredu fel sgiliau a fydd yn gosod sylfaen ar gyfer symudiadau llawer mwy cymhleth a allai gymryd blynyddoedd i ni eu meistroli. Gall effeithiolrwydd yr hyfforddwr o ran hwyluso'r gwaith o ddysgu'r symudiadau medrus hyn wella os bydd yn deall yn fwy manwl sut mae athletwyr yn dysgu a'r ffordd orau o strwythuro'r amgylchedd i gefnogi'r dysgu hwn. Mae sut y bydd pobl yn dysgu perfformio'r sgiliau hyn mewn ffordd effeithiol yn codi nifer o gwestiynau diddorol – cwestiynau y mae ymchwilwyr yn parhau i ymgodymu â hwy wrth iddynt geisio taflu goleuni ar fyd hyfforddi effeithiol sy'n gallu bod yn fyd braidd yn aneglur ar brydiau. Nod y bennod hon yw trafod rhai o'r cwestiynau hyn a dangos y gwerth i hyfforddwyr fod â gwybodaeth ynglŷn â'r broses o fagu sgiliau. Yn ogystal, mae'n ceisio cynnig fframwaith ar gyfer deall a defnyddio'r wybodaeth a fydd, gobeithio, yn cael effaith bositif ar y profiad o ddysgu ac o hyfforddi.

Yn ddiweddar, mae Schmidt a Wrisberg (2000) wedi datblygu map ffordd academaidd sy'n cynnig cymorth hyfforddiannol. Mae haen uchaf eu map neu eu model yn arwain eu darllenwyr at nifer o gwestiynau agored sy'n berthnasol wrth fynd i'r afael â'r materion sy'n ymwneud â chaffael sgiliau ac â'r perfformiad dilynol. Mae'r rhain yn cynnwys: Pwy yw'r dysgwr? Beth yw'r dasg y mae'n rhaid i'r person ei chyflawni? O dan ba amgylchiadau y mae'r perfformiwr eisiau gallu perfformio? Er bod y wybodaeth yma'n hollbwysig, prin iawn yw'r adegau pan fydd hyfforddwyr yn gofyn y cwestiynau hyn gan eu bod yn rhoi'r argraff eu bod yn deall yr athletwyr, y gamp a'u gofynion yn reddfol. Felly, nid ein hamcan yn y bennod hon yw archwilio'r gwahaniaethau unigol a geir rhwng cyfranogwyr ac a welir ar draws tasgau; ein bwriad yn hytrach yw canolbwyntio ar ail haen model Schmidt a Wrisberg,

16

sef y profiad dysgu. Yn benodol, byddwn yn archwilio tair elfen o'r profiad hwn er mwyn dangos sut y gall hyfforddwyr (1) strwythuro'r amgylchedd ymarfer, (2) cynnig adborth effeithiol, a (3) canfod ffocws sylw priodol ar gyfer perfformwyr wrth iddynt ddefnyddio'u sgiliau symud (h.y. yr hyn y dylent fod yn canolbwyntio arno). Ar gyfer pob un o'r meysydd hyn, byddwn yn cyflwyno'r prif egwyddorion a chasgliadau gwaith ymchwil cyfoes, yn nodi'r goblygiadau o ran cymhwyso'r rhain mewn ffordd berthnasol ac yn trafod sut y gellir defnyddio'r wybodaeth hon. Yn olaf, byddwn yn cloi â chrynodeb byr i ddwyn ynghyd y prif bwyntiau a godwyd.

STRWYTHURO'R AMGYLCHEDD YMARFER

Yn aml bydd y cyfyngiadau amser sy'n wynebu hyfforddwyr yn golygu bod yn rhaid iddynt addysgu mwy nag un sgìl o fewn un sesiwn hyfforddi. Felly, bydd y rhan fwyaf o sesiynau yn gofyn bod athletwyr yn ymarfer nifer o weithgareddau. Mewn pêl-droed, er enghraifft, mae'n ddigon posìb y gallai sesiwn hyfforddi gynnwys ymarfer driblo, croesi ac ergydio. Felly mae'n bwysig bod hyfforddwyr yn deall sut i drefnu gwahanol weithgareddau o fewn sesiwn hyfforddi er mwyn i'r athletwr ddysgu cymaint ag sy'n bosìb. Mae'r deunydd darllen ar gaffael sgiliau neu ddysgu symud yn cyfeirio'n aml at ddau fath o drefnu ymarfer, sef ymarfer bloc ac ymarfer cymysg (gweler Magill 2004).

Ymarfer bloc neu ymarfer cymysg?

Gellir diffinio ymarfer bloc fel amserlen ymarfer lle bydd y perfformiwr yn ymarfer un dasg dro ar ôl tro cyn symud ymlaen i'r dasg nesaf. Fe'i gwelir yn nodweddiadol mewn driliau ailadroddol a bydd hyfforddwyr yn aml yn ei ddefnyddio oherwydd bod pobl yn ystyried ei fod yn galluogi'r dysgwr i fireinio ac, os oes angen, i gywiro sgìl cyn dechrau ar sgìl arall. Er enghraifft, byddai hyfforddwr sboncen fyddai am addysgu'r ergyd flaenllaw, yr ergyd wrthlaw a'r serf o fewn un sesiwn yn dewis neilltuo bloc penodedig o amser i ymarfer pob un gan dybied y byddai'r amser di-dor ar un dasg yn hoelio'r sgìl symud yng nghof y dysgwr. Ar y llaw arall, mewn ymarfer cymysg caiff y sesiwn ei strwythuro fel bod y dysgwr yn ymarfer amrywiaeth o sgiliau nad ydynt mewn unrhyw drefn arbennig. Yn yr achos hwn, bydd yr hyfforddwr yn trefnu'r sesiwn ymarfer fel y ceir cryn amrywiaeth o ran yr ymarfer sgiliau, h.y. bydd yr athletwr yn ymarfer y sgiliau y mae gofyn iddo eu dysgu am yn ail â'i gilydd neu'n gymysg a bydd ambell hyfforddwr hyd yn oed yn mynd i'r pegwn eithaf o beidio byth ag ymarfer yr un sgìl ddwywaith yn olynol.

Un camsyniad pwysig a wneir wrth ystyried y ddau fath o ymarfer yw credu y bydd ymarfer bloc, oherwydd ei fod, yn aml, yn arwain at well perfformiad yn ystod yr hyfforddi, yn arwain hefyd at fwy o ddysgu (h.y. cadw ar gof a/neu drosglwyddo sgiliau dros amser). Fodd bynnag, mae gwaith ymchwil fu'n astudio amserlenni ymarfer yn codi amheuon ynglŷn â hyn ac yn adrodd y ceir mwy o ddysgu pan fydd yr ymarfer yn digwydd mewn ffordd gymysg yn hytrach nag ar ffurf dilyniannau bloc (e.e. Battig 1966 a 1979, Lee a Magill 1983, Perez *et al.* 2005, Shea a Morgan 1979). Mae'r patrwm gwrthreddfol hwn o ganlyniadau, h.y. lle y bydd yr amodau ymarfer sy'n cael eu cysylltu â pherfformio gwael hefyd yn arwain at ddysgu gwell, yn cael ei alw'n effaith ymyriad cyd-destunol. Cafodd y ffenomen hon ei hesbonio drwy ddefnyddio amrywiaeth o theorïau, ond y ddwy y cyfeirir atynt fel arfer yw'r hypothesis ail-lunio cynlluniau gweithredu (Lee a Magill 1985) a'r hypothesis ymhelaethu (Shea a Zimny 1983).

Yn ôl yr hypothesis ail-lunio cynlluniau gweithredu, mae ail-lunio cynllun yn barhaus ar gyfer symudiad newydd, fel y ceir mewn ymarfer cymysg, yn tanseilio perfformiad. Fodd bynnag, gan fod y dysgwr wedi gwneud mwy o ymdrech meddwl i ddatblygu 'darlun' o bob sgìl yn y cof (h.y. cofio sut i'w wneud), mae'r dysgu'n gwella. Yn y bôn, bydd yr ymdrech wybyddol ychwanegol fydd ei hangen ar gyfer ymarfer cymysg yn galluogi'r perfformiwr i greu llyfrgell o gynlluniau gweithredu yn y cof a dwyn yr un priodol i gof er mwyn bodloni anghenion tasgau penodol yn ddiweddarach (e.e. yn ystod gêm). Ar y llaw arall, mewn ymarfer bloc gellir llunio cynllun gweithredu penodol y tro cyntaf y rhoddir cynnig ar berfformio sgìl symud a'i ddefnyddio dro ar ôl tro drwy gydol y bloc cyfan o ymdrechion. Bydd ailadrodd yr un cynllun gweithredu hwn yn ddi-dor yn arwain at berfformiad da yn ystod yr ymarfer, ond gan mai dim ond ychydig o brofiad y bydd y dysgwyr yn ei gael o safbwynt ail-lunio cynlluniau gweithredu, ni fyddant yn gallu defnyddio'r gwaith dysgu hwnnw cystal mewn amrywiaeth o gyd-destunau.

Y prif syniad sydd wrth wraidd yr hypothesis ymhelaethu yw bod ymarfer cymysg yn gorfodi'r dysgwr i ymgymryd ag amrywiaeth o weithgareddau prosesu gwybyddol, ac o ganlyniad y bydd ei wybodaeth am bob sgìl sydd i'w ddysgu yn fwy arwahanol a phendant. Hynny yw, pan fydd y dysgwr yn troi o ymarfer un sgìl i ymarfer sgìl arall yn ystod yr ymarfer cymysg, bydd yn cymharu ac yn cyferbynnu'r gwahanol dasgau, sy'n golygu y bydd yn rhoi atgofion mwy ystyrlon ac arwahanol ar ei gof, gan wneud y broses o'u dwyn i gof yn ddiweddarach yn haws. Ar y llaw arall, ni fydd ailadrodd yr un sgìl dro ar ôl tro mewn ymarfer bloc yn rhoi'r cyfle i'r dysgwr wneud yr un gweithgaredd gwybyddol. Felly, bydd dysgwyr yn datblygu darluniau llai pendant yn eu cof o bob sgìl y buont yn ei ymarfer.

Ffactorau sy'n dylanwadu ar effaith ymyriad cyd-destunol

Er bod tipyn o waith ymchwil yn cefnogi effaith ymyriad cyd-destunol, nid yw'n ffenomen gwbl gadarn ac nid yw'n berthnasol ym mhob sefyllfa. Felly, mae'r graddau y bydd effaith ymyriad cyd-destunol yn dylanwadu ar ddysgu sgiliau yn gallu dibynnu ar nifer o ffactorau unigol a ffactorau sy'n ymwneud â thasgau (Magill a Hall 1990). Mae'n debyg mai'r ddau ffactor unigol mwyaf tebygol yn y fan yma yw oedran a lefel y sgìl. Mae'r arbrofion lle defnyddiwyd plant i gymryd rhan ynddynt yn gymharol brin o ran eu nifer ond, yn y rheini a wnaed, methwyd â gweld bod y plant yn dal gafael ar eu sgiliau i raddau mwy o dan amodau ymarfer cymysg (Del Rey et al. 1983, Pigott a Shapiro 1984). Yn yr un modd, mewn adolygiad diweddar o'r deunydd darllen, daethpwyd i'r casgliad bod amserlenni ymarfer lle y ceid llai o ymyriadau cyd-destunol (h.y. ymarfer bloc) yn arwain at fwy o ddysgu sgiliau ymhlith plant (Brady 2004). O safbwynt lefel sgiliau'r dysgwr, sylwyd bod unigolion yr oedd lefel eu sgiliau yn isel iawn yn perfformio'n well ar brawf cofio sgiliau wedi iddynt ddefnyddio ymarfer bloc (Herbert et al. 1996), ond ei bod hi'n fwy buddiol i berfformwyr uwch eu sgiliau wneud ymarfer cymysg (Hall et al. 1994). Er bod y casgliadau hyn yn anghytuno â'r effaith ymyriad cyd-destunol, gellir eu hesbonio drwy ystyried cyfnod dysgu'r perfformwyr a'r amserlen ymarfer a ddefnyddir (Guadagnoli *et al.* 1999). Er enghraifft, yng nghyfnodau cynnar y dysgu, bydd athletwyr yn aml yn ei chael hi'n anodd deall y symudiad y maent i fod i'w ddysgu (Gentile 1972, 2000). Er mwyn ceisio gwneud hynny, byddant yn symleiddio'r hyn sy'n ofynnol er mwyn cwblhau'r dasg drwy geisio torri i lawr ar nifer bosib y rhannau o'r corff y bydd angen eu symud ar gyfer y sgìl (Fitts 1964, Bernstein 1967). Felly, bydd llunio'r amgylchedd dysgu fel ei fod yn cynnwys lefelau uchel o ymyriad cyd-destunol yn ystod y cyfnod dysgu hwn yn drech na hwy a gallai fod yn rhwystr iddynt ddatblygu cynllun gweithredu sefydlog ar gyfer y symud (Wulf a Schmidt 1994). Felly, cyn dechrau gwneud unrhyw ymarfer cymysg, efallai y bydd eisiau amser ar blant a dechreuwyr fel ei gilydd er mwynt iddynt archwilio a datblygu'r patrymau symud cydlynedig y mae eu hangen yn sylfaenol (Gentile 1972, 2000).

O safbwynt ffactorau tasgau, rhagdybiodd Magill a Hall (1990) fod yr effeithiau dysgu buddiol sy'n gysylltiedig ag amserlenni ymarfer sy'n cynnwys llawer o ymyrryd cyd-destunol yn fwy cyson pan fydd y sgiliau sy'n cael eu hymarfer yn cael eu rheoli gan raglenni symud cyffredinol (GMP) gwahanol (Schmidt 1975, 1991). Mecanwaith ar gyfer y cof yw rhaglen symud gyffredinol yn y bôn, a bydd dysgwr yn ei defnyddio i reoli gweithredoedd penodol – megis taflu, cicio, dal a neidio – sydd â nodweddion cyffredin (h.y. rhythm y symud, o ran yr amseru, y nerth, a threfn y cydrannau) ond sydd eto'n unigryw (h.y. nerth y symudiad a'r amseru'n gyffredinol). Felly, yn ôl Magill a Hall (1990), pan fydd dysgwr yn ymarfer nifer o sgiliau symud sy'n gofyn patrymau cydsymud gwahanol fydd yn defnyddio ymyriad cyd-destunol ar lefel uchel yn hytrach nag ar lefel isel o fewn yr amserlen ymarfer, bydd y canlyniadau'n well. Fodd bynnag, os bydd y sgiliau fydd yn cael eu hymarfer yn debyg i'w gilydd ar y cyfan neu'n dod o'r un rhaglen symud gyffredinol (h.y. swingio'r un clwb golff fel bod y bêl yn cyrraedd pellter gwahanol), yna ni fydd amserlen ymarfer lle y ceir llawer o ymyrryd cyd-destunol yn gwneud mwy o les i'r gwaith dysgu nag amserlen lle y ceir ychydig o ymyrryd cyd-destunol yn unig.

Ymarfer cyson neu ymarfer amrywiol?

Os yw ymarfer cymysg yn gwneud lles i'r gwaith o ddysgu sgiliau o raglenni symud cyffredinol (GMP) gwahanol, sut y byddai hyfforddwr yn strwythuro amgylchedd ymarfer i wella'r gwaith o ddysgu amrywiaeth o symudiadau sy'n perthyn i'r un categori o weithredoedd neu'r un rhaglen symud gyffredinol? Un dewis fyddai sicrhau mai un amrywiad yn unig ar y sgìl fyddai'n cael ei ymarfer mewn sesiwn unigol (h.y. taflu pêl at yr un targed digyfnewid sy'n aros yn yr un lle ac sydd yr un mor bell i ffwrdd). Nid yw'r math hwn o amserlen ymarfer yn wahanol iawn i ymarfer bloc ac fe'i gelwir yn aml yn ymarfer cyson. Fodd bynnag, os mai nod y dysgu yw cynhyrchu nifer o fersiynau o'r un sgìl, yna mae'n bwysig bod dysgwyr yn ymarfer fersiynau gwahanol o'r un weithred ym mhob sesiwn ymarfer; yn y deunydd darllen gelwir hyn yn ymarfer amrywiol. Yn wir, dangosodd ymchwil mewn tasgau labordy (Shea a Kohl 1990 a 1991) ac mewn arbrofion oedd yn cynnwys sgiliau chwaraeon dro ar ôl tro fanteision dysgu drwy ymarfer amrywiol yn hytrach nag ymarfer cyson (Shoenfelt *et al.* 2002).

19

I grynhoi'r adran hon, beth bynnag yw'r sgìl sydd i'w ddysgu, dylai hyfforddwyr fod yn ymwybodol ei bod yn bwysig amrywio'r ymarfer yn y sesiynau a threfnu'r amgylchedd ymarfer yn unol ag egwyddorion ymyriad cyd-destunol hefyd. Er na fydd ymarfer o dan amodau ymyriad cyd-destunol uchel (h.y. ymarfer cymysg) yn arwain at berfformiad da bob amser, mae ymchwil yn awgrymu y bydd yn aml yn arwain at ddysgu sgiliau gwell yn y tymor hir. Fodd bynnag, mae lefel yr ymyriad cyd-destunol sy'n debygol o arwain at y dysgu gorau posib yn dibynnu ar nifer o ffactorau tasgau a ffactorau unigol sef, a yw'r tasgau sydd i'w dysgu yn dod o'r un rhaglen symud gyffredinol neu o raglen wahanol, ynghyd ag oed a lefel sgiliau'r dysgwr. Yn olaf, er nad yw ymchwilwyr yn cytuno o ran y modd y mae strwythur yr amgylchedd ymarfer yn dylanwadu ar ddysgu sgiliau, mae hypothesis ail-lunio'r cynllun gweithredu a'r hypothesis ymhelaethu yn gytûn bod gwneud i'r ymarfer ofyn mwy yn wybyddol (h.y. gwneud i unigolion weithio problemau allan drostynt hwy eu hunain) yn gorfodi athletwyr i brosesu gwybodaeth sy'n gysylltiedig â sgiliau mewn ffordd fwy gweithredol ac annibynnol a fydd, yn y pen draw, yn hwyluso'r gwaith dysgu.

NATUR ADBORTH A GWEINYDDU ADBORTH

Adborth estynedig yw gwybodaeth y mae'r dysgwr yn ei chael o ffynhonnell allanol. Dyma'r term cyffredinol a ddefnyddir i ddisgrifio gwybodaeth a roddir ar berfformio sgìl sy'n gwella'r adborth mewnol y bydd synhwyrau'r perfformwyr yn ei roi iddynt yn naturiol (h.y. eu systemau clywedol, propriodderbynnol a gweledol). Gall adborth estynedig gael ei roi mewn geiriau neu mewn ffordd ddieiriau yn ystod (adborth cyfredol), yn union wedi (adborth terfynol) neu ryw bryd yn nes ymlaen wedi cwblhau'r sgìl (adborth gohiriedig), a gall gynnwys gwybodaeth am ganlyniad y symud (gwybodaeth am ganlyniadau [KR]) a/neu batrwm y symud (gwybodaeth am y perfformiad [KP]).

O safbwynt yr hyfforddwr, y cwestiwn pwysicaf iddo pan fydd yn ystyried a ddylai ddefnyddio adborth estynedig yw a all helpu'r dysgwr i gaffael y sgìl sydd i'w ddysgu. Yn anffodus, nid oes ateb syml i'r cwestiwn hwn gan ei fod (fel y drafodaeth gynharach ar y ffordd orau o strwythuro'r amgylchedd ymarfer) yn dibynnu ar ffactorau unigol a ffactorau tasgau. I ddechrau, gallai fod yna sefyllfaoedd lle na fydd angen adborth estynedig gan fod adborth mewnol y dasg ei hun yn rhoi digon o wybodaeth er mwyn i'r broses o ddysgu'r sgìl ddigwydd. Yn y sefyllfaoedd hyn, gall athletwyr wneud addasiadau priodol i'w symudiadau yn y dyfodol ar sail eu hadborth synhwyraidd hwy eu hunain naill ai yn sgil eu perfformiadau unigol neu drwy arsylwi ar eraill y mae eu sgìl ar yr un lefel (Herbert a Landin 1994), neu lefel yn uwch (Magill a Schoenfelder-Zohdi 1996). Fodd bynnag, os na all athletwyr ddefnyddio adborth mewnol i wella eu perfformiad, yna mae adborth estynedig yn hanfodol er mwyn caffael y sgìl. Gall y sefyllfa hon godi am nifer o resymau, megis anaf, cyfyngiadau'r dasg a lefel y sgìl. Er enghraifft, pan fydd unigolyn wedi cael anaf ac wedi niweidio mecanweithiau sy'n hanfodol er mwyn canfod a/neu ddefnyddio adborth mewnol y dasg, neu pan fydd cyfyngiadau'r dasg yn golygu na fydd adborth mewnol hollbwysig yn hawdd ei gael, rhaid cyflwyno adborth estynedig er mwyn i'r dysgu ddigwydd. Yn ogystal, gallai sefyllfaoedd godi pan fydd adborth mewnol tasg ar gael yn hawdd ond eto na fydd yn ddefnyddiol i'r dysgwr ar yr union adeg honno oherwydd bod ei brofiad o ddeall ei ystyr yn gyfyng. Bydd y sefyllfaoedd hyn yn aml yn codi'n ystod cyfnodau cynnar y dysgu. Felly, yn y cyswllt hwn, gall

20

adborth estynedig helpu'r dysgwr newydd i ddeall ystyr adborth mewnol y dasg yn well. Gall y broses hon beri problemau weithiau oherwydd, os mai dim ond ychydig o adborth mewnol tasg a geir neu bod y dysgwr yn tybio ei fod yn rhy anodd i'w ddeall, gallai'r adborth estynedig leihau'r dysgu mewn gwirionedd. Bydd hyn yn digwydd os bydd y dysgwr yn defnyddio'r adborth estynedig a gynigir yn lle'r adborth mewnol, ac yn dod i ddibynnu ar yr adborth estynedig er mwyn sicrhau perfformiad cywir. O ganlyniad, pan na fydd adborth estynedig ar gael, megis mewn gêm, mae'n debygol y bydd y perfformiad yn llai effeithiol. Yr enw a roddir ar hyn yn y deunydd darllen yw hypothesis arweiniad (Salmoni et al. 1984) a cheir trafodaeth bellach ar yr hypothesis hwn yn ddiweddarach yn y bennod hon.

Mathau o adborth estynedig

Mae'n bosib mai'r adborth y bydd yr hyfforddwyr yn ei roi ar lafar yw'r math mwyaf cyffredin o adborth estynedig a ddefnyddir yn yr amgylchedd ymarfer. Fodd bynnag, ceir nifer o ffyrdd eraill o roi adborth estynedig. Mae'r fideo yn ffurf sy'n cael ei defnyddio fwyfwy, ond er mwyn i adborth fideo fod yn effeithiol rhaid ystyried o leiaf ddau ffactor pwysig: lefel sgiliau'r dysgwr ac am ba hyd y defnyddir y math yma o adborth (Rothstein ac Arnold 1976). Yn y cyswllt hwn mae ymchwil yn awgrymu bod perfformwyr medrus yn elwa o weld eu perfformiad yn cael ei ailadrodd ar fideo yn ddigymorth, ond bod tueddi ddysgwyr newydd gael eu llethu gan y wybodaeth sydd ar gael yn y fideo a bod angen ychwanegu ciwiau geiriol penodol er mwyn tynnu eu sylw at y wybodaeth hollbwysig (Newell a Walter 1981; Rothstein ac Arnold 1976).

Mae ymchwil wedi awgrymu hefyd fod angen digon o amser ar ddysgwyr i ymgyfarwyddo ag ailadrodd ar fideo fel math o adborth estynedig fel y gallant ddeall pa wybodaeth y mae'n bwysig chwilio amdani a'i defnyddio. Er y gallai fod yn bosib cwtogi ar y cyfnod hwn o amser drwy gynnig ciwiau sy'n rhoi ffocws i'r sylw fel y disgrifiwyd uchod, yr argymhelliad yw y dylai ailadrodd ar fideo gael ei ddefnyddio am bum wythnos o leiaf er mwyn iddo ddod yn ddyfais addysgu/dysgu effeithiol (Rothstein ac Arnold 1976).

Math defnyddiol arall o adborth estynedig yw bioadborth, lle y cyflwynir gwybodaeth i'r athletwyr am weithredoedd ffisiolegol mewnol megis cyfradd curiad y galon, gweithgaredd y cyhyrau a/neu symudiadau'r cymalau. Bydd y math yma o adborth estynedig yn cael ei ddefnyddio fynychaf mewn sefyllfa glinigol at ddibenion adfer (Brucker a Bulaeva 1996, Intiso et al. 1994, Shumway-Cook et al. 1998). Fodd bynnag, caiff ei ddefnyddio hefyd yn yr amgylchedd chwaraeon er mwyn gwella dysgu a pherfformiad nofwyr medrus drwy roi signalau clywadwy iddynt am eu cyfradd strôc (Chollet et al. 1988), a chyda saethwyr reifflau elît drwy roi signalau sain iddynt fydd yn eu galluogi i saethu rhwng curiadau eu calon, rhag i'r rheini amharu ar eu perfformiad (Daniels a Landers 1991).

Amlder ac amseru adborth estynedig

Mae angen cymryd lefel sgìl y perfformiwr a nodweddion y dasg i ystyriaeth wrth benderfynu a oes angen adborth estynedig ar gyfer dysgu sgìl a'r math o adborth estynedig sydd ei angen, ond mae'n bwysig hefyd ystyried faint o adborth sydd ei angen, ei amlder yn ogystal â'i

21

amseru (h.y. pryd y dylid ei roi). Yn ôl un farn gynnar o safbwynt cyflwyno adborth estynedig, 'po fwyaf yr adborth, gorau i gyd fyddai'r dysgu', ac y dylid felly gyflwyno'r math yma o adborth ar ôl pob ymarfer. Fodd bynnag, nid yw'r farn hon yn dal dŵr mwyach wedi i'r hypothesis arweiniad ennill ei blwyf (Salmoni *et al.* 1984). Yn ôl yr hypothesis arweiniad, os bydd y dysgwyr yn cael adborth estynedig ar ôl pob treial, gallent ddod yn ddibynnol arno a byddai hyn yn tanseilio manteision adborth synhwyraidd mewnol pwysig y mae ei angen er mwyn canfod a chywiro camgymeriadau (Bjork 1988, Schmidt 1991). Felly, pan na fydd adborth estynedig ar gael bydd y perfformiad yn dioddef gan fod y dysgwr wedi dod i ddibynnu arno i gynhyrchu'r sgìl gofynnol yn effeithiol. Ymgymerwyd â nifer o astudiaethau drwy ddefnyddio nifer o dechnegau i archwilio adborth estynedig (e.e. Winstein a Schmidt 1990, Janelle *et al.* 1995) a, hyd y gwelir, mae'r canlyniadau'n cefnogi'r hypothesis arweiniad. Yn benodol, mae'r ymchwil yn dangos bod amserlenni adborth amlder isel yn fuddiol i ddysgu sgiliau oherwydd eu bod yn hybu'r gwaith o ddatrys problemau ac yn annog dysgwyr i archwilio dynameg sgìl wrth ddefnyddio adborth mewnol tasg.

Un gamdybiaeth gyffredin o safbwynt amseru adborth estynedig yw y dylid ei roi cyn gynted ag sy'n bosib wedi cwblhau'r treial ymarfer gan y bydd unrhyw oedi'n golygu y bydd y dysgwr yn anghofio'r sgìl. Nid yw gwaith ymchwil yn cefnogi'r dybiaeth hon. Yn hytrach, mae'n dangos bod angen rhoi lleiafswm o amser i'r dysgwr cyn cyflwyno'r adborth estynedig (Swinnen *et al.* 1990). Mae hyn yn cyd-fynd ag egwyddorion yr hypothesis arweiniad, sy'n awgrymu os bydd yr oedi yn y wybodaeth am ganlyniadau (KR) yn rhy fyr na fydd y dysgwr yn gallu defnyddio mecanweithiau mewnol pwysig i ganfod a chywiro camgymeriadau, ac y bydd y dysgu'n dioddef.

Mae'r ail fater pwysig o safbwynt amseru yn ymwneud â'r cyfnod rhwng cyflwyno'r adborth estynedig a dechrau'r treial ymarfer nesaf (oedi ôl-KR). Er nad oes dim tystiolaeth ar gael i ddangos beth yw'r hyd mwyaf neu'r terfyn uchaf ar gyfer y cyfnod hwn, y casgliad yn gyffredinol yw y gall fod yn rhy fyr (Gallagher a Thomas 1980, Rogers 1974). Y rheswm yw bod angen i'r dysgwr gael digon o amser i brosesu'r adborth estynedig ac adborth mewnol y dasg o'r treial diwethaf er mwyn cynhyrchu cynllun gweithredu ar gyfer yr ymateb a ddaw yn ei sgil. Felly, er mwyn cael y dysgu gorau posib, dylai'r oedi ôl-KR fod yn ddigon hir i alluogi'r prosesau dysgu pwysig hyn i ddigwydd.

I gloi, yr ystyriaethau pennaf wrth ddefnyddio adborth estynedig yw asesu nodweddion y dysgwr (e.e. lefel ei sgiliau) a natur y sgìl sydd i'w ddysgu (h.y. faint o adborth mewnol y dasg sydd ar gael wrth gyflawni'r sgìl). Bydd y rhain yn pennu pa rôl allai fod i adborth ychwanegol yn y gwaith dysgu (e.e. a yw'n angenrheidiol er mwyn i'r dysgu ddigwydd?). Os tybir bod rhaid cael adborth estynedig er mwyn dysgu'r sgìl, mae nifer o fathau gwahanol o dechnegau cyflwyno ar gael i'r hyfforddwr. Ymhlith y rhain mae adborth ar lafar, ailadrodd ar fideo a bioadborth, a bydd manteision pob un o'r rhain unwaith eto'n dibynnu ar ffactorau unigol a ffactorau tasgau. Er enghraifft, mae ailadrodd ar fideo yn arbennig o ddefnyddiol gyda pherfformwyr medrus (Rothstein ac Arnold 1976) ond, er mwyn iddo fod yn effeithiol gyda dechreuwyr, dylid defnyddio ciwiau gyda'r fideos er mwyn tynnu sylw'r dysgwyr at agweddau hollbwysig y sgìl (Kernodle a Carlton 1992, Newell a Walter 1981). Yn olaf, yn unol â'r hypothesis arweiniad (Salmoni *et al.* 1984), bydd angen ystyried amlder ac amseru cyflwyno adborth estynedig er mwyn hwyluso'r dysgu gorau posib.

22

FFOCWS SYLW

Yn nwy adran gyntaf y bennod hon, buom yn ystyried sut y gellir defnyddio'r amgylchedd dysgu i hwyluso'r dysgu. Bydd y drydedd adran yn canolbwyntio'n benodol ar y cyfarwyddiadau a roddir i athletwyr o safbwynt ffocws eu sylw. Amcan hyn fydd eu helpu i gynhyrchu'r weithred briodol er mwyn sicrhau'r symudiad a ddymunir. Mae'r cwestiwn ynghylch beth y dylai dysgwyr ganolbwyntio arno wrth gyflawni sgiliau symud wedi cael cryn sylw yn ddiweddar. Yn y gorffennol, byddai dysgwyr yn cael cyfarwyddiadau i gyfeirio'u sylw at agweddau ar y symudiad gofynnol a'r modd yr oedd angen cydsymud y corff er mwyn iddynt ei gyflawni. Mae'n hen dybiaeth erbyn hyn bod rhaid i ddysgwyr fod yn ymwybodol o'r hyn y maent yn ei wneud cyn y gallant berfformio'n llwyddiannus (Beaumeister 1984). Yn wir, ar sail ymchwil ym maes seicoleg chwaraeon (e.e. Kingston a Hardy 1997), caiff perfformwyr yn aml eu perswadio i fabwysiadu ffocws proses neu dasg, sy'n eu hannog i roi sylw penodol i agweddau technegol y sgìl. Drwy wneud hyn, dadleuir, byddant yn gallu cwblhau'r sgìl yn llwyddiannus. Mae'r cyfarwyddiadau hyn, fodd bynnag, yn cael eu hamau fwyfwy yng nghyd-destun dysgu a hyfforddi (Beaumeister 1984, Hardy et al. 1996, Jackson et al. 2006, Masters 1992; Mullen a Hardy 2000). Yn wir, ceir tystiolaeth gynyddol sy'n awgrymu nad yw rhoi cyfarwyddiadau i berfformwyr i fod yn ymwybodol o symudiadau eu corff wrth gyflawni sgiliau yn strategaeth ddysgu effeithiol iawn ac, mewn gwirionedd, y gall danseilio perfformiad. Dangosodd Wulf a'i chydweithwyr (gweler adolygiad yn Wulf a Prinz 2001), er enghraifft, 'na wnaeth cyfeirio dysgwyr i ganolbwyntio ar symudiadau eu corff, h.y. sefydlu ffocws "mewnol", arwain at unrhyw fanteision dysgu a gallai hyd yn oed olygu y byddent yn dysgu llai o'i gymharu â pheidio â rhoi dim cyfarwyddiadau o gwbl i'r dysgwyr' (McNevin et al. 2003: 22). Fodd bynnag, mae eraill yn parhau i fod o blaid manteision dysgu'r athletwyr ynglŷn â hyd a lled sgìl penodol sydd i'w berfformio (Masters 2000). Y cwestiwn amlwg sy'n codi, felly, yw ar beth y dylai athletwyr fod yn canolbwyntio er mwyn hwyluso'r dysgu a chyflawni sgiliau chwaraeon cymhleth?

Cefnogaeth i ffocws sylw allanol

Un amcan rhesymol i hyfforddwr yw helpu athletwyr i gyflawni sgiliau mewn ffordd awtomataidd gan mai dyma'r ffordd fwyaf effeithlon o berfformio (ac mae'n nodweddu llawer o berfformwyr sy'n arbennig o dda). Fodd bynnag, gan fod ceisio perfformio sgìl fel petai'n awtomatig yn anodd iawn i ddechreuwyr, cynigiodd Singer (1985, 1988) ffordd bum cam (Ymbaratoi, Delweddu, Ffocysu, Cyflawni a Gwerthuso) i helpu dysgwyr i gynnal ffocws tasg neu broses a ddymunir, ac ar yr un pryd i droi eu sylw oddi wrth eu symudiadau hwy eu hunain. Y peth pwysig yn y fan yma yw, er bod cael yr athletwr i ddychmygu'r weithred yn ei feddwl cyn ei chyflawni yn hybu ymwybyddiaeth (sylw hunanffocws), eto i gyd bydd angen i'r ciwiau a ddefnyddir i ganolbwyntio'r sylw fod yn rhai allanol (e.e. y pantiau ar bêl golff, taflwybr disgwyliedig pêl fasged). Drwy wneud hyn gellir troi'r sylw oddi wrth y patrwm symud gofynnol (Wulf et al. 2000). Yn yr un modd, dangosodd ymchwil gysylltiedig i effeithlonrwydd defnyddio ciwiau mewnol (h.y. eu manteision i berfformiad), yn groes i'r gred draddodiadol (ac o'i gymharu â pheidio â chanolbwyntio ar sut i berfformio'r sgìl gofynnol), bod '...hyfforddi dysgwyr i ganolbwyntio ar fanylion eu symudiadau yn ystod perfformiad yn gallu gwneud drwg i'r perfformiad a'r dysgu' (Wulf et al. 2000: 230). Drwy

23

ymhelaethu ar yr ymchwil hon a'i mireinio, darganfu Wulf a'i chydweithwyr fod troi sylw dysgwyr i ystyried effeithiau symudiadau (h.y. canlyniad cicio pêl) yn fwy effeithiol na chanolbwyntio ar y symudiadau eu hunain. Yn wir, yn arbrawf Wulf i ergyd flaenllaw tennis, canfu fod manteision dysgu penodol i'r dysgwyr a gafodd eu hyfforddi i ganolbwyntio ar daflwybr disgwyliedig y bêl (effeithiau'r symud) yn hytrach nag ar y weithred o fwrw'r bêl. Mae hypothesis effaith gweithred Prinz (1997) yn cynnig esboniad posib ar y manteision hyn, sy'n awgrymu mai drwy eu heffeithiau bwriedig y gellir cynllunio a rheoli gweithredoedd yn y ffordd fwyaf effeithiol.

Er mwyn darbwyllo hyfforddwyr ynglŷn â defnyddio ffocysau sylw allanol, mae'n bwysig cyfiawnhau pam y gallai manteision posib gwneud hynny fod yn digwydd. Yn ôl Wulf et al. (2000), mae canolbwyntio ar effeithiau neu ganlyniadau symud yn galluogi prosesau rheoli diarwybod i gymryd drosodd. O'r herwydd, bydd y perfformiad a'r dysgu yn fwy effeithiol na phe bai unigolion yn gwneud ymdrech ymwybodol i reoli eu symudiadau neu i ganolbwyntio ar rywbeth arall. Yn yr un modd, dadleuodd McNevin et al. (2003) fod ymyrryd mewn ffordd ymwybodol yn y modd y mae symudiadau'n cael eu cynhyrchu yn debygol o amharu ar gydsymudiad nifer o brosesau gweddol awtomatig (ymatblygol a hunandrefniadol) sydd fel arfer yn rheoli'r symud. Mae hyn yn rhoi cefnogaeth bellach i effeithlonrwydd prosesau rheoli diarwybod o safbwynt dysgu a rheoli symudiadau.

Nid ar ddechreuwyr yn unig y bydd sylw hunanffocws yn cael effaith negyddol. Awgrymodd Masters (1992) fod y prosesau rheoli awtomatig y bydd perfformwyr arbennig o dda yn eu defnyddio yn dod yn ail, o dan rai amgylchiadau (e.e. lefelau uchel o straen), i'r awydd i lwyddo yn y dasg; bathwyd yr ymadrodd 'prosesu ymwybodol' ganddo i ddisgrifio'r ymddygiad hwn. Pan fydd hyn yn digwydd, bydd unigolion yn mabwysiadu cyflwr o reoli a gysylltir yn bennaf â chyfnodau cynnar dysgu (Fitts a Posner 1967), gan olygu bod y perfformiad yn llai effeithiol.

Er ei bod hi'n ymddangos bod manteision sylweddol i ddysgu a pherfformio o ddefnyddio ffocws sylw allanol, cynigiodd McNevin et al. (2003) fod manteision gwneud hyn yn rhai treiddiol ac yn ymddangos yn gynt yn y broses ddysgu wrth i bellter y ffocws allanol oddi wrth y corff gynyddu. Y rheswm dros hyn oedd, ar ryw bellter, ei bod hi'n haws gwahaniaethu rhwng y ffocysau hyn a symudiadau'r corff sy'n eu cynhyrchu a bod hynny, felly, yn hwyluso'r defnydd o brosesau rheoli mwy naturiol. Mae'n ymddangos, fodd bynnag, fod y tybiaethau hyn yn mynd yn groes i ganlyniadau ail arbrawf gan Wulf et al. (2000) a ddefnyddiodd dasg tsipio pêl golff. Canfuasant hwy fod perfformwyr oedd yn canolbwyntio ar y modd yr oedd y clwb yn cael ei symud (ffocws procsimol [agos i'r corff]) yn perfformio'n well ac yn dysgu'n well o'u cymharu â'r perfformwyr oedd â'u sylw ar daflwybr disgwyliedig y bêl a'r targed (ffocws pell [oddi wrth y corff]). Wrth geisio esbonio'r anghysondeb posib hwn, awgrymodd yr awduron fod canolbwyntio ar symudiad y clwb (llai pell) yn cynhyrchu dysgu gwell gan ei fod yn rhoi gwybodaeth fwy perthnasol o safbwynt y dechneg symud (Wulf et al. 2000, Wulf a Prinz 2001). Mae hyn yn dangos bod dechreuwyr sy'n gwbl newydd ac sydd heb gael gafael eto ar nodweddion sylfaenol tasgau cymhleth, felly, yn gallu elwa o ryw fath o hunanfonitro'r weithred, megis canolbwyntio ar fanylion eu symudiadau yn ystod y perfformiad (Perkins-Ceccato et al. 2003).

24

Goblygiadau ymarferol

Felly beth yw arwyddocâd hyn oll i hyfforddwyr? Yn y fan yma byddwn yn crynhoi goblygiadau'r drafodaeth uchod ac yn cynnig rhywfaint o arweiniad i hyfforddwyr ar ffocws sylw wrth ystyried lefel sgiliau cyffredinol y rhai sy'n cael eu hyfforddi a chymhlethdod y dasg ei hun. Ar hyn o bryd mae'r dystiolaeth yn awgrymu bod manteision i ddysgu sgiliau symud heb unrhyw sylw mewnol neu sylw hunanffocws ar y symudiadau corff a ddymunir. Mae'r ffocws mewnol hwn yn arwain at greu casgliad o reolau penodol ynglŷn â pherfformio tasg a allai rwystro'r gwaith dysgu (Hardy et al. 1996, Poolton et al. 2006). Yn ogystal, rhoddodd Liao a Masters (2002) dystiolaeth ei bod hi'n debyg bod dysgu o dan sylw hunanffocws yn arwain at berfformiad llai sicr (h.y. gwannach) o dan straen. Felly, rhaid canfod technegau hyfforddi sy'n lleihau cymaint â phosib ar dueddiad athletwyr i ddefnyddio sylw hunanffocws.

Mae strategaeth ddysgu fewnol neu ddiarwybod, yn ei hanfod, yn annog datblygu gwybodaeth fewnol (na ellir ei rhoi mewn geiriau) na all yr ymwybod gael gafael arni. O dan yr amodau hyn, bydd y dysgu'n dileu'r gallu i berfformio'n wael yn sgil unrhyw sylw hunanffocws gan nad oes dim rheolau pendant y gall sylw hunanffocws gael gafael arnynt. Un strategaeth er mwyn hybu dysgu mewnol yw hyfforddi drwy gyfatebiaeth. Amcan hyfforddi drwy gyfatebiaeth yw annog athletwyr i berfformio'r sgìl sy'n cael ei ddysgu drwy ddefnyddio rheol gyfatebol gyffredinol fydd yn gweithredu fel metaffor symud ac a fydd, mewn ffordd ddiofyn, yn cynnwys y rheolau technegol sy'n angenrheidiol er mwyn cyflawni'r sgìl yn llwyddiannus (Masters 2000). Er enghraifft, gellir dysgu ergyd flaenllaw top-sbin mewn tennis drwy gyfeirio at driongl ongl sgwâr. Bydd yr hyfforddwr yn gofyn i'r dysgwr ddychmygu ei fod yn dilyn amlinelliad o'r triongl gyda'i raced, gan ddechrau â phen y raced ar ei bwynt uchaf, sef pwynt uchaf (llym) y triongl a gadael i'r raced gwympo i'r ongl sgwâr, cyn ei thynnu'n ôl ar hyd gwaelod y triongl er mwyn taro'r bêl wrth i ben y raced ddod yn ôl yn sgwâr i'r hypotenws. Yn y gyfatebiaeth hon â'r triongl, gwelir llawer o'r rheolau a gysylltir yn aml ag addysgu'r ergyd hon i ddechreuwyr. Yn yr un modd, gallai hyfforddwr sy'n dysgu pobl i chwarae golff ofyn iddynt ddefnyddio'r un gafael ag y byddent yn ei defnyddio ar fwyell law (wrth dorri pren er enghraifft) pan fyddant yn dysgu ble i roi llaw isaf eu gafael (llaw dde ar gyfer golffwyr llaw dde) ar glwb golff. Yr allwedd wrth ddefnyddio cyfatebiaeth yw i'r hyfforddwr fod yn greadigol ac i'r metaffor ei hun fod yn gwbl ddealladwy i'r athletwr.

Er bod defnyddio cyfatebiaeth yn rhoi syniad cyffredinol y symud i'r dysgwyr heb ddefnyddio rheolau pendant, mae'n bosib na fydd yn galluogi'r dysgwr i gasglu digon o wybodaeth i allu gwerthuso ei berfformiad mewn modd effeithiol ac yna i'w newid os bydd yn aflwyddiannus (Bennett 2000). Felly, wrth ystyried sgiliau mwy cymhleth, gallai fod yn bwysig bod gan y dysgwyr wybodaeth am nodweddion sylfaenol y sgìl sydd i'w berfformio fel y gallant fonitro a gwerthuso'u perfformiad yn effeithiol os bydd anawsterau'n codi. Er enghraifft, dangosodd Bennett (gyda golff) werth rhywfaint o wybodaeth sylfaenol o safbwynt y ffordd o sefyll a'r modd y bydd pen y clwb yn dynesu at y bêl fyddai'n galluogi chwaraewr golff sy'n sleisio'r bêl i wneud addasiadau i adfer y broblem honno. Gall hyfforddwyr addysgu'r nodweddion sylfaenol hyn drwy hwyluso gwerthfawrogiad mewnol neu ginesthetig (h.y. symudiadau'r corff) athletwyr o'r dechneg a ddymunir heb orfod troi at reolau pendant.

25

Yn achos perfformwyr mwy medrus / â mwy o sgìl, gall pethau fod yn lletchwith i hyfforddwyr. Os bydd gan chwaraewyr ormod o wybodaeth bendant, mae'n debygol y byddant yn agored i effeithiau straen negyddol o ganlyniad i brosesu ymwybodol (Masters 1992). Fodd bynnag, heb y wybodaeth hon, mae'n annhebygol y bydd chwaraewyr yn perfformio ar lefelau uchel. Un ateb fyddai sicrhau bod gan chwaraewyr strategaethau yn eu lle fydd yn dileu'r tueddiad (o dan amodau sy'n peri straen) i ddefnyddio rheolau pendant mewn ffyrdd amhriodol pan fyddant yn ceisio sicrhau bod y dasg yn llwyddiant (gan y bydd y rhain yn tanseilio yn hytrach na chefnogi'r broses o gyflawni'r dasg yn llwyddiannus). Un strategaeth ar gyfer ymdopi â'r sefyllfa sydd wedi cael cefnogaeth eang yn y cyswllt hwn yw defnyddio arferion arbennig cyn-perfformio (Jackson *et al.* 2006). Mae'r rhain yn berthnasol iawn mewn chwaraeon sydd ag elfennau sgìl-gaeëdig yn perthyn iddynt (h.y. lle mae'r amgylchedd yn sefydlog, megis golff). Yma, gallai trochi'r hunan mewn set arbennig o ymddygiadau sydd wedi'u cynllunio i gefnogi perfformio tasg fod yn fodd o wrthsefyll effeithiau sylw hunanffocws.

Er bod cefnogaeth eang ar gael i'r syniad o ganolbwyntio ar set o brosesau sy'n cael eu cysylltu â'i gilydd i ffurfio arfer cyn-perfformio (gweler, er enghraifft, Boutcher 1990), strategaeth arall yw canolbwyntio ar un agwedd ar y sgìl a fydd, os caiff ei chyflawni'n effeithiol, yn sicrhau perfformiad llwyddiannus. Mae hyn yn disgrifio'r hyn sy'n cael ei alw yn y deunydd darllen ar seicoleg chwaraeon yn nod proses (Kingston a Hardy 1997). Fodd bynnag, er gwaethaf y dystiolaeth gefnogol sy'n dweud bod canolbwyntio ar agweddau unigol techneg yn gallu hwyluso perfformiad (e.e. Filby *et al.* 1999, Kingston a Hardy 1997, Zimmerman a Kitsantas 1996), mae ffocws proses o'r math yma'n cael ei amau a hynny'n bennaf ar y sail bod hyrwyddo monitro cam wrth gam a rheoli gwybodaeth weithdrefnol gymhleth, sydd fel arfer yn gweithredu'n awtomatig, yn amharu ar y perfformiad (e.e. Hardy *et al.* 1996, Jackson *et al.* 2006, Masters 1992). Yn ogystal, ac yn fwy penodol, cafwyd tystiolaeth gref gan Jackson *et al.* (2006) fod nodau proses oedd yn ymwneud â symud yn gwneud niwed i'r perfformiad, beth bynnag fo'r tueddiadau unigol ar gyfer sylw hunanffocws a phwysau sefyllfa. Fodd bynnag, yn unol â Kingston a Hardy (1997), awgrymodd Jackson ymhellach y gallai nodau proses oedd fymryn lleiaf yn wahanol i'w gilydd fod â swyddogaethau sylw gwahanol. Er enghraifft, nid yw nodau proses sy'n troi'r sylw oddi ar y symudiadau corfforol a berfformir (e.e. yn gweithredu fel ciwiau cyfannol ar gyfer y weithred a ddymunir) yn annog unrhyw fonitro penodol (Jackson *et al.* 2006). Er mwyn dangos hyn, gallai nodau proses cyfannol (yn hytrach na nodau proses unigol [neu rannol]), sy'n gynrychiolaethau o'r sgìl sydd i'w gyflawni sy'n llai seiliedig ar reolau (er enghraifft, gallai nodau proses cyfannol sy'n disgrifio'r symudiad 'cyfan' gymryd ffurf lefn, estynedig neu dan reolaeth), annog perfformwyr i gyflawni sgiliau drwy ddefnyddio strwythurau rheoli mwy awtomatig (Jackson *et al.* 2006). Yn olaf, gallai hyrwyddo ymddiriedaeth (Moore a Stevenson 1994) a hunanhyder fod yn strategaethau hollgynhwysol hefyd i leihau tueddiad perfformwyr i arfer sylw hunanffocws mewn sefyllfaoedd a allai beri straen. Caiff datblygu hunanhyder ei archwilio'n fwy manwl ym Mhennod 3 ('Seicoleg ar gyfer hyfforddwyr').

Wrth gloi'r adran hon ar ffocws sylw, mae'n bwysig cydnabod bod y maes ymchwil hwn yn parhau i ddatblygu. Yr ydym wedi ceisio amlygu'r ymchwil sy'n codi cwestiynau ynglŷn â

caffael sgiliau ar gyfer hyfforddwyr

syniadau traddodiadol hyfforddi lle y caiff athletwyr eu hyfforddi i ganolbwyntio ar eu symudiadau wrth gyflawni sgiliau. Mae yr un mor glir y gall mân wahaniaethau yn ffocws sylw athletwyr effeithio'n sylweddol ar y dysgu a'r perfformiad. Yn ogystal, bydd yr effeithiau hyn yn amrywio (ac yn gallu cael effaith sy'n groes i'r effaith a ddymunir) gan ddibynnu ar lefel sgìl y rhai sy'n derbyn yr hyfforddiant.

CASGLIADAU

Nod y bennod hon oedd deall y sefyllfa bresennol o safbwynt tri o'r materion canolog sy'n berthnasol i gaffael sgiliau, fel y maent yn gysylltiedig yn benodol â'r hyn a alwodd Schmidt a Wrisberg (2000) yn brofiad dysgu. Rhoddwyd adolygiad cyfoes o ddeunydd darllen perthnasol pob un o'r tri ynghyd â disgrifiad o sut y gall hyfforddwyr ddefnyddio'r wybodaeth hon. Yr hyn yr ydym wedi ceisio'i wneud yn gyffredinol yw dangos sut y gallai'r dysgu gael ei hwyluso gan nifer o ffactorau. Ymhlith y rhain mae: rhaglenni ymarfer sy'n hyrwyddo gweithgaredd gwybyddol (meddyliol); defnyddio rhai mathau o adborth mewn ffordd briodol gan roi ystyriaeth arbennig i amlder ac amseru; a defnyddio ffocysau sylw priodol fydd yn annog dysgwyr i alluogi prosesau rheoli naturiol i ddigwydd heb eu ffrwyno. Er ein bod ni o'r farn bod yr awgrymiadau hyn yn enghreifftiau o arfer dda o safbwynt dysgu sgiliau, mae'n bwysig cofio bod angen i hyfforddwyr ystyried bob amser nodweddion y perfformiwr unigol a'r dasg sydd i'w pherfformio pan fyddant yn strwythuro'r amgylcheddau dysgu gorau posib.

PENNOD 3

SEICOLEG AR GYFER HYFFORDDWYR

Kieran Kingston, Owen Thomas ac Ian Mitchell

Caiff chwaraeon cystadleuol eu chwarae'n bennaf ar gwrt pum modfedd a hanner, sef y gofod rhwng eich clustiau.

Bobby Jones
Yr unig berson i gyflawni Camp Lawn byd golff,
sef ennill y pedair prif bencampwriaeth yn yr un flwyddyn

RHAGARWEINIAD

Mae'r arfer o gymhwyso egwyddorion seicolegol yn ffurfiol i chwaraeon wedi cynyddu'n enfawr yn ystod yr ugain mlynedd diwethaf. Mae nifer yr athletwyr a'r hyfforddwyr sydd bellach yn edrych i gyfeiriad seicoleg chwaraeon er mwyn ennill y blaen ar eu gwrthwynebwyr yn tystio i hyn (Williams a Straub 2005). Er bod y ffaith hon yn cael ei chydnabod, bu'r ffordd y bu hyfforddwyr yn defnyddio seicoleg chwaraeon yn aml yn un *ad hoc* a distrwythur, ac mae'n dal i fod felly. Nod y bennod hon yw dangos ymhellach werth seicoleg chwaraeon i hyfforddwyr ac, yn hytrach na dim ond cynnig technegau 'sut i', bydd yn dangos sut y gellir defnyddio egwyddorion damcaniaethol priodol mewn ffordd systematig i sicrhau'r perfformiad gorau posib gan athletwyr. Byddwn yn dechrau drwy ddiffinio'r hyn a olygir wrth seicoleg chwaraeon cyn troi i ganolbwyntio ar feysydd symbyliad, hunanhyder, a straen a phryder. Caiff pob un o'r rhain ei archwilio o safbwynt theorïau perthnasol, eu goblygiadau ar gyfer hyfforddi a sut y gallai hyfforddwyr eu defnyddio, gan gymryd rhai ffactorau cyfryngol i ystyriaeth. Byddwn yn cloi drwy roi crynodeb a fydd yn amlygu gwerth cyffredinol goblygiadau cymhwysol y lluniadau a drafodwyd i hyfforddwyr chwaraeon.

BETH YW SEICOLEG CHWARAEON?

Gallech feddwl y byddai diffinio maes sydd bellach yn faes academaidd cydnabyddedig yn beth digon syml, ond nid felly y mae hi. Yn wir, mae Dishman (1983) wedi awgrymu bod seicoleg chwaraeon yn dioddef weithiau o argyfwng hunaniaeth. Yr hyn sy'n gyfrifol am yr argyfwng hwn yw'r llu o bersbectifau amrywiol a geir o fewn y maes. Eto i gyd, mae diffiniad cryno (sy'n seiliedig ar nifer o ddiffiniadau a roddwyd gan Feltz a Kontos 2002) yn disgrifio

28

seicoleg chwaraeon fel hyn: astudiaeth o ymddygiad a meddyliau pobl mewn cyd-destunau chwaraeon. Yn ogystal, nod cyffredinol seicoleg chwaraeon gymhwysol yw rhoi'r sgiliau meddyliol angenrheidiol i athletwyr a hyfforddwyr iddynt allu ymdopi â galwadau hyfforddi a chystadlu, a helpu pob un i wireddu ei botensial.

O dan ymbarél eang seicoleg chwaraeon, yr ydym wedi canfod tri phrif faes y mae angen edrych arnynt, sef symbyliad, hunanhyder, a straen a phryder. Efallai mai un cwestiwn rhesymol i'w ofyn fyddai pam y rhain yn hytrach nag eraill? Wrth ymateb, byddem ni'n dweud ein bod ni, a ninnau'n ymarferwyr cymhwysol (h.y. yn ymgynghorwyr seicoleg chwaraeon), yn credu bod cyfran uchel o'r problemau y byddwn ni'n dod ar eu traws yn dod o dan gwmpas yr agweddau hyn neu â'r agweddau hyn yn sail iddynt. Hynny yw, mae llawer o'r gwaith yr ydym ni'n ei wneud yn canolbwyntio ar ddatblygu a chynnal hyder a symbyliad athletwyr, ac ar yr un pryd roi arfau iddynt reoli pryder a chynnwrf. Felly, er mwyn canfod y meysydd y mae'n fwyaf perthnasol ymdrin â hwy, cawsom ein harwain gan anghenion athletwyr a hyfforddwyr. Yn ogystal, er y byddai'n rhesymol disgwyl adran ar faterion sy'n ymwneud â thimau, daethom i'r penderfyniad bod y rhan fwyaf o'r materion seicolegol sy'n codi yn yr amgylcheddau hyn yn codi ar lefel yr unigolyn. Bydd darllenwyr sydd â diddordeb mewn seicoleg timau, felly, yn cael eu harwain i gyfeiriad testunau eraill, mwy penodol (er enghraifft Carron *et al.* 2005).

SYMBYLIAD

Mae deall y prosesau seicolegol cymhleth a dynamig sy'n gysylltiedig â symbyliad yn hollbwysig er mwyn deall ymddygiad person, yn enwedig mewn chwaraeon (Roberts 2001). Mae symbyliad yn cyfeirio at y ffactorau personoliaeth, y wybyddiaeth a'r newidynnau cymdeithasol sydd ar waith mewn sefyllfaoedd lle y caiff person ei werthuso, lle y bydd yn cystadlu yn erbyn eraill neu lle y bydd yn ceisio cyrraedd safon rhagoriaeth (Roberts 2001). Mewn cyd-destun cymhwysol gellir ystyried mai dyma'r 'ysgogiad personol sy'n arwain pobl i roi cychwyn ar, i gyfeirio ac i gynnal ymddygiad dynol' (Kingston *et al.* 2006: 2). Yn yr un modd, yn ôl Ryan a Deci (2000), symbyliad sydd wrth wraidd rheoleiddio biolegol, gwybyddol a chymdeithasol, ac y mae o'r diddordeb mwyaf, felly, i'r rheini y mae cael pobl eraill i weithredu yn rhan o'u rôl (e.e. hyfforddwyr).

O fewn seicoleg chwaraeon ac ymarfer, gall symbyliad gael ei ystyried mewn sawl ffordd. Dwy o'r ffyrdd mwyaf poblogaidd o bersbectif cymhwysol yw theori hunanbenderfyniad (SDT; Deci a Ryan 1985) a theori cyrraedd nodau (AGT; Nicholls 1989). Mae'r ddwy yn defnyddio persbectif gwybyddol-gymdeithasol (h.y. maent yn pwysleisio bod y modd y mae unigolion yn synio am ffactorau cymdeithasol yn pennu'r ffordd y byddant yn cymhwyso'u hunain i gyflawni gweithgaredd ac ansawdd eu hymgysylltiad â'r gweithgaredd hwnnw), ac mae i'r ddwy ddefnyddiau eang mewn seicoleg chwaraeon ac ymarfer. Felly, maent wedi hwyluso ein dealltwriaeth o ddynameg symbyliad a'i ganlyniadau gwybyddol, affeithiol (h.y. emosiynol) ac ymddygiadol cysylltiedig.

Theori hunanbenderfyniad

Mae theori hunanbenderfyniad (SDT) yn seiliedig ar y rhagosodiad bod tueddiadau cynhenid mewn unigolion tuag at ddatblygiad a thwf seicolegol, i feistroli heriau parhaol, a thrwy eu profiadau i ddatblygu ymdeimlad dealladwy o'r hyn ydynt (h.y. pwy ydynt fel unigolion) (Deci a Ryan 2000). Yn benodol, mae Deci a Ryan (1985) wedi dadlau bod tri angen seicolegol cyffredinol sy'n sylfaenol ar gyfer symbyliad a lles seicolegol, sef yr awydd i fod â chymhwysedd, ymreolaeth a pherthynas. Mae'r angen i fod â chymhwysedd yn cwmpasu ymdrechion pobl i ryngweithio â'u hamgylchedd mewn ffordd effeithiol (Harter 1978), i geisio rheoli canlyniadau ac i brofi meistrolaeth (Kingston et al. 2006). Mae'r angen am ymreolaeth yn cyfeirio at yr awydd i fod yn hunangychwynnol wrth benderfynu ein gweithredoedd ni ein hunain (Vallerand a Lousier 1999), ac mae'r angen am berthynas yn ymwneud â'r awydd i deimlo cysylltiad ac i fod ag ymdeimlad o gyd-barch a chyd-ddibyniaeth mewn perthynas ag eraill (Baumeister a Leary 1995). Mae'r graddau y caiff yr anghenion hyn eu diwallu gan y cyd-destun cymdeithasol (e.e. yr amgylchedd chwaraeon) yn dylanwadu ar y graddau y bydd unigolyn yn penderfynu ei symbyliad ei hunan (Deci a Ryan 2000). Bydd ffurfiau mwy hunanbenderfynedig ar symbyliad (drwy foddhau anghenion cynhenid) yn cynhyrchu canlyniadau positif (e.e. perfformiadau) (Vallerand 1997). O fewn sefyllfaoedd chwaraeon, mae ymchwil yn cefnogi pwysigrwydd boddhau anghenion cynhenid o ran symbyliad (Kowal a Fortier 2000, Standage et al. 2003, Hollembeak ac Amorose 2005). Felly, mae'n ddymunol bod hyfforddwyr yn hybu hunanbenderfyniad ar lefel uchel er mwyn hwyluso symbyliad a pherfformiadau athletwyr. Er bod Deci a Ryan (1985) yn gwahaniaethu rhwng nifer o arddulliau symbylu, byddwn ni'n canolbwyntio'n gyfan gwbl ar ddulliau sy'n hybu'r math mwyaf hunanbenderfynedig ar symbylu, sef symbylu mewnol.

Mae symbylu mewnol yn disgrifio tueddiad at gymhathu, meistroli, bod â diddordeb digymell ac archwilio (Ryan a Deci 2000). Mae'n gysylltiedig â phobl yn ymgymryd â gweithgareddau'n wirfoddol heb ddisgwyl dim gwobr faterol neu bwysau neu gyfyngiadau allanol (Deci a Ryan 1985, 2000). Mae athletwyr sy'n ymarfer oherwydd eu bod yn cael y broses yn un ddiddorol, sy'n rhoi boddhad iddynt ac sy'n profi'r pleser sy'n perthyn i ymdrechu i oresgyn heriau yn cael eu hystyried yn athletwyr uchel eu symbyliad mewnol (Vallerand 1997). Nid yw'n syndod, felly, y dylai hybu symbyliad mewnol fod yn brif amcan pawb sydd â diddordeb mewn datblygu a chynnal sgiliau mewn chwaraeon (h.y. hyfforddwyr).

Cynigiodd Deci a Ryan (1985) theori gwerthuso gwybyddol (CET; Deci a Ryan 1985), sy'n is-theori i'r theori hunanbenderfyniad, er mwyn disgrifio ac esbonio amrywioldeb o ran symbyliad mewnol (Ryan a Deci 2000). Yn ôl y theori gwerthuso gwybyddol, gallai ffactorau cyd-destunol cymdeithasol (e.e. gwobrau, adborth a natur cyfathrebu) hwyluso neu rwystro'r symbyliad mewnol drwy gefnogi neu amharu ar anghenion seicolegol greddfol ymreolaeth a chymhwysedd. Er enghraifft, dangoswyd bod bygythiadau, terfynau amser, gorchmynion, gwerthuso dan bwysau a nodau wedi'u gorfodi yn tanseilio'r symbyliad mewnol, tra bod dewis, cydnabod teimladau a chyfleoedd ar gyfer hunangyfeirio yn gysylltiedig â chynnydd yn lefel y symbyliad mewnol (gweler Ryan a Deci 2000 am adolygiad manylach). Gwedd bwysig ar y theori gwerthuso gwybyddol yw'r awgrym na fydd ymdeimlad o well

30

cymhwysedd yn hybu'r symbyliad mewnol heb fod yna hefyd ymdeimlad o ymreolaeth dros yr ymddygiad oedd yn gyfrifol am y cymhwysedd hwnnw. Yn olaf, er y canfuwyd mai ymreolaeth a chymhwysedd yw'r dylanwadau cryfaf ar y symbyliad mewnol, mae Deci a Ryan (2000) hefyd yn cefnogi gwerth perthynas o safbwynt cynnal symbyliad (er bod hwnnw'n werth pell o'i gymharu).

Yn ôl y theori gwerthuso gwybyddol, felly, er mwyn hybu'r symbyliad mewnol dylai hyfforddwyr geisio creu amgylchedd: (1) lle y bydd ymdeimlad yr athletwyr o safbwynt eu cymhwysedd yn cael ei hybu wrth iddynt lwyddo i gyrraedd nodau y cytunwyd arnynt ac y gallant eu rheoli eu hunain, (2) lle y bydd y wobr yn rhoi gwybodaeth ynghylch cymhwysedd ac ymdrech yn hytrach nag yn cael ei hystyried yn beth sy'n rheoli ymddygiad (yn tanseilio ymreolaeth), (3) lle y bydd yr unigolyn yn cael adborth sy'n canolbwyntio ar ymdrech, a (4) lle y rhoddir dewis i athletwyr a lle y byddant hwy'n gyfrifol, yn rhannol o leiaf, am benderfyniadau strategol o safbwynt hyfforddi a chystadlu. Nid gwaith hawdd, fodd bynnag, yw rhoi'r polisïau hyn ar waith. Mae chwaraeon elît ar y cyfan yn broffesiwn amser llawn ac mae pwysau allanol o sawl cyfeiriad ar y rhai sy'n rhan o'r proffesiwn, gan gynnwys gwobrau ariannol, delwedd gyhoeddus a chorfforaethol, disgwyliadau'r cyhoedd a chystadleuaeth sy'n gynyddol anodd. Mae llawer o'r ffactorau hyn yn gallu bod yn dramgwydd o safbwynt datblygu a boddhau ymreolaeth, cymhwysedd a pherthynas (Deci a Ryan 2000). Eto i gyd, mae'n rheidrwydd ar hyfforddwyr ar y lefel elît i weithio'n ddygn i chwilio am ffyrdd o gynnig amgylchedd sy'n parhau i gefnogi anghenion cynhenid athletwyr os ydynt am berfformio hyd eithaf eu gallu.

Theori cyrraedd nodau

Esblygodd y theori cyrraedd nodau (AGT; Nicholls 1989) i fod yn un o'r dulliau damcaniaethol mwyaf poblogaidd ar gyfer astudio symbyliad cyrhaeddiad mewn chwaraeon a gweithgaredd corfforol (Roberts 2001). Yn ôl damcaniaethwyr cyrraedd nodau (e.e. Nicholls 1989, Dweck a Leggett 1988), bwriad pennaf unigolion mewn cyd-destunau cyrhaeddiad (h.y. sefyllfaoedd lle mae'n debygol y caiff perfformiad ei werthuso) yw dangos gallu. Mae'r modd y bydd unigolion yn barnu ac yn dehongli eu gallu ac, o ganlyniad, yn diffinio llwyddiant yn pennu'r amrywiadau yn yr ymddygiadau a'r meddyliau hynny sy'n gysylltiedig â chyrhaeddiad, ac ymatebion affeithiol (Duda 2001). Wrth ddatblygu'r ddamcaniaeth, awgrymodd Nicholls (1989) y ceir dau brif gyflwr o ymgyfrannu mewn cyd-destunau cyrhaeddiad, sef tasg ac ego. Bydd ymgyfrannu drwy dasg yn digwydd pan gaiff y cymhwysedd ei farnu yn ôl rhai meini prawf hunangyfeiriol (e.e. ymdrech, dysgu, lefel y mwynhad neu raddau hunanwelliant yr unigolyn). Ar y llaw arall, mae'r cyflwr lle y mae ymgyfraniad yr ego ar waith i'w weld pan fydd y llwyddiant yn seiliedig ar ryw gyfeirbwynt normadol (e.e. perfformio'n dda o'i gymharu ag eraill). Fel arfer, caiff gwahaniaethau unigol o ran y tueddiad i fabwysiadau'r cyflyrau ymgyfrannu hyn eu mynegi ar ffurf cyfeiriadedd nodau tasg ac ego (Spray et al. 2006). Dangosodd gwaith ymchwil cynnar i gyfeiriadedd nodau fod y tueddiad i fabwysiadu cyfeiriadedd tasg yn gysylltiedig yn bennaf â dewis tasgau sy'n gymharol heriol, ymdrech a dyfalbarhad mawr, diddordeb mewnol yn y gweithgaredd a chynnal neu wella'r perfformiad (Hodge a Petlichkoff 2000).

Yn ôl Nicholls (1989), mae'r cymhwysedd y bydd unigolyn yn ei ystyried sydd ganddo yn allweddol er mwyn pennu faint yw ei symbyliad o safbwynt ymgysylltu â thasg a dal ati. Ond mae casgliadau astudiaethau ymchwil yn y fan yma fymryn yn amwys. Er enghraifft, ar y naill law tybir bod y canlyniadau symbylol ymaddasol (h.y. positif) sy'n gysylltiedig â chyfeiriadedd tasg uchel yn gweithredu beth bynnag fydd y lefelau cymhwysedd y bydd unigolyn yn eu hystyried sydd ganddo (Duda 2001). Ar y llaw arall, mae Nicholls (1989) yn awgrymu bod y cymhwysedd y bydd unigolyn yn ei ystyried sydd ganddo yn gallu newid natur effaith cyfeiriadedd ego ar symbyliad (h.y. mae'n gweithredu fel newidyn cymedroli). Felly, pan fydd athletwyr sydd â chyfeiriadedd ego uchel yn ystyried bod ganddynt gymhwysedd uchel, maent yn debygol o arddangos y canlyniadau symbylol ymaddasol sy'n gysylltiedig â chyfeiriadedd tasg uchel (Hardy 1997, Hodge a Petlichkoff 2000). Fodd bynnag, pan fydd cyfeiriadedd ego uchel wedi'i gyfuno â chymhwysedd tybiedig isel, dangoswyd y bydd y canlyniadau'n rhai negyddol (Cury et al. 1997, Vlachopoulos a Biddle 1997). Er enghraifft, mae'n bosib na fydd yr athletwyr hyn yn gwneud digon o ymdrech, yn dibrisio'r dasg pan na fyddant yn debygol o lwyddo ac yn fwy tebygol o roi'r gorau i'r gweithgaredd. Mae symbyliad yr unigolion hyn yn fregus oherwydd eu bod yn diffinio llwyddiant a chymhwysedd mewn perthynas ag eraill yn bennaf.

Ar sail y ffaith bod goblygiadau symbylol i gyfeiriadedd tasg a chyfeiriadedd ego (e.e. Duda et al. 1992), gallai archwilio cyfuniadau o'r ddau gyfeiriadedd fod yn fwy priodol na'u hystyried ar eu pen eu hun (Hardy 1997). Mae'r rhagosodiad hwn (h.y. archwilio proffiliau nodau) wedi cael y lle blaenaf gan astudiaethau diweddar (e.e. Duda et al. 1992, Roberts et al. 1996, Hodge a Petlichkoff 2000). Mewn gwaith o'r fath dangoswyd mai unigolion sy'n arddangos cyfeiriadedd ego uchel a chyfeiriadedd tasg isel ynghyd â chymhwysedd tybiedig isel sydd fwyaf tebygol o ddangos gwybyddiaeth ac ymddygiad camaddasol (h.y. negyddol neu wrthgynhyrchiol) (Fox et al. 1994). Bellach ceir mwy o gefnogaeth i fanteision gwybyddol-ymddygiadol posib cyfuniad o, neu gydbwysedd cyflenwol rhwng, lefelau canolig hyd uchel o gyfeiriadedd tasg a chyfeiriadedd ego (e.e. Roberts et al. 1996, Hodge a Petlichkoff 2000). Mae'r cydbwysedd cyflenwol hwn yn cynrychioli athletwyr sy'n cael eu symbylu gan yr awydd i ddangos galluoedd gwell na galluoedd pobl eraill ac i ddatblygu a meistroli eu sgiliau personol eu hunain. Mantais hyn yw ei fod yn diogelu rhag canlyniadau camaddasol posib cyfeiriadedd tasg uchel (h.y. perffeithiaeth) a lefel uchel o gyfeiriadedd ego fel y disgrifiwyd yn y paragraff blaenorol (Gould et al. 1996).

Mae goblygiadau cymhwysol theori cyrraedd nodau o safbwynt hyfforddwyr i'w gweld yn yr angen i hybu ymgyfraniad athletwyr i dasgau ar lefel uchel. Fodd bynnag, haws dweud na gwneud yw hi mewn diwylliant chwaraeon sy'n rhoi pwyslais aruthrol ar gymariaethau normadol (h.y. cystadlu). Serch hynny, dylai perfformwyr gael eu llywio tuag at ddatblygu cynrychiolaeth fwy addasol, bositif o'r hyn a ystyrir yn berfformio llwyddiannus mewn sefyllfaoedd lle y gallant lwyddo, â'r pwyslais ar ddatblygu sgiliau a chyflawni rolau personol yn hytrach nag ar farnu perfformiad o'i gymharu â pherfformiad pobl eraill. Yn yr un modd, dylai'r amgylchedd hyfforddi – hynny yw, yr hinsawdd y bydd hyfforddwyr yn ei chreu – fod yn gysylltiedig â thasgau, â'r pwyslais ar ymdrech, gwella, cydweithredu, a thargedau ac amcanion personol.

32

HUNANHYDER MEWN CHWARAEON

Mae hyder mewn chwaraeon wedi'i ddiffinio mewn sawl ffordd wahanol (Hardy *et al.* 1996). Mae'r adran hon, fodd bynnag, yn canolbwyntio ar ddau ddull sy'n uniongyrchol berthnasol i hyfforddwyr ac i berfformiad chwaraeon, sef hunaneffeithlonrwydd (Bandura 1977b) a hyder chwaraeon (Vealey 1986, 2001).

Mae a wnelo theori hunaneffeithlonrwydd Bandura (1977b) â'r gallu y mae unigolyn yn ei ystyried sydd ganddo i berfformio sgiliau chwaraeon penodol ar unrhyw adeg arbennig (Hardy *et al.* 1996). Er mai nifer cymharol fach o astudiaethau sydd wedi asesu'r berthynas rhwng hunaneffeithlonrwydd a pherfformiad mewn chwaraeon yn uniongyrchol, mae'r consensws cyffredinol yn dangos cefnogaeth i'r cynnig bod hunaneffeithlonrwydd yn benderfynydd llwyddiant allweddol (Hardy *et al.* 1996). Yn y bôn, mae theori Bandura yn dangos bod hunaneffeithlonrwydd yn rhagfynegi perfformiad os bydd yr athletwr yn deall bod y lefelau sgiliau a chymhellion priodol ar gyfer llwyddiant personol yn bresennol. Yn ôl Bandura (1977b), mae disgwyliadau effeithlonrwydd (h.y. cred rhywun y gellir cyrraedd lefel arbennig o berfformio) yn cael eu rhagweld ar sail pedair ffynhonnell wybodaeth: (1) *Cyflawniadau perfformiad* sy'n dylanwadu fwyaf ar hunaneffeithlonrwydd oherwydd eu bod yn seiliedig ar lwyddiannau blaenorol yr athletwr a'r modd y bu'n cyflawni ei sgiliau chwaraeon; (2) Mae *profiadau dirprwyol* (h.y. byw) yn ymwneud â pherfformiwr yn magu hunaneffeithlonrwydd drwy edrych ar bobl eraill yn perfformio sgiliau chwaraeon; (3) Mae *perswâd ar lafar* yn cyfeirio at wybodaeth sy'n cael ei chyfleu i'r perfformiwr gan yr hunan (h.y. drwy siarad ag ef ei hun) neu gan bobl arwyddocaol eraill (h.y. yr hyfforddwr) a fydd yn helpu i lywio ymddygiad y perfformiwr; a (4) Mae *rheoli cynnwrf emosiynol a ffisiolegol*, y rhagfynegydd hunaneffeithlonrwydd lleiaf grymus, yn ymwneud â'r lefelau rheolaeth y mae'r perfformiwr yn credu sydd ganddo dros ei gyflyrau ffisiolegol ac emosiynol (e.e. pryder). Y goblygiad mwyaf i hyfforddwyr yn y fan yma yw y dylent sicrhau bod gan athletwyr ffynonellau gwybodaeth sy'n cysylltu'n uniongyrchol â'r pedwar maes effeithlonrwydd hyn, gan gadw'r ffocws tua rhannau uchaf yr hierarchaeth. Er enghraifft, bydd strategaethau hyfforddi sy'n meithrin cyflawniad yn cael mwy o effaith ar effeithlonrwydd na'r rhai hynny sydd wedi'u cynllunio i dargedu rheoli cynnwrf emosiynol.

Mae sawl ffactor yn dylanwadu ar effeithiolrwydd y pedair ffynhonnell wybodaeth hyn ar lefel hunaneffeithlonrwydd y perfformiwr. Er enghraifft, bydd pa mor anodd yw'r dasg, faint o arweiniad a roddir a'r ymdrech a wneir yn dylanwadu ar lefel yr hunaneffeithlonrwydd a ddaw drwy gyflawni perfformiadau yn llwyddiannus. Felly, dylai hyfforddwyr gydnabod y bydd y ffaith bod perfformiwr yn llwyddo gyda thasg anodd, er mai dim ond ychydig o arweiniad yn gynnar yn y profiad dysgu a gafodd, yn hybu datblygiad ei hunaneffeithlonrwydd yn fwy nag y bydd llwyddo gyda thasg hawdd sy'n ddibynnol iawn ar arweiniad yn dilyn cyfres o fethiannau cynnar (Feltz 1988). Yn ogystal, mae dilysrwydd cymharol y model – hynny yw, yr unigolyn yr arsylwir arno – yn effeithio ar y cynnydd effeithlonrwydd a geir o ganlyniad i brofiad dirprwyol. Felly yr awgrym yw bod y cynnydd effeithlonrwydd ar ei fwyaf pan fydd athletwyr yn gweld model sydd o oed, rhyw a gallu athletaidd tebyg yn arddangos sgiliau (Lirgg a Feltz 1991). Yn olaf, awgrymir bod lefel arbenigedd a hygrededd cydnabyddedig y perswadiwr yn dylanwadu ar y cynnydd posib o ran hunaneffeithlonrwydd. Felly, mae'r cyfryngwyr hyn yn bethau allweddol i'r hyfforddwr eu hystyried pan fydd yn addasu'r hinsawdd i athletwyr yn ystod cyfnodau o hyfforddi a chystadlu.

Er ei bod hi'n amlwg y gellir cymhwyso theori hunaneffeithlonrwydd i chwaraeon cystadleuol, mae gan y theori ei gwendidau hefyd. Yn bennaf, mae beirniaid wedi dadlau y gallai hunaneffeithlonrwydd fod yn ddim mwy na sgil-gynnyrch ymateb pryder. Felly, yr ymateb pryder yn hytrach na'r disgwyl effeithlonrwydd yw'r peth pwysicaf o ran pennu ymddygiad (h.y. perfformiad) (Borkovec 1976). O ganlyniad i'r cyfyngiadau sydd wedi'u nodi o fewn theori hunaneffeithlonrwydd, mae Vealey (1986) wedi cynnig model hyder sy'n benodol ar gyfer chwaraeon. Yn y model gwreiddiol hwn, dangosodd mai hyder o fewn sefyllfa benodol fyddai prif ragfynegydd perfformiad. Fodd bynnag, ni chafwyd fawr o gefnogaeth empirig i'r hypothesis hwn. Felly, mewn ymgais i oresgyn rhai o'r gwendidau posib a welwyd yn y model gwreiddiol hyder chwaraeon, cynigiodd Vealey et al. (1998) fodel newydd oedd ailgysyniadu neu'n cywasgu'r syniad o hyder chwaraeon i un lluniad. Yr oedd hyn mewn cyferbyniad â'r gwahaniaeth cyflwr-nodwedd gwreiddiol a amlinellwyd uchod (Vealey et al. 1998). Yn ogystal, dangosodd y model newydd fod hunanreoleiddio, cyflawniad a'r hinsawdd gymdeithasol yn rhagfynegwyr perfformiad yn sgil eu heffaith ar affaith, gwybyddiad ac ymddygiad y perfformiwr. At hyn, cydnabu Vealey ddylanwad anuniongyrchol newidynnau gwahaniaeth unigol (e.e. rhywedd, personoliaeth) yn ogystal â ffactorau cymdeithasol a sefydliadol ar ddatblygu a chynnal hyder chwaraeon.

Yn rhan o'u gwaith, cynigiodd Vealey et al. hefyd naw o ragfynegwyr penodol i chwaraeon y gallai athletwyr alw arnynt er mwyn datblygu eu hyder, sef: (1) Meistrolaeth: gwybodaeth sy'n deillio o feistrolaeth bersonol neu o ganlyniad i unigolyn yn gwella ei sgiliau chwaraeon; (2) Dangos gallu: dangos mwy o allu na gwrthwynebwyr mewn sefyllfaoedd cystadleuol; (3) Paratoi'r corff a'r meddwl: lle y bydd yr athletwr yn teimlo bod ei gorff a'i feddwl wedi'u paratoi a bod ganddo'r ffocws perfformiad gorau posib; (4) Hunangyflwyniad corfforol: yn seiliedig ar y modd y bydd athletwr yn gweld ei hunan yn gorfforol neu'n gweld ei ddelwedd gorfforol; (5) Cefnogaeth gymdeithasol: a dderbynnir ar ffurf anogaeth ac adborth cadarnhaol gan hyfforddwyr, cyd-aelodau tîm a/neu ffrindiau; (6) Profiad dirprwyol: yn seiliedig ar yr honiadau bod arsylwi ar neu weld athletwyr eraill yn perfformio'n llwyddiannus yn ffordd o fagu hyder; (7) Arweinyddiaeth yr hyfforddwr: lle y bydd yr athletwr yn magu hyder oherwydd ei fod yn credu yng ngallu'r hyfforddwr i wneud penderfyniadau ac yn ei rinweddau fel arweinydd; (8) Cysur amgylcheddol: hyder sy'n deillio o deimlo'n gysurus â'r amgylchedd cystadleuol (e.e. cystadlu â mantais gartref); a (9) Ffafrioldeb sefyllfaol: lle y bydd y perfformiwr yn magu hyder pan fydd yn ystyried bod y troeon lwcus neu'r manteision sy'n rhan o sefyllfa o'i blaid (e.e. penderfyniadau'r dyfarnwr).

Wedi iddi nodi'r naw ffynhonnell hyn, categoreiddiodd Vealey (2001) hwy i ffitio i dri phrif barth: (1) Cyrhaeddiad (h.y. meistrolaeth a dangos gallu), (2) Hunanreoleiddio (h.y. paratoi'r corff/meddwl a hunangyflwyniad corfforol), a (3) Hinsawdd gymdeithasol (h.y. cefnogaeth gymdeithasol, profiad dirprwyol, arweinyddiaeth yr hyfforddwr, cysur amgylcheddol a ffafrioldeb sefyllfaol). Yn y bôn, dangosodd Vealey y gallai'r tri pharth weithredu fel fframwaith a fyddai'n arwain ymdrechion hyfforddwyr i dargedu a datblygu hyder athletwyr. Mae'r safbwynt hwn yn adlewyrchu theori hunaneffeithlonrwydd a'r syniad bod y pedair ffynhonnell wybodaeth a ddefnyddir ar gyfer disgwyliadau effeithlonrwydd (h.y.

34

cyflawniadau perfformiad, profiad dirprwyol, perswâd ar lafar a rheoli emosiynol) yn rhoi sylfaen ddamcaniaethol i'r gwaith o lunio ymyriadau cymhwysol. Felly, bydd yr adran nesaf yn ymdrin yn fanwl â'r ymyriadau posib hyn a materion sy'n gysylltiedig ag ymddygiad hyfforddwyr yn unol â lluniadau cyrhaeddiad, hunanreoleiddio a hinsawdd gymdeithasol.

GOBLYGIADAU CYMHWYSOL

Mae theori hunaneffeithlonrwydd Bandura a theori hyder chwaraeon Vealey yn rhoi goleuni sylweddol i ni ar y modd y gellir magu hyder mewn cyd-destun cyrhaeddiad. Nid yw'n syndod bod gan yr hyfforddwr rôl arwyddocaol yn y fan yma o safbwynt creu ymdeimlad o gyrhaeddiad mewn amgylcheddau hyfforddiant a chystadleuaeth. Mae arfer gydnabyddedig yn y cyd-destun hwn yn cynnwys y modd y mae'r athletwr yn synio am ei lwyddiant mewn cystadlaethau yn y gorffennol, cyflwyno senarios gemau o fewn sesiynau ymarfer (e.e. senarios sy'n gysylltiedig â pherfformio), annog athletwyr i ddefnyddio llyfrau log myfyriol sy'n rhoi manylion llwyddiannau mewn cystadlaethau yn y gorffennol, ystyried defnyddio ffilmiau DVD sy'n dangos sgiliau'n cael eu cyflawni, yn ogystal â defnyddio rhaglenni pennu nodau effeithiol a fydd yn newid lefel yr anhawster tybiedig mewn perfformiadau (Vealey 2001). O safbwynt yr olaf, mae'n bwysig bod yr hyfforddwr yn gosod nodau y gall y perfformiwr eu rheoli wrth gystadlu ac wrth ymarfer, a gwerthuso'r rhain yn nhermau ei berfformiad personol yn hytrach na thrwy wneud cymariaethau cymdeithasol (Kingston a Hardy 1997).

Mae hunanreoleiddio (h.y. unigolyn yn rheoli ei ymddygiad, ei feddyliau a'i deimladau ei hunan) yn barth arall y gall yr hyfforddwr a'r seicolegydd ei ddefnyddio i geisio meithrin hyder perfformwyr (Vealey 2001). Mae hyn yn gysylltiedig â hyfforddi sgiliau'r meddwl drwy strategaethau hunanreoleiddio megis mapio nodau, delweddu a siarad â'r hunan. Gallai hyfforddwyr hybu'r defnydd o fapio nodau drwy greu cynllun nodau sy'n cynnwys asesiad systematig a pharhaol o'r cynnydd tuag at gyrraedd y nodau hyn (Burton *et al.* 2001). Bydd monitro rhaglenni mewn ffordd effeithiol yn caniatáu i athletwyr fagu hyder drwy hunanreoleiddio tra y bydd delweddu neu ddychmygu perfformiadau llwyddiannus yn rhoi mwy o hyder iddynt drwy wybodaeth ddirprwyol. Gellir defnyddio delweddu naill ai mewn ffordd hunanreoleiddiol (h.y. yr unigolyn yn delweddu ei fod yn rheoli'r hunan, ei emosiynau a'i ymddygiad o fewn yr amgylchedd cystadleuol) neu o fewn cyd-destun cyrhaeddiad drwy ddelweddu llwyddiant yn ei berfformiad a thrwy gyflawni sgiliau chwaraeon penodol yn llwyddiannus (Vealey 2001). Gall rheolaeth effeithiol ar y broses lle y bydd athletwyr yn siarad â'u hunain hefyd feithrin hyder drwy berswâd ar lafar. Yn y cyswllt hwn, gallai hyfforddwyr a seicolegwyr chwaraeon gynorthwyo athletwyr drwy raglenni siarad â'r hunan a fyddai'n rhoi rheolaeth dros brosesau meddwl negyddol ac yn hybu'r defnydd o hunangadarnhad positif (Zinsser *et al.* 2001). Dylid nodi hefyd fod gweithredu'r sgiliau hyn mewn ffordd lwyddiannus yn gallu effeithio ar yr hyder drwy'r parth cyrhaeddiad.

Gall hyfforddwyr hefyd godi hyder athletwr drwy'r math o arweinyddiaeth y byddant yn ei fabwysiadu a'r hinsawdd gymdeithasol y byddant yn ei chreu yn sgil hynny. Yn benodol, felly, bydd angen i hyfforddwyr fod yn hyblyg er mwyn dylanwadu ar ganfyddiad athletwr ynglŷn â rheolaeth. Er enghraifft, gallai mabwysiadu arddull gydweithredol, o'i defnyddio yn y

35

ffordd briodol, helpu i fagu digon o hyder i gyrraedd nodau sy'n gyffredin a chaniatáu i hyfforddwr ddarparu atgyfnerthu cysylltiedig ac adborth gwybodus. Gall sicrhau bod yr athletwr yn cael cefnogaeth gymdeithasol effeithiol hefyd fod yn ffynhonnell hyder bwysig o safbwynt ei ganfyddiad yntau ynglŷn â'r adnoddau sydd ar gael i ymdopi â'r gwahanol ofynion sy'n rhan o chwaraeon cystadleuol. Gellir targedu'r materion hyn drwy weithgareddau adeiladu tîm a thrwy addysgu pobl arwyddocaol eraill (e.e. priod, rhieni, cyfoedion). Gall hyfforddwr hwyluso'r broses hon drwy fod yn ymwybodol o gyd-destun cymdeithasol a sefyllfaoedd unigol yr athletwyr.

STRAEN A PHRYDER MEWN CHWARAEON

Mae pryder cystadleuol yn faes sydd wedi cael sylw heb ei ail o fewn y deunydd darllen ar seicoleg chwaraeon (Woodman a Hardy 2001a). Cyn nodi rhai o'r ymyriadau penodol, mae'n bwysig ystyried y gwaith ymchwil sy'n sail ddamcaniaethol iddynt. Er eglurder, fe ddechreuwn yr adran hon drwy ddiffinio dau derm allweddol sy'n arbennig o berthnasol, sef:

Straenachoswyr cystadleuol: y gofynion amgylcheddol (h.y. sbardunau) sy'n gysylltiedig â pherfformio'n gystadleuol;

Pryder cystadleuol: ymateb emosiynol negyddol penodol i straenachoswyr cystadleuol (Mellalieu et al. 2006)

Mae'n bosib mai'r datblygiad mawr cyntaf o safbwynt pryder cystadleuol oedd pennu'r gwahaniaeth rhwng pryder nodwedd a phryder cyflwr. Felly, gwelwyd symptomau pryder yn cael eu hystyried yn ymatebion i sbardunau neu straenachoswyr sefyllfa-benodol (h.y. yn debyg i gyflwr), yn ogystal ag yn ymateb sy'n dibynnu ar natur a chyfansoddiad unigolion a geir ar draws pob math o sefyllfaoedd (h.y. yn debyg i nodwedd). Gwelliant pellach oedd datblygu theori pryder amlddimensiynol (MAT; Martens et al. 1990), lle y gwelwyd ymatebion pryder cyflwr yn cael eu rhannu'n gydrannau gwybyddol a somatig. Yn ôl y theori hon, pryder gwybyddol oedd elfennau gwybyddol ymateb pryder, a gâi eu nodweddu drwy feddwl mewn ffordd ofidus a thrwy boeni a hunanwerthuso mewn ffordd negyddol (Martens et al. 1990). Ar y llaw arall, pryder somatig oedd effeithiau ffisiolegol neu affeithiol (h.y. emosiynol) ymateb pryder (e.e. y stumog yn troi a chledrau'r llaw yn chwysu), a gâi eu hamlygu drwy brofi teimladau megis nerfusrwydd a thensiwn (Martens et al. 1990).

Yn nhermau gweithio gydag athletwyr a deall ymatebion pryder, mae un o'r meysydd pwysicaf o safbwynt gwaith ymchwil (sy'n mabwysiadu'r fframwaith amlddimensiynol hwn) yn ymwneud â'r rhagflaenwyr a/neu'r achosion pryder a faint y bydd dwyster ac amlder y pryder yn newid dros amser. Yn y cyswllt hwn, mae astudiaethau wedi canfod rhagflaenwyr gwahanol o safbwynt pryder gwybyddol a phryder somatig. Dywedir mai blynyddoedd o brofiad, parodrwydd tybiedig ac agweddau tuag at berfformiadau blaenorol yw'r ffactorau pwysig o safbwynt dylanwadu ar bryder gwybyddol, tra bod lefelau pryder nodwedd, mae'n debyg, yn brif ragflaenydd o safbwynt pryder somatig (Woodman a Hardy 2001a). O ganlyniad i'r gefnogaeth a gafodd y syniad o wahaniaethu rhwng pryder gwybyddol a phryder somatig, cafwyd ymyriadau oedd yn paru'r lluniad â'r driniaeth ofynnol (Morris et al. 1981; Maynard a Cotton 1993). Er enghraifft, defnyddiwyd technegau megis rhaglenni ymlacio cyhyrol-gynyddol (Ost 1988) i dargedu symptomau pryder somatig, tra defnyddiwyd atal meddyliau a rheoli meddyliau mewn ffordd bositif (Suinn 1987) i dargedu pryder gwybyddol. Swyddogaeth bennaf y technegau hyn yw torri i lawr ar lefel (h.y. dwyster) y symptomau pryder y bydd athletwyr yn eu profi.

Darparodd Hardy a'i gydweithwyr (Hardy 1990, Hardy a Parfitt 1991) ddatblygiad cysyniadol pellach i'r deunydd darllen ar bryder drwy gyfrwng eu model trychineb o bryder, cynnwrf seicolegol a pherfformiad (gweler adolygiad cyflawn yn Woodman a Hardy 2001a). O'i gymharu â'r theori pryder amlddimensiynol, yr oedd y model hwn yn cynnwys cynnwrf ffisiolegol gwirioneddol yn hytrach na phryder somatig (h.y. canfyddiad y cyflwr hwn), a cheisiwyd esbonio'r berthynas rhwng y tri newidyn drwy gyfres o effeithiau rhyngweithiol yn hytrach na rhai atodol. Dangosodd rhai o oblygiadau allweddol y model nad oes rhaid i bryder gwybyddol ddylanwadu'n wael ar berfformiad cystadleuol bob tro ac mai gallu'r perfformwyr, o dan amodau pryder gwybyddol uchel, i ddelio â'r cynnydd mewn cynnwrf ffisiolegol (e.e. drwy dechnegau ymlacio) fydd yn pennu a fydd eu lefelau perfformiad yn aros yn uchel (Hardy 1990).

Mae'r syniad nad yw pryder bob amser yn gwneud niwed i berfformiad yn cysylltu â datblygiadau diweddar lle, yn ogystal â dwyster (h.y. lefel neu faint) y pryder fydd yn cael ei brofi, yr ystyriwyd dehongliadau o symptomau'r pryder (Jones 1991). Cafodd y dehongliadau hyn eu galw'n ganfyddiadau cyfeiriadol, ac maent yn gysylltiedig â'r graddau y bydd perfformwyr yn dehongli dwyster eu symptomau pryder yn beth positif (hwylusol) neu negyddol (gwanychol) (Jones 1995). Dangosodd ymchwil yn y maes hwn fod athletwyr elît, yn ogystal â defnyddio mwy o sgiliau seicolegol (Fletcher a Hanton 2001), yn gystadleuol iawn (Jones a Swain 1992) ac yn fwy hyderus (Hanton a Jones 1997) nag athletwyr llai dawnus. Maent hefyd yn well am ddeall bod y symptomau sy'n gysylltiedig â phryder yn hwyluso'u perfformiad yn fwy. Yn sgil hyn, gwelwyd dulliau ymarferwyr yn newid. Yn benodol, mae seicolegwyr chwaraeon cymhwysol yn dechrau symud tuag at fabwysiadu technegau sy'n meithrin dehongliadau symptomau pryder hwylusol (h.y. ailddehongli symptomau pryder yn rhai positif yn hytrach na rhai negyddol) dros dechnegau sydd wedi'u cynllunio'n unswydd i dorri i lawr ar ddwyster y pryder ym mhrofiadau'r perfformiwr (Hanton a Jones 1999a, 1999b). O bersbectif hyfforddi, yr awgrym yw nad maint y pryder ond yn hytrach y modd y bydd yr athletwr yn dehongli'r pryder sy'n allweddol o safbwynt y perfformiad. Bydd y pwynt hwn yn dod yn fwy pwysig wrth ystyried gofynion rhai campau. Er enghraifft, gallai rhai campau (e.e. campau cyffwrdd) ofyn am lefelau pryder uwch (neu actifiad fel y'i gelwir wrth ddisgrifio gweithgaredd gwybyddol a ffisiolegol sydd wedi'i anelu tuag at ymateb cynlluniedig [Pribram a McGuinness 1975]) er mwyn sicrhau'r perfformiad sy'n ddymunol. Felly, yn y cyd-destun hwn, efallai ei bod yn afresymol lleihau symptomau'r pryder drwy dechnegau rheoli pryder traddodiadol. Yn hytrach, dylai hyfforddwyr gydnabod yr angen am ddull ailstrwythurol drwy, er enghraifft, annog athletwyr i weld eu symptomau fel petaent yn adlewyrchu'r lefel baratoi orau bosib yn hytrach nag yn rhai a allai wanhau'r perfformiad (Mellalieu et al. 2006).

Ystyriaeth bwysig arall i'r hyfforddwr yw nad peth statig yw'r ymateb drwy straen, felly bydd gan y symptomau pryder y potensial i newid yn ystod y cyfnod sy'n arwain at y gystadleuaeth

37

(Mellalieu *et al.* 2006). Yn y cyswllt hwn, bydd dwyster ac amlder y symptomau pryder yn tueddu i gynyddu wrth i'r gystadleuaeth nesáu. O fewn y cyd-destun hwn, daeth yn amlwg bod amlder, o'i gymharu â dwyster, yn fwy sensitif i amrywiadau yn ystod y saith niwrnod yn union cyn y gystadleuaeth (Swain a Jones 1993, Hanton *et al.* 2004). Felly, bydd yr athletwyr hynny fydd â dehongliadau pryder mwy hwylusol yn profi symptomau pryder yn llai aml a symptomau hyder yn fwy aml yn ystod y cyfnod cyn y gystadleuaeth. O safbwynt yr hyfforddwr, mae'r casgliadau hyn yn awgrymu y gall athletwyr newid sut y maent yn gweld eu cyflyrau meddwl yn ystod yr amser sy'n arwain at y perfformiad (Hanton *et al.* 2004, Thomas *et al.* 2004).

Felly mae'n bosib y gallai neu y dylai hyfforddwyr ac athletwyr integreiddio sgiliau seicolegol (e.e. delweddu, gosod nodau ac ailstrwythuro gwybyddol) i'w gwaith paratoi yn ystod y saith niwrnod cyn cystadlu, a bod â'u ffocws yn benodol tuag at y 48 awr a'r 24 awr olaf cyn y gystadleuaeth. Gallai hyn wrthbwyso'r cynnydd yn nwyster ac amlder y pryder gwybyddol a somatig y byddant yn ei brofi, ac arwain (gyda strategaeth ailstrwythuro arall) at ddehongli'r symptomau gwybyddol a somatig mewn ffordd fwy hwylusol yn ystod y cyfnod sy'n arwain at y perfformiad (Hanton *et al.* 2004).

Yn ogystal â phrofi straenachoswyr sy'n cael eu hystyried yn rhan o gystadlu (h.y. galwadau sy'n gysylltiedig â pherfformiad cystadleuol), dangosodd gwaith ymchwil cyfoes i seicoleg chwaraeon fod athletwyr yn agored iawn i straenachoswyr sefydliadol, ac felly y dylent eu hystyried (Fletcher *et al.* 2006). Caiff straenachoswyr sefydliadol eu diffinio fel 'galwadau amgylcheddol (h.y. sbardunau) sy'n gysylltiedig yn uniongyrchol ac yn bennaf â'r sefydliad y bydd unigolyn yn gweithredu ynddo' (Fletcher *et al.* 2006: 329). Yn y cyd-destun hwn, nodwyd pedwar prif barth sy'n gysylltiedig â straen, sef amgylcheddol, personol, arweinyddiaeth a materion tîm (Woodman a Hardy 2001b). Cefnogodd Fletcher a Hanton (2003) y lluniadau hyn yn ogystal â nodi sawl mater cysylltiedig arall. Yr oedd y rhain yn cynnwys llety, teithio, amgylchedd cystadlu a diogelwch. O'u hystyried ynghyd, mae'r casgliadau hyn yn awgrymu ei bod hi'n bwysig nid yn unig ystyried ymatebion pryder perfformwyr mewn perthynas â galwadau cystadlu, ond y dylid hefyd gymryd i ystyriaeth y pwysau sefydliadol ac amgylcheddol wrth baratoi athletwyr ar gyfer cystadlaethau.

Cynigiwyd y dylai ymyriadau sy'n mynd i'r afael â straen sefydliadol gael eu targedu ar dair lefel benodol (Fletcher *et al.* 2006). Ar y lefel gyntaf, dylai hyfforddwyr ganolbwyntio ar y galwadau cyffredinol fydd ar athletwyr oherwydd eu hamgylcheddau perfformio (h.y. hyfforddi a chystadlu). Er enghraifft, drwy egluro'r swyddogaethau o fewn hierarchaeth y sefydliad, mae'n bosib mabwysiadu dull mwy rhagweithiol a allai leihau rhai straenachoswyr sefydliadol. Ar yr ail lefel, gellir mynd i'r afael â materion penodol sy'n ymwneud â rheoli straen i'r athletwr a allai gynnwys aelodau tîm yn cynhyrchu senarios 'beth os?', lle y byddid yn trafod sut i ymdopi â sefyllfaoedd perthnasol ynghyd â chynlluniau wrth gefn i ddelio â'r sefyllfaoedd hyn (Fletcher a Hanton 2003). Yn olaf, dylai ymyriadau ganolbwyntio ar drin problemau pan fyddant yn codi; bryd hynny, dylai ymarferwyr (h.y. hyfforddwyr a/neu seicolegwyr chwaraeon) hybu rhaglenni ymdopi addysgol, cynghori clinigol personol a rhaglenni cymorth athletwyr (Fletcher *et al.* 2006).

CASGLIADAU

Amcan y bennod hon oedd dangos gwerth gwybodaeth seicolegol i hyfforddwyr drwy roi cyd-destun damcaniaethol i'r gwaith o gymhwyso'r wybodaeth hon. Er na ellir cwmpasu pob sefyllfa bosib mewn cyd-destun fel hwn, drwy ganolbwyntio ar dri maes, sef symbyliad, hyder, a straen a phryder, yr ydym wedi ceisio targedu'r math o broblemau y bydd hyfforddwyr yn fwyaf tebygol o ddod ar eu traws wrth iddynt ymwneud ag athletwyr. Felly, beth allwn ni ei gasglu wrth i ni ddod â'r bennod hon i ben? Yn gyntaf, wrth adolygu'r hyn a ystyriwn yn rhai o'r theorïau mwyaf grymus a pherthnasol sydd ar gael ym maes seicoleg chwaraeon ar hyn o bryd o safbwynt yr athletwr sy'n perfformio, yr ydym yn casglu y dylai hyfforddwyr roi i athletwyr ymdeimlad o fod â rheolaeth mewn amgylchedd sy'n hybu eu canfyddiadau personol ynglŷn â'u cymhwysedd, a'r cyfle i osod nodau ac i farnu eu perfformiad yn erbyn amcanion hunangyfeiriol. Yn ail, o safbwynt hyder o fewn chwaraeon, mae angen i hyfforddwyr gydnabod gwerth creu amgylcheddau sy'n galluogi athletwyr i fagu hyder nid yn unig drwy gyrhaeddiad ond hefyd drwy sgiliau rheoli personol (hunanreoleiddio), a thrwy ryngweithio cymdeithasol positif (e.e. gyda hyfforddwyr, cyfoedion, rhieni). Yn drydydd, o safbwynt maes straen a phryder, dylai hyfforddwyr geisio rhoi cyfrif am bryder a'i reoli ar lefel amgylcheddol a sefydliadol, gan gydnabod ar yr un pryd bod straen a phryder yn wedd amlddimensiynol a chyfnewidiol ar chwaraeon cystadleuol, ac yn un sy'n gallu bod yn fanteisiol (i'r perfformwyr hynny sydd â'r adnoddau i'w ffrwyno mewn ffordd briodol). Yn olaf, dyma neges dreiddiol i hyfforddwyr sy'n ceisio helpu i greu amgylchedd a fydd yn cefnogi'r perfformiadau gorau posib gan athletwyr: pa faterion bynnag fydd yn codi, rhaid ystyried y ffaith y bydd canfyddiadau'r athletwyr o alwadau'r tasgau yn newid yn aml, ac ystyried hefyd y gwahaniaethau yng nghyfansoddiad seicolegol athletwyr unigol.

ADRAN 2

PENNOD 4

CYMDEITHASEG AR GYFER HYFFORDDWYR

Scott Fleming a Robyn L. Jones

Yr ydym yn gweithio mewn awyrgylch sy'n golygu ein bod yn rheoli rhyngweithiadau â phobl yn barhaol. O'r safbwynt hwn, mae gwybodaeth gymdeithasol yn hollol hanfodol.

Chris Davey
Hyfforddwr Tîm Rygbi Cymru dan 21 (1997-2006) –
enillwyr y Gamp Lawn (1998-9; 2002-3 a 2004-5)

RHAGARWEINIAD

Rai blynyddoedd yn ôl, awgrymodd un o'r awduron a'i gydweithwyr (Jones 2000, Potrac a Jones 1999) fod cymdeithaseg yn berthnasol i hyfforddwyr. Yn wir, honnwyd mai cymdeithaseg oedd yr elfen anweladwy yng ngwybodaeth hyfforddwyr. Yr oedd hyn yn adeiladu ar erthygl gynharach gan Jarvie (1990a) a oedd yn dadlau o blaid defnyddio cymdeithaseg ym myd real yr ymarferwr chwaraeon. Yr oedd y ddadl hon yn seiliedig ar y rhagosodiad bod yn rhaid bod ffactorau cymdeithasol ehangach yn dylanwadu ar chwaraeon (a'r sawl sy'n cymryd rhan ynddynt), gan eu bod yn digwydd o fewn cymdeithas yn hytrach nag o fewn rhyw wactod cymdeithasol. Felly byddai'n annoeth iawn i hyfforddwr beidio â rhoi ystyriaeth i ddylanwad cryf dosbarth, ethnigrwydd a rhywedd (ymhlith ffactorau eraill) ar y broses o lunio hunaniaeth unigolion wrth iddo geisio gwella perfformiadau athletwyr. Ers hynny, cafodd y ddadl fod cymdeithaseg yn ddefnyddiol ar gyfer hyfforddwyr ei datblygu i gynnwys safbwynt damcaniaethol mireiniach (e.e. Jones *et al*. 2002) ac, o ganlyniad i astudiaethau empirig, cafodd ei chefnogi'n uniongyrchol (Cushion a Jones 2006, Jones *et al*. 2004). Mae'n cynnwys ymchwiliad i'r berthynas lawn grym rhwng hyfforddwr ac athletwr, y rhyngweithio sy'n ei llunio ac a lunir gan y berthynas, a'r cyd-destun neu'r hinsawdd sy'n cael eu creu yn sgil hynny (Purdy 2006).

Fodd bynnag, er bod gwerth ystyriaethau cymdeithasegol i hyfforddwyr yn cael ei amlygu'n gynyddol, mae'n amlwg bod llawer o bobl yn dal i amau'r gwerth hwnnw. Yn wir, mae'r amheuaeth hon i'w gweld yn glir yn y rhaglenni addysg proffesiynol i hyfforddwyr a'r cyrsiau hyfforddi academaidd sy'n bodoli eisoes. Yn y cyswllt hwn, mae troi at a thrafod syniadau megis gweithrediant hyfforddwyr o fewn cyfyngiadau strwythurol, h.y. y pethau y mae hyfforddwyr yn dewis eu gwneud a'r pethau sy'n dylanwadu arnynt wrth iddynt ddewis y pethau y maent am eu gwneud, yn amlwg yn absennol. Felly, y cwestiwn sy'n aros, mae'n debyg, yw: beth yw gwerth cymdeithaseg i hyfforddwyr? Nod y bennod hon yw mynd i'r

43

afael â'r mater hwn drwy egluro ymhellach berthnasedd cymdeithaseg a'r syniad cysylltiedig, sef cymhwysedd cymdeithasegol, i hyfforddwyr a hefyd awgrymu ffyrdd y gall hyfforddwyr ddatblygu'r cymhwysedd hwn yn well. Yn dilyn diffiniad cryno o gymdeithaseg, ac yn arbennig y ddadl barhaol ynglŷn â dylanwad gweithrediant (h.y. ewyllys rydd person) a strwythurau cymdeithasol (h.y. addysg, teulu, ac ati) ar yr ymddygiad, cyflwynir achos cyffredinol sy'n dangos sut y gall gwybodaeth gymdeithasegol helpu hyfforddwyr. Yn dilyn hyn, ceir trafodaeth ar bersbectifau macro- a micro-gymdeithasegol lle, unwaith eto, y caiff eu perthnasedd arbennig ar gyfer hyfforddwyr ei amlinellu. Yn olaf, ceir casgliadau i grynhoi'r prif bwyntiau a wnaed.

BETH YW CYMDEITHASEG?

Yn ôl Lemert (1997), ni fydd gennym ddim rheswm fel arfer dros feddwl am gysyniad mor haniaethol â chymdeithas. Yn wir, mae gan y rhan fwyaf ohonom ddigon o amgyffred o'r pethau sy'n mynd ymlaen yn y byd cymdeithasol neu, fel arall, ni fyddem fyth yn gallu parhau i fod yn rhan ohono. Mae'r amgyffred hwn yn cyfeirio at ein rhesymeg o safbwynt pethau cymdeithasol a'n cymdeithasegau personol, hynny yw, ein gwybodaeth am sut i reoli ein bywydau yn nhermau ein rhyngweithiadau â phobl eraill. Mae cymdeithaseg felly'n cyfeirio at ein dealltwriaeth o sut yr ydym yn byw gyda phobl eraill, gan ffurfio cymdeithas. Yn yr un modd, mae bywyd cymdeithasol yn gweithio oherwydd bod y rhan fwyaf o bobl yn byw eu cymdeithasegau neu'n arfer eu cymhwysedd cymdeithasegol (Lemert 1997). Yn ôl Lemert (1997), y cymhwysedd hwn yw'r gallu hynod o ymarferol sy'n fythol bresennol ynom i gynnal perthnasau. Iddo ef, mae gweithredoedd bob dydd megis cyfarch pobl ddieithr, cael terfynau amser wedi'u hymestyn a hyd yn oed ofyn am Big Mac heb sglodion i gyd yn rhan o arfer ein cymhwysedd cymdeithasegol o safbwynt bod angen cadw at rai rheolau cymdeithasol yn y sefyllfaoedd hyn er mwyn cael yr hyn yr ydym yn dymuno ei gael.

Bydd y rhan fwyaf o bobl, fodd bynnag, yn cymryd y wybodaeth hon yn ganiataol. Felly, maent yn amharod neu ni fyddant yn gallu disgrifio a deall y perthnasau a'r rhyngweithiadau cymdeithasol – rhai cymhleth yn aml – sy'n effeithio arnynt. Dyma'r anhawster y bydd cymdeithasegwyr yn ei wynebu'n aml: troi'r cyswllt rhwng materion personol (unigol) a chyhoeddus (cymdeithasol) yn beth real i bobl. Cyfeiriwyd at y gallu hwn mewn ffordd nodedig un tro gan ei alw'n 'ddychymyg cymdeithasegol' (C. Wright Mills 1959), ac mae'n gysyniad y byddwn yn dychwelyd ato yn nes ymlaen. Gwerth cymdeithaseg a gwybodaeth gymdeithasegol, felly, yw cynyddu cymhwysedd cymdeithasol – hynny yw, deall yn well pam yr ydym yn ymddwyn mewn ffordd arbennig. Mae hyn yn golygu datblygu dealltwriaeth o'r strwythurau cymdeithasol y caiff grym ei arfer drwyddynt, a sut mae delio â hwy'n well (Jones 2000). Yn wir, mae esbonio grym a'r ffyrdd y caiff ei amlygu neu ei fynegi yn ganolog i'r fenter gymdeithasegol a fydd, yn ei thro, yn ceisio archwilio'r tyndra rhwng gweithrediant neu ewyllys rydd unigolyn a'r grymoedd sy'n gweithredu ac yn effeithio ar yr ewyllys honno. Felly, o fewn cymdeithaseg ceir dadl barhaol rhwng dwy brif garfan o feddylwyr. Ar y naill law, ceir y rheini sy'n ystyried bod ymddygiad person yn cael ei lunio'n bennaf drwy ddylanwad grymoedd cymdeithasol megis addysg, hil, rhywedd a'r teulu. Dywedir bod y damcaniaethwyr hyn yn tueddu i ffafrio esboniad strwythurol ar ymddygiad. Ar y llaw arall, ceir ysgolheigion sy'n fwy parod i bwysleisio pwysigrwydd gweithrediant neu ewyllys rydd unigolion er mwyn pennu eu gweithredoedd. Mae'r rhan fwyaf o gymdeithasegwyr, wrth gwrs, yn cydnabod bod unigolion yn dangos pwy ydynt yn rhannol drwy'r hyn y byddant yn ei wneud a'r hyn sydd ganddynt ac yn rhannol drwy'r pethau y bydd y byd cymdeithasol ehangach yn eu rhoi iddynt neu'n eu tynnu oddi arnynt (Lemert 1997). Mae'r ddadl felly yn un o dueddiadau ac o safbwyntiau cymharol, yn hytrach na safbwyntiau absoliwt.

SUT GALL CYMDEITHASEG HELPU HYFFORDDWYR?

Gan ein bod wedi diffinio cymdeithaseg a bod yr hyn y gellir ei alw'n gymhwysedd cymdeithasegol wedi'i amlinellu, gadewch i ni archwilio sut y gall y wybodaeth hon fod yn ddefnyddiol i hyfforddwyr. Nid ryw ddamcaniaethu cadair freichiau yw sail y ddadl a geir yma ond, yn hytrach, mae'n seiliedig ar y pethau y mae hyfforddwyr eu hunain yn eu dweud am natur eu swydd. Er enghraifft, mae casgliadau astudiaeth ddiweddar yn awgrymu bod llawer o hyfforddwyr elît yn ystyried bod eu gwaith yn gymdeithasol iawn o ran ei natur (Jones et al. 2004, Potrac et al. 2002). Yn yr astudiaeth, rhoddwyd mwy o bwys ar reoli'r berthynas rhwng hyfforddwr ac athletwr er mwyn sefydlu a chynnal parch athletwyr nag ar unrhyw wedd arall ar waith hyfforddwyr. Nid yw hyn yn golygu bod mathau eraill o wybodaeth sy'n ymwneud, er enghraifft, â'r pethau sy'n neilltuol i chwaraeon neu fewnwelediad seicolegol yn ddiangenraid, ond nad yw'r meysydd gwybodaeth ychwanegol hyn o fawr ddim defnydd heb y rhyngweithio cymdeithasol priodol a fydd yn sicrhau bod athletwyr yn gwneud yr hyn y mae gofyn iddynt ei wneud. Mae a wnelo'r rhyngweithio hwn â'r modd y caiff athletwyr eu trin ar lefel unigol ac yn rhan o grŵp. Mae hefyd yn cynnwys cydnabyddiaeth bod grym, mewn llawer ffordd, yn cael ei roi i hyfforddwyr gan athletwyr ac y gallant, felly, dynnu eu cydsyniad yn ôl os ydynt yn dymuno gwneud hynny. Rhaid i hyfforddwyr fod yn ofalus dros ben yn gymdeithasol wrth geisio cydbwyso sefydlu cyfeiriad ar gyfer athletwyr a'u cynnwys yn y broses o wneud penderfyniadau (neu esgus wrthynt eu bod yn gwneud hynny!), a hynny gan gyfleu'r syniad drwy'r amser eu bod yn rheoli pob sefyllfa (Potrac et al. 2002). Wrth gwrs, dyma lle y bydd cymhwysedd cymdeithasegol hyfforddwyr yn dod i'r amlwg – hynny yw, gwybod sut i reoli sefyllfaoedd lle y ceir llawer o athletwyr a phob un ohonynt o bosib â'i agenda ei hun dros fod yno (Jones a Wallace 2005). Mae cwestiynau megis: Sut y dylwn i drin yr athletwr hwn? Beth yw'r canlyniadau iddo ef ac i'r berthynas sydd gen i â gweddill y grŵp os gwnaf i hyn (neu beidio)? Sut gallaf i gael perswâd ar bawb ynglŷn â'r strategaeth sydd gen i? oll yn perthyn i'r gwaith o reoli'r rhyngweithio cymdeithasol â phobl eraill mewn cyd-destun lle y bydd grym yn dylanwadu arno mewn ffordd anochel. Felly, bydd gwerth cymdeithaseg a datblygu cymhwysedd cymdeithasegol hyfforddwyr yn dod yn fwyfwy clir. Wedi'r cyfan, nid gwaith hawdd y gellir ei wneud mewn dilyniant cam wrth gam hawdd ei ddilyn yw hyfforddi; mae'n ymwneud â'r gwaith lletchwith o gael pobl eraill i wneud pethau yr ydych chi eisiau iddynt eu gwneud ar adegau pan allai fod yn ddigon posib nad yw'r bobl hyn eisiau eu gwneud. Mae'n golygu trafod a rheoli perthnasau ac amgylcheddau cymdeithasol i sicrhau'r canlyniadau a ddymunir. Eto, er gwaethaf y dystiolaeth hon sy'n dangos gwerth cymdeithaseg i hyfforddwyr, nid yw gwybodaeth gymdeithasegol wedi llwyddo i ddylanwadu ar raglenni addysg hyfforddiant sefydlog eto. Felly, mae'r adran nesaf yn dadlau'n fwy manwl o blaid gweld hyn yn digwydd, a hynny drwy archwilio persbectifau macro- a micro-cymdeithasegol.

45

MACRO-CYMDEITHASEG A SUT Y GALL HELPU HYFFORDDWYR

Mae a wnelo macro-cymdeithaseg ag astudiaeth systematig o gymdeithasau dynol. Heb ddymuno gorsymleiddio, mae'n ymwneud â deall cymdeithasau fel cyfanwaith ac mae'n canolbwyntio ar y darlun mawr. Mae'n anochel bod hyn yn cynnwys ymddygiad a rhyngweithio dynol, y cyd-destunau lle y maent yn digwydd, yn ogystal â sefydliadau cymdeithasol. Mae'n nodweddiadol felly bod macro-cymdeithasegwyr yn troi eu sylw at agweddau neu sefydliadau penodol cymdeithas, er enghraifft addysg, y cyfryngau, crefydd, gwaith ac ati. Ac, mewn ffordd sy'n bwysig i'n dibenion ni, maent yn delio hefyd â chwaraeon.

Mae macro-cymdeithasegwyr, felly, â diddordeb yn y strwythurau sy'n ffurfio profiad cymdeithasol a chyfleoedd bywyd pobl. Yn fras, ceir y rheini sy'n ymwneud â chonsenws ac sy'n mabwysiadu dull strwythurol-swyddogaethol, ac eraill sy'n ymwneud â gwrthdaro gan weld y drefn gymdeithasol yn cael ei nodweddu gan anghydraddoldeb. O fewn y categorïau hyn, ceir is-grwpiau theori gymdeithasol eraill (gweler Giulianotti [2004] a Jarvie a Maguire [1994] am drafodaeth bellach ar y rhain a'u defnydd mewn chwaraeon). Ar yr olwg gyntaf, gall y theorïau hyn roi'r argraff o fod yn gymysgedd dryslyd o ffyrdd o weld y byd, ac ar brydiau gall jargon y cymdeithasegwyr wneud i'r deunydd fod yn annealladwy bron. Un ffordd ddefnyddiol ymlaen, fodd bynnag, yw archwilio macro-cymdeithaseg drwy rai enghreifftiau.

Fwy na deugain mlynedd yn ôl, ysgrifennodd Peter Berger (1963)[1] am yr hyn a alwodd ef yn bersbectif cymdeithasegol. Yn fwy diweddar, mae John Macionis (2007) wedi nodi tair prif nodwedd i'r persbectif hwn: (i) gweld y cyffredinol yn y penodol; (ii) gweld yr anghyfarwydd yn y cyfarwydd; a (iii) gweld dewis personol mewn cyd-destun cymdeithasol. Gan symud ymlaen i archwilio pob un yn fanylach, cydnabyddir yn eang bod cymdeithasegwyr yn aml yn ceisio gweld y cyffredinol yn y penodol. Hynny yw, bydd cymdeithasegwyr yn aml yn ceisio sefydlu patrymau o ran ymddygiad dyn sy'n seiliedig ar ddeall pobl benodol. Mewn astudiaeth o bobl ifanc De Asiaidd, treuliodd un ohonom (Fleming 1995) beth amser mewn ysgol uwchradd ac fel hyfforddwr cynorthwyol yn Llundain er mwyn deall profiad chwaraeon y grŵp hwn yn well. Ni honnwyd y byddai'r ddealltwriaeth hon yn wir yn achos y bobl ifanc De Asiaidd i gyd, nac hyd yn oed yr holl bobl ifanc De Asiaidd oedd yn Llundain. Yn hytrach, disgrifiwyd cyd-destun ac amgylchiadau'r ysgol ac, ar sail y dystiolaeth hon, lluniwyd casgliadau a goblygiadau ynghylch ysgolion tebyg mewn mathau tebyg o leoedd.

Yn wir, mae archwilio hil ac ethnigrwydd mewn chwaraeon ym Mhrydain yn amlygu'r dull mwy cyffredinol hwn mewn ffordd glir iawn. O waith Cashmore (1982), sy'n seiliedig ar ddynion mewn chwaraeon elît, a chasgliad Jarvie (1991) hyd at gyfrol ddiweddar Carrington a McDonald (2001), mae effeithiau ethnigrwydd a hiliaeth ar chwaraewyr yn cael eu

---

1. Mae *dychymyg cymdeithasegol* Wright Mills (1959) a *phersbectif cymdeithasegol* Berger (1963) yn cael eu hystyried yn lluniadau damcaniaethol sydd braidd yn hen ffasiwn, yn enwedig o'u cymharu â'r gwelliannau damcaniaethol mawr diweddar a ddatblygodd mewn disgyblaethau gwyddorau hyfforddi eraill (e.e. seicoleg). Fodd bynnag, mae'r gwaith gan Wright Mills a Berger yn enghreifftiau o gyfraniadau damcaniaethol clasurol i gymdeithaseg sydd heb golli eu gwerth, hyd yn oed gyda threigl amser.

hamlygu'n glir. Mae rhai o'r effeithiau hyn yn gysylltiedig â phrosesau cymdeithasol stacio (lle y bydd aelodau o grwpiau ethnig lleiafrifol penodol yn cael eu cynrychioli mewn ffordd anghyfartal mewn rhai safleoedd o fewn gemau tîm) a sianelu (lle y bydd stereoteipio pobl ifanc Affro-Caribïaidd yn golygu eu bod yn cael eu hannog i ymroi yn gyfan gwbl i chwaraeon). Mae enghreifftiau eraill yn cynnwys amlygiadau mwy penodol o hiliaeth mewn diwylliannau pêl-droed (Merkel a Tokarski 1996, Burley a Fleming 1997, King 2004), criced (Carrington 1999) a rygbi'r gynghrair (Long *et al*. 1997). Mae'r rhain i gyd yn dangos, i ryw raddau o leiaf, sut y mae dadansoddiadau macro-cymdeithasegol yn deillio o ymchwil empirig, a sut y mae deall tystiolaeth neu enghreifftiau penodol yn cael ei gyffredinoli mewn ffordd fwy eang.

Yn ail, bydd macro-cymdeithasegwyr yn aml yn chwilio am yr anghyfarwydd yn y cyfarwydd. Yn hytrach na derbyn y profiadau hynny sy'n rhai arferol yn ein bywydau ni ac ym mywydau pobl eraill, bydd y math yma o gymdeithasegwyr yn aml yn amau'r pethau hynny y bydd pobl weithiau yn eu cymryd yn ganiataol. Mewn geiriau eraill, byddant yn aml yn dechrau o'r ddealltwriaeth nad yw pethau bob amser fel y maent yn ymddangos. Mae astudiaeth gymdeithasegol ymchwiliol Celia Brackenridge (2001) i rai o'r arferion camdriniol sy'n bod mewn chwaraeon yn dangos hyn. Er enghraifft, mae'r cymdeithasegydd ffeministaidd Kari Fasting (2001, t. xv) yn nodi yn y Rhagair i lyfr Brackenridge: 'I lawer o bobl ifanc, mae chwaraeon yn weithgaredd pleserus...' Mae hyn yn wir i'r rhan fwyaf o'r cyfranogwyr, lle y caiff llawer o rinweddau a nodweddion ardderchog eu meithrin. Yn yr un modd, caiff chwaraeon eu disgrifio'n aml yn hwyl, gan gyflwyno'r hyn y byddwn ni'n ei gydnabod yn wyneb cyfarwydd chwaraeon. Fodd bynnag, yn ôl Fasting: '...ond nid i bawb. Bydd bywydau rhai yn cael eu distrywio yn ystod y blynyddoedd hynny pan fyddant yn cymryd rhan mewn chwaraeon. Dyma'r merched a'r bechgyn, menywod a dynion ifanc y bydd eu cyfoedion a/neu ffigurau mewn awdurdod yn dal mantais arnynt yn rhywiol'. Dyma wyneb llai cyfarwydd chwaraeon – yr wyneb anghyfarwydd – ac mae rhai hyfforddwyr ar fai. Cafodd nifer fach o'r hyfforddwyr hyn eu herlyn a'u cael yn euog o drosedd.

Mae gweld chwaraeon yn cael eu darlledu ar y cyfryngau yn beth mor gyfarwydd â'r chwaraeon eu hunain. Ar yr olwg gyntaf, gellir credu mai mater o gyflwyno'r chwaraeon a chynnig barn arnynt yn unig yw'r darlledu hwn. Ond fel y mae Garry Whannel (1992) wedi dangos, mae'n fwy cymhleth o lawer na hynny; mae'n cynnwys cynrychioliadau penodol o sefydliadau ac ideolegau. Er enghraifft, mae'r modd y mae chwaraeon i fenywod a menywod sy'n cymryd rhan mewn chwaraeon yn cael eu trin yn y cyfryngau print a'r cyfryngau darlledu yn aml yn dangos y statws ymylol a bychanol a roddir i athletwyr sy'n fenywod, heb sôn am eu gweld fel gwrthrychau a phethau rhywiol (Hargreaves 1994). Mae'r enghreifftiau hyn yn dangos sut y mae macro-cymdeithasegwyr yn edrych y tu hwnt i'r pethau amlwg, yn chwilio am bersbectifau eraill (rhai allweddol yn aml) ac yn defnyddio'u dychymyg cymdeithasegol eu hunain drwy archwilio o'r newydd y nodweddion chwaraeon bob dydd hynny y bydd pobl yn aml yn eu cymryd yn ganiataol.

Yn drydydd, bydd macro-cymdeithasegwyr yn gweld dewisiadau personol mewn cyd-destun cymdeithasol hefyd. Hynny yw, mae ganddynt ddiddordeb yn y modd y mae cymdeithas a ffactorau cymdeithasol yn dylanwadu ar y dewisiadau personol y bydd unigolion yn eu gwneud. Hanes y berthynas rhwng y dosbarthiadau cymdeithasol yw hanes chwaraeon ym

47

Mhrydain (gweler Hargreaves 1986, Holt 1992, Polley 1998) ac mae dadansoddiad Ken Roberts (2004: 50) o ddata'r Arolwg Cartrefi Cyffredinol yn dangos sut mae dosbarth cymdeithasol yn parhau i ddylanwadu ar lefelau cyfranogi. Mae'n esbonio bod yr haenau economaidd-gymdeithasol uwch yn cyfranogi mwy mewn chwaraeon, a bod y rhesymau dros y sgiw hwn yn amlwg: 'mae'r bobl fwy cefnog yn fwy tebygol o fod â'r cludiant, yr offer, y diddordeb, y sgiliau a'r rhwydweithiau cymdeithasol a fydd yn caniatáu iddynt fanteisio [ar y cyfleoedd sydd ar gael]'. Ac yn ogystal â'r nifer sy'n cymryd rhan, bydd dosbarth cymdeithasol yn effeithio ar ba gamp y gellir cymryd rhan ynddi. Ar lefel reddfol, yn ôl Armour (2000), mae'n bosib rhoi labeli dosbarth ar lawer o gampau. Yn anochel, felly, cafwyd gwahanol ymdrechion i ddeall statws cymdeithasol campau penodol a bu'n bosib dadansoddi'r rhain mewn gwahanol ffyrdd. Eto, mae'n glir bod y rhai hynny sy'n cymryd rhan mewn cystadlaethau tri diwrnod, polo a thennis real ar y cyfan yn dod o gefndir economaidd-gymdeithasol gwahanol i'r rheini sy'n cymryd rhan mewn bocsio, dartiau a phêl-droed (Adonis a Pollard 1997).

Nawr gadewch i ni ystyried yn fyr sut y gallai'r wybodaeth gymdeithasegol hon gynnig gwybodaeth i hyfforddwyr ac i'r broses o ymarfer hyfforddi. Yn *The Sociological Imagination* y cyfeiriwyd ato uchod, nododd C. Wright Mills (1959) bwysigrwydd hanes a phroffil personol unigolion a'r berthynas rhwng y ddau. Mae Knuttila (1996) yn ymhelaethu ar hyn drwy ddweud bod gan bob un ohonom ei hanes unigol ei hun, lle y bydd pob un ohonom wedi'i leoli, ac yn cael ei ffurfio gan, y cyd-destun hanesyddol-gymdeithasol. Mewn gair, bydd y ddynoliaeth yn dangos amrywiaeth gymdeithasol ryfeddol ac mae'n bwysig (yn hanfodol hyd yn oed) bod hyfforddwyr yn cydnabod yr amrywiaeth hon wrth iddynt ryngweithio ag athletwyr. Deallwn ei bod yn arfer gyffredin heddiw, mae'n debyg, i gydnabod nad fersiwn fach o oedolion yn unig yw plant ac na fyddant yn cael eu trin felly gan hyfforddwyr da. Ond a yw agweddau eraill ar amrywiaeth cymdeithasol yn cael eu cydnabod a'u hystyried â'r un faint o ymwybyddiaeth a dealltwriaeth? Yn olaf yn y cyd-destun hwn, nododd Wright Mills (1959: 14) hefyd fod y cysylltiad rhwng problemau personol a phroblemau cyhoeddus yn 'arf hanfodol yn y dychymyg cymdeithasegol ac yn nodwedd o bob gwaith clasurol yn y gwyddorau cymdeithasol'. Felly, pan na fydd un athletwr ifanc llawn awydd sy'n byw mewn ardal wledig yn gallu cael mynediad i hyfforddiant o ansawdd uchel oherwydd pellter daearyddol, mae hynny'n drafferth bersonol anffodus. Fodd bynnag, os bydd llawer i (efallai hyd yn oed pob) athletwr ifanc llawn awydd sy'n byw mewn ardal wledig yn dod ar draws yr un anhawster, bydd hynny wedyn yn dod yn broblem strwythur cymdeithasol gyhoeddus y bydd angen mynd i'r afael â hi ar lefel gymdeithasol (gweler Jarvie 1990b).

MICRO-CYMDEITHASEG A SUT Y GALL HELPU HYFFORDDWYR

Yn wahanol i facro-cymdeithaseg, mae a wnelo micro-cymdeithaseg yn aml â rhyngweithio wyneb yn wyneb (Powers 2004). Felly, yn hytrach na phwysleisio dylanwad strwythurau cymdeithasol ar brofiadau, ymddygiadau a chyfleoedd bywyd pobl, bydd y persbectif hwn yn canolbwyntio ar ymddygiad arferol unigolion wrth iddynt ymateb i ymddygiad pobl eraill (Marsh *et al.* 1996). Yn aml, caiff ei gysylltu â theorïau megis rhyngweithedd cymdeithasol a symbolaidd, sy'n archwilio sut y bydd pobl yn deall ei gilydd ac 'yn dehongli'r hyn sy'n

48

digwydd o'u cwmpas ac yn dewis ymddwyn mewn ffyrdd penodol' (Marsh et al. 1996: 71).

Gan ddefnyddio'r dull hwn, ymgymerwyd â gwaith yn ddiweddar a fu'n astudio'r cyd-destun hyfforddi (e.e. Cushion a Jones 2006, Potrac et al. 2002). Cafodd ei wneud o bersbectif hyfforddwyr (Jones et al. 2003, Purdy 2006) ac athletwyr (Jones et al. 2005, Purdy 2006) fel ei gilydd. Un thema gyffredin ddaeth i'r amlwg drwy gydol y gwaith oedd cymhlethdod cymdeithasol hyfforddi, ac nad oes un ateb sy'n gweddu ar gyfer pob sefyllfa o safbwynt sut i hyfforddi. Yn hytrach, mae hyfforddwyr ac athletwyr yn gorfod gweithio'n galed i sefydlu perthynas o barch lle y bydd y ddwy ochr yn ymwybodol o'r hyn sydd ei angen ar y llall ac yn barod i ddiwallu'r angen hwnnw. Mae'n naturiol y bydd pob perthynas yn gofyn am lefelau gwahanol o fuddsoddiad ac enillion, a fydd yn aml yn dangos natur gyfnewid y rhyngweithio. O ganlyniad, dangosodd y casgliadau yn y fan yma mor bwysig yw gweithredu, siarad ac ymateb mewn ffyrdd arbennig mewn safleoedd grym (fel y bydd hyfforddwyr yn aml); mae gan weithredoedd y gallu i ysbrydoli neu i ddi-symbylu dilynwyr.

Gall y wybodaeth hon helpu hyfforddwyr mewn nifer o ffyrdd, a byddwn yn defnyddio casgliadau astudiaeth ddiweddar i'w henghreifftio. Yn yr astudiaeth hon, bu archwiliad gan Jones et al. (2005) yn canolbwyntio ar brofiadau cyn nofiwr elît, Anne (nid ei henw iawn), y torrodd anhwylder bwyta ar draws ei gyrfa gan ddod â'r yrfa honno i ben yn y pen draw. Y nod oedd archwilio sut y bu i'r rhyngweithio rhwng Anne a'i hyfforddwr arwain nid yn unig at ddatblygu hunaniaeth nofio gref ond bregus ynddi ond hefyd sut y cafodd yr hunaniaeth honno ei thorri, gan arwain at fwlimia nerfosa. Mae'r stori'n dechrau pan gyrhaeddodd hyfforddwr newydd yng nghlwb nofio Anne. Yng ngeiriau Anne ei hun:

> Roedd fy hyfforddwr newydd yn addo pethau cyffrous ac roedd ganddo lawer o syniadau ac athroniaethau newydd. Roedd e'n frwd iawn ynglŷn â'm potensial i, felly fe wnes i ymdrech fawr i'w blesio. Roedd e'n fy annog drwy'r amser ac roedd fel petai ganddo gynlluniau mawr ar fy nghyfer i. Roeddwn i eisiau gwneud mor dda er ei fwyn e (Jones et al. 2005: 383).

Drwy eu rhyngweithio ar y dechrau, cafodd cwlwm cryf ei sefydlu'n fuan rhwng Anne a'i hyfforddwr wrth iddi dderbyn ei syniadau, ei wybodaeth a'i ddulliau yn ddigwestiwn. Aeth ei hunaniaeth hi a'i hunan-barch i droi fwyfwy o gwmpas pa mor dda yr oedd hi'n nofio, yn hytrach nag ar y person cymdeithasol oedd hi. Felly, ei hamserau nofio, ac efallai yn bwysicach, beth fyddai ei hyfforddwr yn ei feddwl a'i ddweud am yr amserau, oedd yn wirioneddol bwysig.

Yna cafwyd 'y cyfarfod' fel y mae Anne yn ei alw, oedd i fod i ddod â'r nofiwr, yr hyfforddwr a'r rhieni at ei gilydd i drafod cynnydd, nodau ar gyfer y dyfodol a ffyrdd o'u cyrraedd.

> Dwedodd e [yr hyfforddwr] wrthyf fy mod i'n gwneud yn dda, fy mod i'n dangos cynnydd yn fy nofio... ond yna medde fe 'byddai'n fwy buddiol, siŵr o fod, pe baech chi'n ysgafnach ac yn fwy tenau a gallech chi golli ychydig o bwysau'. Ces i fy llethu yn gyfan gwbl. Ac rwy'n cofio teimlo mor lletchwith, o flaen fy rhieni a phopeth. Des i o'r cyfarfod yn teimlo'n isel iawn. Roeddwn i eisiau gwneud mor dda er ei fwyn e [yr hyfforddwr] ac roeddwn i'n teimlo fy mod i yn gwneud hynny. A dyna'r unig beth roedd e'n gallu ei ddweud. Fy nghorff i oedd y broblem [nawr]. Roeddwn i'n cael fy marnu yn ôl siâp fy nghorff ac nid yn unig yn ôl sut yr oeddwn i'n nofio yn y pwll. Trodd y ffocws arno [fy nghorff] a des i'n ymwybodol iawn ohono (Jones et al. 2005: 384).

49

O ganlyniad i'r sylw hwn, aeth Anne i deimlo'n waeth ac yn waeth wrth i'w delwedd gorfforol droi yn fwyfwy o obsesiwn ganddi. Felly, yr oedd beth yr oedd hi'n ei fwyta a faint o ymarfer y byddai'n ei wneud yn mynd â'i meddwl yn gyfan gwbl. Yn y pen draw, cadarnhawyd bod bwlimia nerfosa arni, cyflwr y mae'n parhau i geisio ymdopi ag ef.

Er mai gorsymleiddio o'r mwyaf fyddai priodoli anhwylder bwyta Anne i un sylw gan ei hyfforddwr, ni ddylem anwybyddu sylw'r hyfforddwr a'i ystyried yn ddibwys ychwaith, gan fod y sylw mewn llawer ffordd yn adlewyrchu diwylliant hyfforddi cyffredinol sy'n pwysleisio ymddangosiad, pwysau ac amserau y gellir eu mesur. Yn ddiau, yr oedd Anne yn agored i'r math yma o feirniadaeth ac yn fregus i raddau helaeth oherwydd ei bod yn dibynnu'n fawr ar ei hunaniaeth fel nofiwr ac ar ei hyfforddwr fel person pwysig o safbwynt creu'r hunaniaeth honno. Yr oedd y pethau yr oedd ei hyfforddwr yn eu dweud ac yn eu gwneud wedi dod i olygu cymaint i Anne nes iddynt ei gadael yn agored ac yn ddiamddiffyn yn erbyn y pethau negyddol a ddywedodd yr hyfforddwr am ei phwysau a'i hymddangosiad. Gan ei bod hi wedi aberthu agweddau eraill ar ei hunaniaeth a'r person oedd hi, doedd dim byd arall ganddi i'w ddefnyddio i'w gwrthsefyll. Caiff y safbwynt hwn ei gefnogi gan ymchwil flaenorol ar fwyta anhwylus mewn menywod sy'n athletwyr, a ddaeth i'r casgliad bod pwysau gan hyfforddwyr yn ffactor sy'n dylanwadu ar ddatblygiad yr afiechydon hyn (Griffin a Harris 1996, Patel *et al.* 2003).

Beth gall hanes Anne ei ddysgu i ni? Yn fwy na dim, bod gan hyfforddwyr lawer o rym dros eu hathletwyr. Pan fyddant yn dibynnu ar iaith perfformio mesuradwy ac arsylladwy, bydd llawer o hyfforddwyr, heb yn wybod iddynt hwy eu hunain, yn tueddu i drin athletwyr fel peiriannau i'w hyfforddi a'u monitro. Yn eu tro, bydd athletwyr, drwy weld hyfforddwyr fel arbenigwyr gwybodus, yn aml yn gwneud y pethau y bydd eu hyfforddwyr eisiau iddynt eu gwneud yn ddigwestiwn. Nid yw hyn yn golygu bod rhaid i berthynas hierarchaidd rhwng hyfforddwr ac athletwr fod yn broblem bob amser, ond dylai hyfforddwyr fod yn ofalus iawn pan fyddant yn rhyngweithio ag athletwyr a bod yn fwy ymwybodol o'r safle uwch sydd ganddynt. Gan dderbyn bod y berthynas rhwng pobl a'i gilydd yn greiddiol i gymdeithaseg, gall dadansoddiad cymdeithasegol helpu i ddisgrifio ac esbonio'n gywir y sefyllfaoedd hyn a rhai tebyg, drwy wneud i hyfforddwyr ac athletwyr gwestiynu a dod yn ymwybodol o'r rhesymau pam y maent yn ymddwyn fel y gwnânt. Mae'n debyg felly fod datblygu cymhwysedd cymdeithasegol hyfforddwr wrth iddo ystyried canlyniadau ei eiriau a'i weithredoedd ei hun yn hollbwysig er mwyn sefydlu perthynas iach, ddatblygol gydag athletwyr.

CASGLIADAU

Mae cymdeithaseg yn rhoi persbectif i hyfforddwyr sy'n eu galluogi i ofyn y mathau o gwestiynau a fydd, yn y pen draw, yn eu gwneud yn fwy meddylgar a chraff fel ymarferwyr, yn gyfathrebwyr mwy sensitif ac empathig, ac yn hyfforddwyr mwy effeithiol. Drwy ddefnyddio'r gwahaniaeth rhwng problemau personol a phroblemau cyhoeddus, fel y bydd Wright Mills (1959) yn ei wneud, gall materion sy'n ymwneud â strwythur cymdeithasol gael eu problemeiddio (h.y. eu cwestiynu) mewn ffordd ystyrlon. Yn ogystal, drwy fabwysiadu persbectif cymdeithasegol Berger (1963) a thrwy geisio gweld y cyffredinol yn y penodol, yr

50

anghyfarwydd yn y cyfarwydd a dewisiadau personol mewn cyd-destun cymdeithasol, gall hyfforddwyr fynd ati'n weithredol i geisio deall byd cymdeithasol hyfforddi a byd cymdeithasol yr athletwyr y maent yn eu hyfforddi yn fwy treiddgar.

Bydd hyfforddwyr ac athletwyr yn cynhyrchu, ac yn gynnyrch, eu hanes a'u proffil personol hwy eu hunain (Wright Mills 1959). Yn hyn o beth, maent yn greadigaeth eu profiadau eu hunain. Ceir ffactorau sy'n nodweddu'r cyd-destun hanesyddol-gymdeithasol y mae'r hyfforddi yn digwydd ynddo – oedran, dosbarth, anabledd, ethnigrwydd, rhywedd a rhywioldeb yn eu plith. Mae pwysigrwydd pob un o'r rhain yn amrywio. Er enghraifft, er y gallai anabledd effeithio fwyaf ar brofiadau un person, efallai mai rhywioldeb yw'r newidyn mwyaf arwyddocaol yn achos person arall. Ac wrth gwrs, nid yw'r newidynnau'n gweithredu ar eu pen eu hun. Yn hytrach, maent yn croestorri â'i gilydd mewn ffyrdd sy'n esbonio gwahaniaethau cymdeithasol yn llawer llai amlwg ac amhendant. Eto i gyd, drwy dderbyn pwysigrwydd cymdeithaseg, hanes a phroffiliau personol (gan gynnwys eu heiddo hwy eu hunain), bydd hyfforddwyr yn deall athletwyr yn well ac yn gallu rhyngweithio â hwy'n fwy effeithiol. Y rheswm am hyn yw bod y math yma o ymgysylltu'n eu galluogi i feddwl am bob athletwr, hyd yn oed mewn campau tîm, fel unigolyn sydd ag anghenion a dyheadau gwahanol. Nid yw hynny'n golygu y dylai pob athletwr gael ei drin mewn ffordd mor unigolyddol fel na fydd unrhyw batrwm ymddwyn dealladwy yn dod o gyfeiriad hyfforddwyr, gan y bydd hyn yn eu gadael yn agored i gael eu cyhuddo o fod yn anghyson neu, yn waeth na hynny, o ffafrio rhai yn fwy na'i gilydd. Yn hytrach, bydd yn gwneud hyfforddwyr yn fwy ymwybodol o ganlyniadau'r hyn y maent yn ei ddweud ac yn ei wneud a, thrwy hynny, yn eu helpu i bendroni ychydig ynglŷn â'r ffordd orau o weithredu cyn gwneud dim byd yn fyrbwyll a gorfod delio â sefyllfa waeth o ganlyniad. Yn olaf, mae derbyn cysyniadau cymdeithasegol yn galluogi hyfforddwyr hefyd i werthfawrogi'n fwy y grym sydd ganddynt mewn perthynas ag athletwyr a sut orau i'w ddefnyddio er lles pawb.

PENNOD 5

HANES AR GYFER HYFFORDDWYR

Malcolm MacLean ac Ian Pritchard

Mae gwybod cefndir hanesyddol a diwylliannol camp yn hanfodol os ydych yn mynd i lwyddo fel hyfforddwr. Bydd rhaid i chi wybod 'o ble mae eich athletwyr yn dod' yn ogystal â'r ffiniau yr ydych chi'n gweithio oddi mewn iddynt a'r hyn y bydd pobl yn ei ddisgwyl gennych.

Lynn Davies
Cyn enillydd Medal Aur yn y Gemau Olympaidd
a Llywydd presennol UK Athletics

RHAGARWEINIAD

Mae'r statws diwylliannol sydd gan wahanol gampau mewn unrhyw gymdeithas yn gynnyrch prosesau hanesyddol. Felly, bydd statws diwylliannol y campau hyn yn dylanwadu mewn llawer ffordd ar unigolion sydd â rhyw gysylltiad â hwy. Yn yr un modd, bydd hunaniaethau diwylliannol campau sydd wedi'u llunio'n hanesyddol yn dylanwadu ar agweddau allweddol ymarfer hyfforddi. Mae'r bennod hon yn dwyn at ei gilydd statws newidiol yr hyfforddwr chwaraeon ac ymddangosiad hunaniaethau cenedlaethol sy'n gysylltiedig â champau penodol. Gwneir hyn er mwyn ystyried yr effeithiau positif a negyddol y gallai gosod chwaraeon mewn safle diwylliannol-ganolog eu cael ar hyfforddwyr, yn enwedig yr hyfforddwyr hynny sy'n gysylltiedig â champau a elwir yn gampau cenedlaethol. Er mwyn gwneud hyn, archwilir yn gyntaf rôl hyfforddwyr mewn chwaraeon yn y gorffennol. Yna ceir trafodaeth ar hanes a hunaniaeth genedlaethol ac, yn benodol, rôl yr hyfforddwr chwaraeon o fewn yr hunaniaeth hon. Caiff y mater yma ei archwilio ymhellach yn yr adran nesaf drwy amlinellu pwysigrwydd y cyd-destun diwylliannol-gymdeithasol er mwyn deall y lle sydd i'r hyfforddwr chwaraeon yn y gymdeithas ar hyn o bryd. Yn olaf, ceir casgliadau i ddwyn ynghyd y prif bwyntiau a amlygwyd. Gwerth y bennod hon yw ei bod yn dangos yn bendant pa ddisgwyliadau cymdeithasol sydd ar hyfforddwyr, yn enwedig yr hyfforddwyr hynny sy'n gweithio ar y lefel genedlaethol. Mae'r wybodaeth hon yn bwysig gan ei bod yn gallu gwneud hyfforddwyr yn ymwybodol o'r ffiniau y maent yn gweithio oddi mewn iddynt a'r pwysau y maent yn eu hwynebu, er mwyn iddynt allu eu rheoli'n well.

YR HYFFORDDWR CHWARAEON YN Y GORFFENNOL

Yn ystod rhannau helaeth o'r canol oesoedd, yr oedd arferion y byddem ni'n eu cysylltu â chwaraeon neu hamdden yn aml yn rhai ymarferol o safbwynt y ffaith eu bod â'u sail mewn gweithgareddau milwrol neu economaidd. Dechreuodd yr arfer hon newid wedi adfer y Frenhiniaeth yn Lloegr yn yr ail ganrif ar bymtheg – gweithred a lwyddodd i helpu'r aristocratiaid i fwynhau'n fawr y gweithgareddau hamdden oedd newydd eu hailddarganfod ac a oedd bellach yn mynd â'u bryd. Cyfrannodd y defnydd agored a ffasiynol newydd ar hamdden gan haenau uchaf y gymdeithas ym Mhrydain at godeiddio (h.y. ffurfioli) chwaraeon am y tro cyntaf ac at ymddangosiad yr hyfforddwr chwaraeon modern. Yr oedd rasio ceffylau, criced, bocsio a golff ymhlith y gemau cyntaf i gael eu codeiddio. Yr oedd y gweithgareddau hyn i gyd yn ddigon cymhleth yn dechnegol i fynnu gweithdrefnau ffurfiol at ddibenion dysgu sgiliau. O ganlyniad i nawdd gan aristocratiaid a'r enillion ariannol posib drwy gamblo, yr oedd unigolion oedd yn trefnu'r gweithgareddau chwaraeon hyn yn fodlon talu am berfformiad a/neu hyfforddiant gan arbenigwr, er bod yr hyfforddwyr a'r perfformwyr eu hunain yn is eu statws cymdeithasol na'u noddwyr cefnog. O ganlyniad, yng ngolwg y cyhoedd nid oedd yr hyfforddwr yn fawr ddim mwy nag artisan lled-fedrus.

Gydol y bedwaredd ganrif ar bymtheg, o ganlyniad i dwf y dosbarth canol ym Mhrydain â'i god moesol o barchusrwydd, gwelwyd newid yn y patrwm hamdden a mwy o ddiffyg parch at waith yr hyfforddwr chwaraeon. Elfen bwysig yng ngoruchafiaeth yr aristocratiaid a'u cyfeillion dosbarth uchaf oedd system ysgolion bonedd elitaidd a gwryweiddiol oedd yn cael ei nodweddu gan ddisgyblaeth haearnaidd yn y dosbarth a dim ond y mymryn lleiaf o oruchwyliaeth mewn mannau eraill. Yn yr amgylchedd hwn, yr oedd gweithgareddau chwaraeon yn cael eu dominyddu gan gemau di-drefn. Bu dau ddatblygiad economaidd-gymdeithasol yn y bedwaredd ganrif ar bymtheg yn gyfrifol am newidiadau mawr yn system yr ysgolion bonedd Seisnig, a gwelwyd newidiadau yn gysylltiedig â'r rhain ym myd y chwaraeon trefnedig oedd wrthi'n datblygu. Yn gyntaf, creodd y diwydiannu cyflym a ddechreuodd ym Mhrydain yng nghanol y ddeunawfed ganrif ddosbarth canol oedd yn tyfu ac yn mynd yn fwyfwy cefnog ac uchelgeisiol yn gymdeithasol. Yr oedd rhannau o'r dosbarth newydd hwn yn ystyried y byddai mynediad i'w meibion i system yr ysgolion bonedd yn ffordd o wella a sicrhau eu statws cymdeithasol. Ymhlith y dosbarth cyfalafol egnïol, uchelgeisiol a didostur hwn, yr oedd elfen sylweddol oedd yn rhoi pwys mawr ar, ac yn disgwyl, disgyblaeth a gwerth am eu harian. Yn yr ail ddatblygiad, yr oedd y disgwyliadau hyn yn cyd-ddigwydd â disgwyliadau grŵp newydd o brifathrawon ysgolion bonedd a gredai hefyd y byddai rheoli pob agwedd ar fywyd yr ysgol yn well yn gwella datblygiad moesol, ysbrydol ac academaidd y bechgyn oedd o dan eu gofal. Arweiniodd sêl frwdfrydig a diwygiadol y prifathrawon hyn, ynghyd â gofynion a phryderon y dosbarth canol oedd yn talu, at adfywio system yr ysgolion bonedd Seisnig lle y daeth gwerthoedd moesol a moesegol yn hollbwysig a lle y gwelwyd llawer o'r gwerthoedd yn cael eu hymgorffori'n llythrennol mewn chwaraeon.

Wrth i wahanol grwpiau o gyn ddisgyblion ysgolion bonedd geisio parhau i gystadlu, gwelwyd ton arall o godeiddio chwaraeon yn dod i'r amlwg yn ystod ail hanner y bedwaredd ganrif ar bymtheg (Chandler 1991). Llwyddodd y rheidrwydd i ymddwyn mewn ffordd foesol a gafodd ei weu i'r gwaith o godeiddio chwaraeon gan y grwpiau dosbarth canol hyn i danseilio hyfforddiant ffurfiol. Yn y cyswllt hwn, yr oedd y system werthoedd oedd o fewn chwaraeon yr ysgolion bonedd yn mynnu glynu'n haearnaidd wrth ethos amatur ac, er gwaethaf y ffaith bod pobl yn ddifrifol dros ben ynglŷn â'r gweithgareddau hyn, agwedd rwydd, ddi-hid a pheidio â rhoi'r argraff o fod yn gwneud gormod o ymdrech oedd yn cael

53

y flaenoriaeth. Yr oedd y ddelfryd amaturaidd hon yn golygu bod ymarfer, hyfforddiant neu gyngor cyson gan bobl nad oeddent yn cymryd rhan yn mynd yn erbyn y syniad Prydeinig ynglŷn â chwaraeon ac yn beth amharchus ac anwlatgar. Bu'r asio hwn rhwng difrifwch moesol, esgus bod â diogi corfforol a bod yn well oherwydd eu dosbarth cymdeithasol, sef nodweddion 'Cwlt Athletiaeth', yn fodd i ddifrïo hyfforddwyr chwaraeon ac i danseilio strwythurau hyfforddi trefnedig ym Mhrydain dros ganrif, fwy neu lai.

Yr oedd llawer o athletwyr o'r dosbarth gweithiol yn dal i fod yn fodlon neu ag angen ennill swllt neu ddau drwy droi at unrhyw weithgareddau y tu allan i'w gwaith. Yn eu campau, ceid gwrthdaro felly rhwng yr awydd hwn a delfryd amaturaidd y dosbarth canol. Unwaith y daeth pêl-droed yn broffesiynol yn 1888 ac wedi'r rhwyg mewn rygbi yn 1895 pan dorrodd clybiau Undeb y Gogledd yn rhydd oddi wrth yr Undeb Rygbi (RFU), penderfynodd arweinwyr dylanwadol dosbarth canol chwaraeon aros o fewn cadarnle amaturiaeth a chynnal eu chwaraeon eu hunain drwy bolisïau llym oedd yn glynu wrth safonau bonheddig priodol. Er y rhaniad ar sail dosbarth cymdeithasol mewn chwaraeon ym Mhrydain, parhaodd y pwyslais diwylliannol dosbarth canol ar werthoedd a moesau mewn chwaraeon drwy gydol yr ugeinfed ganrif, hyd yn oed yn y gweithgareddau hynny oedd yn denu'r diddordeb a'r cyfranogiad mwyaf gan y dosbarth gweithiol, megis pêl-droed.

Ar wahân i'r tâl a gâi ei dderbyn am gymryd rhan, parhaodd pêl-droed i fod yn amaturaidd, gan wrthsefyll defnyddio tactegau a dysgu sgiliau trefnedig tan ymhell wedi'r Ail Ryfel Byd. Gan nad oedd y dosbarth canol yn hoff o'r wedd broffesiynol, y *nouveau riche* (h.y. y bobl gyfoethog newydd) – y bobl fyddai'n gwneud eu harian drwy fasnachu yn y trefi a'r dinasoedd diwydiannol oedd yn ehangu ym Mhrydain – fyddai'n ariannu'r rhan fwyaf o'r clybiau pêl-droed. Yr oedd eu ffordd gyfalafol o edrych ar y byd yn sicrhau eu bod yn barod i gefnogi proffesiynoldeb i raddau (megis talu'r chwaraewyr), ond gan eu bod hwy eu hunain yn codi yn y byd ac yn aelodau teyrngar o'u cymuned, nid oeddent yn rhy awyddus i beidio â chydymffurfio'n ddiwylliannol. Fel arfer, byddai clybiau pêl-droed yn cynnal strwythur rheoli a hyfforddi oedd yn seiliedig ar, ac wedi'i wreiddio yn, y delfrydau amaturaidd; byddent yn cyflogi ysgrifennydd-weinyddwr ond byddai dysgu sgiliau ffurfiol yn beth *ad hoc*, heb ei drefnu, a fyddai'n rhan o gyfrifoldeb y chwaraewyr hŷn.

Yr oedd hyn yn cyfyngu ar y cyfleoedd i hyfforddi, hyd yn oed i'r rheini oedd â'r awydd i wneud hynny. Yn achos pêl-droed, dechreuodd Herbert Chapman ac eraill tebyg iddo newid y sefyllfa hon yn y 1930au, ond ni welwyd rheolwyr-hyfforddwyr cydnabyddedig yn ymddangos mewn unrhyw gamp hyd ar ôl yr Ail Ryfel Byd. Hyd yn oed bryd hynny, bu Walter Winterbottom, a ddaeth yn hyfforddwr cenedlaethol cyntaf pêl-droed yn Lloegr yn 1946, yn rheolwr y tîm ac yn gyfarwyddwr hyfforddi'r FA am 16 o flynyddoedd heb unwaith gael dewis un o'r chwaraewyr yn ei dimau! Ym myd amaturaidd chwaraeon y dosbarth canol, ar wahân i'r hyn y byddai capten y tîm a'r chwaraewyr hŷn yn ei gynnig, parhaodd gwrthwynebiad cryf i unrhyw fath o reoli, hyfforddi neu ddatblygiad tactegol ar y tîm tan gyfnod diweddarach o lawer; e.e. ni phenododd Undeb Rygbi Cymru David Nash yn hyfforddwr cenedlaethol cyntaf iddi tan 1967 (Morgan a Fleming 2003). Felly, hyd yn oed yng nghartref chwaraeon codeiddiedig cyfoes (h.y. y DU), yr oedd y cyfnod a'u gwelodd yn cael eu sefydlu ac yn datblygu'n sefydliad diwylliannol pwysig wedi'i nodweddu gan ymylu ac yn aml ddifrïo unrhyw broses o ddatblygu tactegau a dysgu sgiliau ffurfiol (h.y. hyfforddi)

54

oherwydd yr obsesiwn diwylliannol â dosbarth cymdeithasol ynghyd â'r ffantasi ystrydebol ynglŷn â chymeriad y Prydeiniwr nodweddiadol.

Nid oedd y croestyniadau hyn o fewn hyfforddiant ffurfiol modern yn cael eu hailadrodd ledled y byd. Ym Mhrydain, yr oedd hyfforddiant yn ystod rhannau olaf y bedwaredd ganrif ar bymtheg a rhannau cynnar yr ugeinfed ganrif yn gysylltiedig â chwaraeon y dosbarth gweithiol. Ond yng Ngogledd America gwelwyd perthynas fwy cymhleth yn dod i'r amlwg. Yn yr Unol Daleithiau ac yng Nghanada yr oedd pobl yn gwrthod y syniad o hyfforddiant am resymau a oedd yn seiliedig ar amaturiaeth a dosbarth, yn debyg i'r hyn a ddigwyddodd ym Mhrydain. Fodd bynnag, yr oedd dau wahaniaeth arwyddocaol: manteision ariannol chwaraeon yn y colegau; a sail fasnachol y cynghreiriau chwaraeon. Oherwydd y ddau ffactor hyn, yr oedd mwy o angen i dîm fod â rhyw fantais gymharol dros ei wrthwynebwyr. Yn achos chwaraeon yn y colegau, daeth y fantais hon yn elfen bwysig er mwyn codi proffil y sefydliad, denu myfyrwyr, cynyddu'r incwm a gwella cyfraniadau'r cyn fyfyrwyr.

Er y gwahaniaethau dosbarth rhwng chwaraeon yn y colegau a chwaraeon y cynghreiriau proffesiynol, yr un peth oedd y tu ôl i'r rheidrwydd i fod â mantais gymharol, sef sicrwydd ariannol. Yng Ngogledd America, yr oedd y cynghreiriau'n tueddu i fod wedi'u trefnu'n ganolog ag aelodaeth gaeëdig a chydag aelodau'r cynghreiriau'n dibynnu ar ei gilydd am sicrwydd ariannol. Gan fwyaf, nid oedd system dyrchafu a gostwng, a châi'r gynghrair ei rheoli gan ystyriaethau masnachol lle y byddai'n rhaid i berchnogion clybiau neu ddeiliaid masnachfreintiau ddiogelu eu sicrwydd eu hunain a sicrwydd y gynghrair. Ym Mhrydain, yr oedd cynghreiriau'r campau yn tueddu i fod yn fwy amaturaidd o ran eu hagwedd a'u harferion. Yr oedd Cynghrair Pêl-droed Lloegr hyd ganol yr ugeinfed ganrif yn parhau i gael ei rheoli gan ethos o gymeriad cenedlaethol a oedd yn gysylltiedig â dosbarth, lle y byddai ystyriaethau masnachol yn llai pwysig (Taylor 2005). Yr oedd amgylchiadau mwy cymhleth Gogledd America yn golygu, cyn gynted ag y byddai un tîm yn ceisio ennill mantais gymharol drwy, er enghraifft, gyflogi staff proffesiynol i wella'r gwaith o ddatblygu sgiliau a thactegau, y byddai eraill yn ei ddilyn ymhen fawr o dro. Yr oedd y math yma o ofynion masnachol yng Ngogledd America yn golygu bod datblygiad a hanes hyfforddi wedi dilyn trywydd gwahanol iawn i'r un a welwyd ym Mhrydain, o leiaf o safbwynt rhai rhannau arwyddocaol o chwaraeon poblogaidd a masnachol.

Wedi canrif o ymdrech i gael gwared ar ddylanwad gwael tybiedig hyfforddi ar chwaraeon, yn nhraean olaf yr ugeinfed ganrif gwelwyd chwaraeon ym Mhrydain yn dechrau defnyddio hyfforddiant yn rhan o'r ddarpariaeth ffurfiol sefydliadol. Erbyn heddiw, fwy neu lai ym mhobman defnyddir system sy'n darparu ar gyfer hyfforddwyr sydd wedi'u cymhwyso'n ffurfiol. Cyfrannodd pedwar ffactor y tu mewn a thu allan i chwaraeon i'r newid hwn. Yn gyntaf, cydnabu sefydliadau chwaraeon ym Mhrydain nid yn unig i chwaraeon fynd yn fwy cymhleth, ond hefyd fod y ffaith i lefelau sgiliau godi yn golygu bod angen gwybodaeth arbenigol oedd yn fwy na'r hyn y gallai capteiniaid a chwaraewyr hŷn ei chynnig. Yn ail, yr oedd newidiadau yn strwythur masnachol chwaraeon proffesiynol oddi ar y 1960au yn golygu bod sefydliadau campau unigol yn gorfod ysgwyddo mwy o risgiau ariannol, felly yr oedd gofyn am fwy o ddatblygu sgiliau er mwyn lleihau'r risg honno gymaint â phosib. Yn drydydd, newidiodd strwythur addysg a hyfforddiant galwedigaethol ym Mhrydain yn sylweddol yn ystod y cyfnod hwn, â mwy o ddyfarniadau arbenigol yn cael eu cynnig, mwy o gymwysterau fesul cam a galw cynyddol am gymwysterau cydnabyddedig. Er nad oedd hyn o reidrwydd yn uniongyrchol gysylltiedig â systemau ffurfioledig o hyfforddi a chymhwyso hyfforddwyr, yr oedd yn arwydd o newid diwylliannol ehangach. Yn olaf, ers dechrau'r 1990au mae materion megis amddiffyn plant a cham-drin athletwyr (yn gorfforol, yn feddyliol ac yn rhywiol) yn destun pryder cynyddol gan hyfforddwyr ar bob lefel. Daethpwyd i ystyried yn eang bod systemau ffurfiol o addysgu hyfforddwyr a rhoi cymwysterau iddynt yn un mecanwaith y gallai sefydliadau chwaraeon ei ddefnyddio i arfer eu dyletswydd gofal dros y rhai sy'n cymryd rhan mewn chwaraeon.

Felly, gellir ystyried bod yr hyfforddwr cyfoes, mewn byd o gampau sy'n cael eu rheoleiddio, eu cymwyseiddio, eu haeneiddio a'u rhesymoli'n ganolog, yn gweithio mewn byd sy'n cael ei ffurfio gan gyfyngiadau a rhesymeg cyfalafiaeth gyfoes a ffordd o ystyried chwaraeon yn fath o adloniant. Mewn llawer ffordd, mae'r gwreiddiau hyn yn parhau i ddylanwadu ar y modd y mae hyfforddwyr ac eraill yn gweld eu swyddi. Fodd bynnag, nid dyma'r unig gyfyngiadau sydd i'w gweld, oherwydd ceir hefyd set ychwanegol o ffactorau diwylliannol a chymdeithasol cyfyngol y gellir eu hystyried yn fras yn rhai sy'n ymwneud â hunaniaeth. Mae un o'r ffyrdd mwyaf pellgyrhaeddol hyn o fod â hunaniaeth yn seiliedig ar deithi a nodweddion cenedlaethol tybiedig, a byddwn yn troi i drafod y rhain yn awr.

HANES A HUNANIAETH GENEDLAETHOL

Yn ystod y bedwaredd ganrif ar bymtheg bu newid sylweddol yn y ffordd y câi bydoedd cymdeithasol eu trefnu, yn enwedig yng Ngorllewin Ewrop. Yr oedd dau ffactor yn allweddol yn y newid hwn, sef lledaeniad cysylltiadau cymdeithasol ac economaidd cyfalafol, a datblygiad gwladwriaethau cenedlaethol a gafodd, yn eu tro, effaith fawr ar hunaniaeth genedlaethol. Fel y nododd yr hanesydd Eric Hobsbawm, 'mae "y genedl" yn newydd-ddyfodiad diweddar iawn yn hanes dyn, ac yn gynnyrch amgylchiadau arbennig a rhai hanesyddol rhanbarthol neu leol' (1992: 5). Ceir amryfal resymau ('amgylchiadau arbennig hanesyddol' Hobsbawm) pam y cafodd gwladwriaethau cenedlaethol eu ffurfio. Yn Lloegr, yr oedd yn ymwneud yn rhannol â datblygiad technolegau cyfathrebu gwell – systemau ffyrdd a rheilffyrdd newydd, a rhwydweithiau post a phapurau newydd gwell; yn Ffrainc, fodd bynnag, a hithau'n endid cenedlaethol unigol, y gyrwyr pennaf oedd grymoedd diwylliannol a gwleidyddol yn ystod ail hanner y bedwaredd ganrif ar bymtheg.

Nid yr un rhai oedd yr hunaniaethau oedd yn perthyn i'r gwladwriaethau cenedlaethol newydd hyn â'r hunaniaethau lleol hŷn (Smith 1991), er ei bod hi'n bwysig cofio bod hunaniaethau, boed â'u sail mewn lleoliadau, cysylltiadau economaidd-gymdeithasol, rhywedd, ethnigrwydd neu unrhyw ffactor arall, yn bethau cymdeithasol. Er enghraifft, ni ellir esbonio nodweddion gwryweidd-dra a benyweidd-dra heb gyfeirio at y naill a'r llall yn gyfochr â'i gilydd. Yn yr un modd, ceir dosbarth canol oherwydd bod dosbarthiadau uwch ac is yn bod; mae caethweision yn bod oherwydd bod rhywun arall yn berchen arnynt. Y gwahaniaeth pwysicaf rhwng y rhan fwyaf o fathau eraill o hunaniaeth gymdeithasol a hunaniaethau cenedlaethol yw bod 'cenedl' yn gysyniad mwy haniaethol ac anoddach ei ddiffinio na lleoliad neu'r rhan fwyaf o'r ffurfiau eraill ar adnabyddiaeth gymdeithasol. Nid yw'n bosib i bob unigolyn adnabod neu hyd yn oed fod wedi cwrdd â llawer o'r bobl y

56

mae'n rhannu hunaniaeth genedlaethol â hwy. Yn wir, mae'n dod yn fwyfwy cyffredin i ddadansoddwyr hunaniaeth genedlaethol dderbyn dadl Benedict Anderson (2005) mai'r ffordd orau o ddeall cenhedloedd yw drwy eu hystyried yn 'gymunedau a ddychmygir', y bydd eu haelodau'n tybio bod ganddynt yr un nodweddion â'i gilydd sy'n rhoi sail gyffredin iddynt ar gyfer bod yn aelodau o gymuned.

Bydd y nodweddion hyn sy'n perthyn i aelodau o'r un gymuned yn tueddu i fod yn gysylltiedig â iaith neu'n perthyn i eicon penodol. Hynny yw, mae cenedlaetholdeb a hunaniaeth genedlaethol naill ai'n iaithsentrig neu'n eiconosentrig. Yn ôl dull Anderson, mae'n bosib dychmygu'r hyn yw cymuned genedlaethol, ond nid yw aelodau'r gymuned honno'n rhydd i'w dychmygu yn union fel y mynnant. Mae cenedl sy'n iaithsentrig yn hawdd ei hadnabod: yr oedd adfywiad y Gymraeg yn elfen ganolog yn adfywiad cenedlaetholdeb Cymru yn ail hanner yr ugeinfed ganrif, tra'r oedd lledaeniad un math o Ffrangeg i ddisodli grŵp amrywiol o dafodieithoedd yn elfen greiddiol yn y broses o greu un genedl yn Ffrainc yn y bedwaredd ganrif ar bymtheg.

Ar y llaw arall, nid yw cenhedloedd eiconosentrig bob amser mor amlwg. Un o'r pethau sy'n nodweddu Unol Daleithiau America yw'r modd y mae'n glynu wrth ei chyfansoddiad, sy'n gyfres o egwyddorion gwleidyddol. Yn Awstralia oddi ar y 1980au gwelwyd y 'llynges gyntaf', sef y pedair llong oedd yn cario troseddwyr a gyrhaeddodd yno yn 1788, yn dod yn eicon pwysig o hunaniaeth genedlaethol Awstralia. Mae pob un o'r eiconau hyn yn wahanol gan y gellir eu defnyddio'n arwydd i genedl gael ei ffurfio neu ei sefydlu: yn aml maent yn 'hynodyn emblematig', hynny yw maent yn arwydd o foment unigol dechreuad [cenedl] (Morris 1998: 100). Mae dangosyddion eiconograffig eraill yn fwy cymhleth: er enghraifft, yn aml caiff rygbi ei ystyried yn eicon o Seland Newydd. Mae'r ffaith y gellir disgrifio rygbi yn glir fel gêm Brydeinig yn golygu ei fod yn cyfleu ar y naill law ryw hynodrwydd sy'n perthyn yn benodol i Seland Newydd, a fydd yn cael ei gadarnhau drwy gyfeirio at arddulliau chwarae, ac ar y llaw arall ei fod â rhan hefyd yn y syniad o Brydeindod drwy rôl rygbi yn y broses o ehangu'r ymerodraeth Brydeinig a'r berthynas ymerodrol. Oherwydd mai mewn cymunedau sy'n siarad Afrikaans y mae sylfeini rygbi De Affrica, mae'n cyflawni swyddogaeth eiconig wahanol yno.

Ceir cysylltiad agos iawn rhwng y ffyrdd iaithsentrig ac eiconosentrig hyn o ystyried hunaniaeth genedlaethol a phroblem diffinio hunaniaeth genedlaethol. Mae llawer o bobl yn gwybod bod ganddynt hunaniaeth genedlaethol, er nad oes ganddynt syniad o gwbl beth allai'r hunaniaeth hon fod mewn gwirionedd. Mae llunio diffiniad yn Saesneg yn beth anoddach byth gan nad yw'r Saesneg yn gwahaniaethu'n amlwg rhwng gwladwriaeth (*state*) a chenedl (*nation*). Mae Unol Daleithiau America, neu'r United *States* of America, yn gweithredu fel cenedl, sydd â phennaeth, baner ac anthem genedlaethol (y mae pob un o'r 50 talaith yn eu rhannu er bod gan y rhan fwyaf ohonynt eu hanthem a'u baner a'u pennaeth eu hunain). Ar y llaw arall, baner yw'r unig beth sydd gan y Cenhedloedd Unedig, neu'r United *Nations*, sydd wedi'i ffurfio o wladwriaethau ond nad yw'n cynnwys pob un o genhedloedd y byd. Er enghraifft, mae Cymru, Catalunya a Chechnya yn genhedloedd nad ydynt yn wladwriaethau er bod ganddynt nodweddion gwladwriaethau a hunaniaethau cenedlaethol hawdd eu hadnabod. Yn ogystal, mae'r tair cenedl hyn (Cymru, Catalunya a Chechnya) yn rhan o wladwriaethau mwy (y DU, Sbaen a'r Ffederasiwn Rwsiaidd) ac yn un achos mae'r wladwriaeth (y Ffederasiwn Rwsiaidd) yn ymladd yn erbyn ei haelod-genedl (Chechnya) i'w hatal rhag dod yn wladwriaeth, ac mae'r ddwy genedl arall yn cael arddel graddau o ymreolaeth wleidyddol. Mae hyn yn golygu nad oes perthynas syml rhwng gwladwriaethau a chenhedloedd. Felly er mwyn dechrau sôn am hunaniaeth genedlaethol a'i harchwilio, mae angen i ni gael ffordd wahanol o ddeall y naill a'r llall. Trown at hanes.

Gall cenedligrwydd a hunaniaeth genedlaethol gyfuno â chwaraeon i ddod yn rym cymdeithasol mawr ac yn ffordd i ni ddiffinio'n hunain a'r grwpiau yr ydym ni'n perthyn iddynt (Cronin 1999). Y ffordd allweddol y bydd chwaraeon yn gwneud hyn yw drwy gynnig atgofion cymdeithasol cyffredin sy'n rhoi sylwedd i hunaniaeth genedlaethol. Gellir defnyddio atgofion o ddigwyddiadau cyhoeddus ysblennydd neu ddigwyddiadau cyffredin o fywyd bob dydd. Bydd y digwyddiadau hyn yn dod yn ddefodau coffáu a fydd yn rhoi ymdeimlad o'r hyn yw'r genedl ac, yn bwysicach, beth mae'r genedl yn ei wneud ac yn ei olygu: maent yn 'chwifio baner y famwlad' (Billig 1995). Ac, yn fwy na hyn, mae chwaraeon yn llenwi cwpan wag cenedligrwydd mewn ffordd lai amlwg, drwy sicrhau bod defodau coffáu, drwy leoliadau atgofion cymdeithasol, i'w gweld yn naturiol ac yn normal (Connerton 1989). Mae pêl-droed yn Lloegr yn un enghraifft. Er i'r FA gytuno ar reolau pêl-droed yn 1863, erbyn 1871 prin ddwsin o aelodau oedd gan yr FA ac yr oedd rheolau eraill yn ogystal â'u rheolau hwy yn cael eu defnyddio mewn gemau pêl-droed. Er enghraifft, byddai aelodau o Gymdeithas Bêl-droed Sheffield yn chwarae o dan reolau ychydig yn wahanol, ac yn aml byddai'n rhaid cael trafodaeth i benderfynu pa reolau i'w dilyn cyn y byddai gêm yn dechrau. Eto, erbyn diwedd y 1880au yr oedd gan bêl-droed set o 'nodweddion defodol a sefydliadol' y gellid eu nodi (Hobsbawm 1983(b): 288). Yr oedd cystadleuaeth cwpan yr FA wedi'i lansio, yr oedd proffesiynoldeb wedi'i dderbyn a'r Gynghrair Bêl-droed wedi'i ffurfio. Yr oedd set o ddefodau wedi tyfu ar yr un pryd â'r datblygiadau sefydliadol hyn: mynd yn rheolaidd i weld gêm ar brynhawn Sadwrn; grwpiau cefnogwyr yn dechrau ffurfio; gwibdaith flynyddol i lawer o gefnogwyr i Lundain i wylio Rownd Derfynol Cwpan yr FA; y gystadleuaeth rhwng clybiau yn dwysáu. Yna daeth pêl-droed yn beth nodedig yn Lloegr oherwydd iddo, yn wahanol i gemau eraill megis rygbi, sefydlu corff cenedlaethol yn fuan iawn (h.y. wedi 1895 aeth rygbi hyd yn oed yn llai cenedlaethol oherwydd yr ymraniad rhanbarthol a dosbarth a oedd yn gysylltiedig â phenderfyniad Undeb y Gogledd i ymadael â'r RFU). Fel y nododd Hobsbawm, yr oedd y grym oedd gan chwaraeon i fod yn fodd o lenwi cwpan hunaniaeth genedlaethol i'w weld yn y ffaith ei bod hi:

> mor hawdd i hyd yn oed yr unigolyn lleiaf gwleidyddol neu gyhoeddus uniaethu â'r genedl fel y caiff ei symboleiddio gan bobl ifanc yn rhagori yn yr hyn y mae pob dyn eisiau, neu rywbryd yn ystod ei oes wedi eisiau, bod yn dda ynddo. Mae'r gymuned a ddychmygir sy'n filiynau o bobl i'w gweld yn fwy real fel tîm o un ar ddeg o bobl benodol. Mae'r unigolyn, hyd yn oed yr un sy'n gwneud dim byd mwy na bloeddio'i gymeradwyaeth, yn dod ei hunan yn symbol o'i genedl (Hobsbawm 1992: 143).

Ac effaith hyn oedd nid yn unig i'r Saeson ddod i ystyried pêl-droed yn gêm Seisnig, ond i lawer o bobl eraill weld y gêm yn yr un ffordd (ac maent yn dal i wneud hynny). Yn Nenmarc, er enghraifft, nid yw'n beth anghyffredin clywed pobl yn sôn am bêl-droed fel y gêm Seisnig, er i'r gêm feithrin nodweddion Danaidd.

Yn aml caiff y defodau coffáu a digwyddiadau tebyg sy'n 'chwifio baner y famwlad' eu hystyried yn bethau traddodiadol. Fodd bynnag, traddodiadau wedi'u dyfeisio yw llawer o'r traddodiadau hyn, i'r graddau y gellir gweld iddynt ymddangos ar adeg arbennig o dan amgylchiadau penodol. Unwaith eto, mae Hobsbawm yn cynnig dull sy'n ein galluogi i ddeall y mater hwn yn well. Yn ei ddadansoddiad, mae'r traddodiadau dyfeisiedig hyn yn golygu:

> set o arferion, wedi'u rheoli fel arfer gan reolau sy'n cael eu derbyn yn agored neu'n ddealledig, sy'n ceisio cyflwyno rhai gwerthoedd a normau ymddygiad drwy eu hailadrodd, gan awgrymu'n awtomatig gyswllt di-dor â'r gorffennol. A dweud y gwir, lle bo'n bosib, fel arfer byddant yn ceisio sefydlu cyswllt di-dor â gorffennol hanesyddol priodol (1983(a): 1).

Mae chwaraeon yn llawn traddodiadau sydd wedi'u dyfeisio. Heb ystyried y Gemau Olympaidd, sydd â thoreth o wirioneddau ffug, un o'r rhai cryfaf yw'r syniad i William Webb Ellis yn Ysgol Rugby yn 1823 godi'r bêl a rhedeg â hi, ac mai felly y cafodd rygbi ei ddyfeisio. Ymddangosodd yr honiad hwn yng nghylchgrawn Ysgol Rugby yn y 1890au, gan nodi mai atgofion cyn ddisgybl oedd ffynhonnell yr honiad: nid oes sôn am unrhyw ffynhonnell gynharach ac nid oes dim tystiolaeth i'r peth ddigwydd erioed. Mae'r amseru, fodd bynnag, yn arwyddocaol: yn ystod y 1890au yr oedd brwydr rhwng clybiau'r dosbarth canol ac uchaf yn y de a chlybiau'r dosbarth gweithiol yn y gogledd i reoli rygbi, a dyma a arweiniodd at yr ymraniad yn yr undeb rygbi yn 1895, a chreu Undeb y Gogledd a ddaeth yn Rygbi'r Cynghrair yn y pen draw. Drwy allu cysylltu tarddiad y gêm â digwyddiad mewn ysgol fonedd, yr oedd y clybiau dosbarth canol ac uchaf yn gallu honni mai hwy oedd gwir gynrychiolwyr traddodiadau'r gêm (Collins 1998). Yr oedd pethau'n bur wahanol mewn gwirionedd. Byddai'r rhan fwyaf o'r ysgolion bonedd yn chwarae eu fersiwn eu hunain o bêl-droed a rhai yn unig o'r fersiynau hyn fyddai'n gadael i'r chwaraewyr drafod y bêl â'u dwylo. Yn ystod Tachwedd a Rhagfyr 1863, cafodd cyfres o gyfarfodydd eu trefnu gan y corff a ddaeth yn ddiweddarach yn gorff yr FA, lle y cytunwyd ar reolau pêl-droed. Yn dilyn hyn, gadawodd nifer o glybiau yr FA gan gytuno'n ddiweddarach, yn 1871, ar reolau math o gêm a ddaeth i gael ei galw yn rygbi a oedd yn caniatáu trafod â'r dwylo (Harvey 2005). Mae'r hanes hwn yn adnabyddus. Eto, yng nghanol y 1980au, pan oedd y Bwrdd Rygbi Rhyngwladol yn lansio Cwpan y Byd ar gyfer rygbi i ddynion, penderfynasant alw'r cwpan yn Gwpan Webb Ellis a, thrwy wneud hynny, yr oeddent yn parhau i roi hygrededd i'r stori am darddiad y gêm.

Mae gan wledydd eraill eu hanesion ffug eu hunain sy'n ymwneud â chwaraeon. Mae enghraifft iaithsentrig i'w gweld yn rôl mudiad gymnasteg Sokol yn y bedwaredd ganrif ar bymtheg a dechrau'r ugeinfed ganrif yng ngwleidyddiaeth genedlaethol yr Ymerodraeth Awstro-Hwngaraidd (Nolte 2002). Ym Mohemia a Morafia, yn aml ceid grwpiau gymnasteg Sokol (siaradwyr Tsieceg) a grwpiau gymnasteg Turnverein (siaradwyr Almaeneg) yn yr un ardal. Mewn rhai mannau yr oedd cysylltiad rhwng y grwpiau hyn a rhannau eraill o'r gymdeithas sifil hefyd. Er enghraifft, yn nhref Budûjovice/Budweis ym Mohemia yn 1865 gwrthododd y maer ymgais gan y grŵp o bobl oedd yn siarad Almaeneg i ffurfio brigâd dân wirfoddol a mynnodd yntau fod y grŵp yn cynnwys aelodau Sokol yn ogystal ag aelodau Turnverein (King 2002). Yr oedd y ffurf Sokol ar gymnasteg yn cael ei chyflwyno fel un benodol Tsiecaidd (neu Slafaidd) o'i chymharu â'r arddull Turnverein Almeinig. Felly daeth gymnasteg yn un o arfau cenedlaetholdeb a gwleidyddiaeth ymerodrol ac yn rhan o set o ymarferion corff y byddai pobl yn eu hystyried yn rhai a oedd yn amlygu arwahanrwydd cenedlaethol. Mae'n anodd gweld sut y gellir cyfiawnhau'r honiadau bod Sokol yn gynhenid Dsiecaidd a bod Turnverein yn naturiol Almeinig heblaw drwy eu gweld yng nghyd-destun yr ysbryd cenedlaetholgar oedd yn dod i'r amlwg yn yr Ymerodraeth Awstro-Hwngaraidd yn ystod ail hanner y bedwaredd ganrif ar bymtheg.

Mae mabwysiadu hunaniaethau cenedlaethol yn eang yn beth cymharol ddiweddar a gellir ei ddeall drwy ei gysylltu â datblygiadau o ran diwydiannu, trefoli, gwelliannau technolegol a rhesymoli. Yr oedd cyfiawnhau a chyfreithloni'r cenhedloedd 'newydd' hyn yn dibynnu mewn ffordd greiddiol ar draddodiadau hanesyddol (rhai gwir a rhai wedi'u dyfeisio). Yr oedd y chwaraeon trefnedig oedd yn dod yn newydd i'r amlwg yn darparu ac yn cefnogi llawer o'r traddodiadau hyn, a hwy hefyd a sefydlodd ac a fu'n fodd i atgyfnerthu traddodiadau di-oed (dyfeisiedig) oedd yn awgrymu delfrydau o oruchafiaeth ddiwylliannol, ethnig a/neu hiliol a, thrwy wneud hynny, yn hybu imperialaeth. Lawn mor bwysig oedd y ffaith bod y chwaraeon hyn yn noddi undod cenedlaethol ac yn creu ac yn cynnal syniadau 'synnwyr cyffredin' ynglŷn â chwaraeon cenedlaethol a nodweddion diwylliannol.

HYFFORDDI CHWARAEON A HUNANIAETH GENEDLAETHOL

Mae hunaniaeth genedlaethol yn ffon ddeufin yng nghyd-destun hyfforddi. Mae effaith hunaniaeth genedlaethol ar hyfforddiant yn gallu bod yn beth positif ac yn beth negyddol er, fel yn achos y rhan fwyaf o bethau, anaml iawn y bydd yr effaith yn gwbl negyddol neu bositif. Gall apelio at yr hunaniaeth genedlaethol wella mynediad i'r athletwyr gorau. Yn baradocsaidd, yn aml gall fod yn anodd sicrhau hyn yn y campau mwyaf poblogaidd a masnachol, sef y rheini sy'n dangos neu'n cynnal delfryd yr hunaniaeth genedlaethol orau. Yn y DU, er enghraifft, mae chwaraewyr a chlybiau pêl-droed a rygbi yn wynebu tyndra rhwng sawl math o alwadau. Yn ddiweddar, mae'r tymhorau chwarae yn rhyw 10 mis o hyd. Mae nifer y gemau rhyngwladol wedi cynyddu hefyd ar yr un pryd â nifer y cystadlaethau ar gyfer y clybiau yn eu gwledydd eu hunain ac yn rhyngwladol. Yn ogystal, mae clybiau wedi buddsoddi mwy yn eu chwaraewyr. Felly, weithiau ceir gwrthdaro rhwng yr anrhydedd o gynrychioli'ch gwlad mewn camp a galwadau masnachol chwaraeon proffesiynol. O ganlyniad, cafwyd nifer o enghreifftiau o anghytuno chwyrn rhwng cyrff cenedlaethol a chlybiau yn ystod diwedd y 1990au a dechrau'r 2000au ynglŷn ag argaeledd, ac anafiadau posib, chwaraewyr oedd yn cynrychioli eu gwlad.

Er y gall y mathau hyn o ystyriaethau masnachol wanhau unrhyw effaith bositif a gaiff hunaniaeth genedlaethol ar hyfforddwyr – a gwelir hyn yn digwydd yn aml – ceir effeithiau buddiol mwy cyffredinol hefyd. Er enghraifft, pan fydd materion sy'n gysylltiedig â hunaniaeth genedlaethol yn glir, a phan gaiff rhyw gamp arbennig ei hystyried yn un o ddangosyddion hunaniaeth genedlaethol, bydd athletwyr a hyfforddwyr yn cael eu hystyried yn ganolog yn ddiwylliannol ac o ganlyniad bydd gan y gamp a'r unigolion broffil uchel (e.e. tîm pêl-droed Lloegr yng Nghwpan y Byd 2006). Fodd bynnag, gall hyn olygu hefyd y bydd mwy o bwysau arnynt i sicrhau mwy o lwyddiant ac mae'n bosib na fydd hyn yn beth cwbl bositif neu fuddiol. Mae'n ffactor y dylai hyfforddwyr fod yn ymwybodol ohoni ac y dylent, felly, gynllunio ar ei chyfer.

Mae'n aml yn wir y bydd cefnogaeth sy'n llai amlwg ar unwaith neu'n llai uniongyrchol yn cael ei ddatblygu, mewn cysylltiad â dangosyddion hunaniaeth genedlaethol ac yn gyfochrog â rhai campau arbennig, yn ffordd o ddynodi rhyw wlad neu'i gilydd. Er enghraifft, mae'r broses o ddatblygu systemau ffurfiol o addysgu hyfforddwyr ar lefel eang iawn yn chwarter olaf yr ugeinfed ganrif yn gysylltiedig â'r angen i chwaraeon perfformiad uchel fod yn gystadleuol ar lefel ryngwladol. Gwelir y bai yn cael ei roi'n gynyddol ar yr hyfforddwyr am fethiannau eu tîm, ac mae cymhlethdod chwaraeon elît masnachol cyfoes yn aml yn golygu bod gan y timau fwy nag un hyfforddwr. Gwelwyd y systemau hyn o addysgu hyfforddwyr, ynghyd â rhyw ymdeimlad ehangach bod angen cymwysterau penodol mewn ystod o alwedigaethau, yn tyfu'n fwy o beth yn gyflym. Bellach, yn achos llawer camp ceir cyfyngiadau pendant o safbwynt pwy all wneud beth, a bydd rhaid i rywun sydd am hyfforddi ar lefel arbennig fod â chymhwyster gan y corff rheoli perthnasol er mwyn cael hyfforddi ar lefel benodol. Er bod pobl yn gofyn a yw'r systemau ffurfiol hyn i addysgu hyfforddwyr yn beth da o reidrwydd, does dim dwywaith bod eu datblygiad, yn rhannol, yn deillio o bryderon ynghylch perfformiadau chwaraeon elît a safleoedd cenedlaethol cymharol.

Mae effaith arall, lai amlwg y cysylltiad rhwng hunaniaethau cenedlaethol a chwaraeon yn ymwneud â chyfraddau cyfranogiad a phoblogrwydd. Bydd y campau hynny sy'n helpu i gynnal hunaniaeth genedlaethol yn tueddu hefyd i fod yn boblogaidd ac i fod â chyfraddau cyfranogiad cymharol uchel. Yn hyn o beth, bydd y campau poblogaidd sydd â llawer o gefnogwyr yn tueddu i gynnig mwy o gyfle o safbwynt swyddi amser llawn (ar gyfer hyfforddwyr ac eraill), er bod hyn yn fwy gwir yn achos campau sy'n cael eu hystyried yn draddodiadol yn rhai ar gyfer dynion yn fwy nag ar gyfer menywod. Er enghraifft, ceir llai o gyfleoedd i gael swyddi hyfforddi amser llawn, neu hyd yn oed waith sy'n derbyn tâl, mewn pêl-rwyd, sef y gêm fwyaf poblogaidd ymhlith chwaraewyr o fenywod yn y DU, nag mewn gemau traddodiadol i ddynion, a llai o gyfleoedd mewn niferoedd real nag mewn gemau i ddynion sydd â llai o gyfranogwyr, megis rygbi. Mae rhywedd, felly, yn codi cwestiynau ynglŷn ag unrhyw ymdeimlad bod chwaraeon a hunaniaeth genedlaethol yn gysylltiedig â'i gilydd mewn ffordd amlwg neu gyfarwydd (Williams 2003). Hyd yn oed gan dderbyn y gwahaniaeth hwn o safbwynt rhywedd, pan gaiff dynameg yr hunaniaeth genedlaethol, poblogrwydd a chwaraeon eu cyfuno â system ffurfiol o gymwysterau ac addysgu hyfforddwyr, bydd yn dangos yn fwy eglur pa fecanweithiau sydd ar gael i hyfforddwyr symud i lefel yn uwch, ac yn cyfrannu at y potensial cynyddol o gael swydd amser llawn sicr.

Mae hyfforddwyr ac athletwyr wedi dod i ddeall dros y blynyddoedd, fodd bynnag, nad yw cysylltiad agos rhwng eu campau a'u hunaniaeth genedlaethol bob amser yn beth da; yn aml gall canlyniadau'r cysylltiad hwn fod yn rhai negyddol iawn i hyfforddwyr. Mae llawer o hyfforddwyr wedi dioddef yn y campau hynny lle mae'r ymdeimlad o hunaniaeth genedlaethol yn gryf iawn fel bod pwyslais mawr, a gorbwyslais yn aml, ar lwyddo ar bob lefel. Ceir cyswllt clòs rhwng y pwyslais mawr hwn a'r sylw y bydd y cyfryngau'n ei roi, nid ar benderfyniadau a sgiliau hyfforddwyr yn unig ond yn aml ar bob agwedd ar fywyd hyfforddwr. Ystyriwch, er enghraifft, y sylw a gafodd Nancy Dell'Olio yn ystod y cyfnod y bu Sven-Göran Eriksson yn hyfforddwr tîm pêl-droed cenedlaethol dynion Lloegr. Mae'r sylw hwn gan y cyfryngau'n gallu mynd yn beth ymwthiol, i'r fath raddau nes y gall hyfforddwyr golli hygrededd. Mae tynnu'r sylw oddi ar y gêm a chanolbwyntio ar allu'r hyfforddwyr, sy'n cael ei fesur gan berfformiad y tîm, yn gallu effeithio mewn llawer ffordd ar yr hyfforddwyr hynny.

Ar y cyfan, fodd bynnag, bydd chwaraeon (a hyfforddwyr hefyd felly) yn tueddu i elwa o fod â chysylltiad agos â hunaniaeth genedlaethol o safbwynt bod â mwy o gefnogaeth, bydd mwy o adnoddau'n cael eu rhoi gan y wladwriaeth a ffynonellau eraill, a bydd eu strwythurau gyrfaol yn fwy sicr. Mae'r manteision hyn yn anfanteision yn y campau nad oes ganddynt yr un lle canolog yn yr hunaniaeth genedlaethol. Mewn cyd-destun lle y bydd adnoddau ariannol ac adnoddau eraill yn gyfyng, caiff y campau eraill hyn eu hymyleiddio nid yn unig gan y cyfryngau ond hefyd gan y llywodraeth, yn ganolog ac yn lleol, yn ogystal ag asiantaethau ariannol eraill. Weithiau bydd hyn yn deillio'n uniongyrchol o'r berthynas agos sydd rhwng rhywedd a hunaniaeth genedlaethol, fel y gwelwyd yn yr enghraifft rygbi/pêl-rwyd uchod. Yn amlach na pheidio, ni fydd y rhan fwyaf ohonom yn ymwybodol o'r ymyleiddio hwn. Er enghraifft, mae'n beth cyffredin i rai sydd wedi symud i mewn i'r wlad sylweddoli i ba raddau y caiff pêl-droed y lle mwyaf blaenllaw ar y cyfryngau chwaraeon Seisnig. Bydd y sylw mawr hwn yn aml yn ymestyn i gynnwys cynghrair bumed adran led-broffesiynol y 'Conference' ar draul llwyddiannau cenedlaethol a rhyngwladol mewn campau prif ffrwd ond llai poblogaidd eraill, megis gymnasteg, hoci, pêl-rwyd, a phêl-droed a rygbi i fenywod. Bryd hyn, ac mewn nifer o enghreifftiau eraill hefyd, bydd y berthynas agos rhwng campau eraill a'r hunaniaeth genedlaethol Seisnig yn golygu bod yr adnoddau ariannol yn mynd i gampau eraill gan danseilio strwythurau proffesiynol, masnachol a gyrfaol ac, mewn gwirionedd, yn cadw'r campau hyn ar lefel dan-ddatblygol.

Problem arall, lai amlwg, er ei bod yn un sy'n dod yn fwy real, yw'r gorffurfioli ar brosesau dysgu sy'n golygu bod hyfforddwyr ar y lefelau is a hyfforddwyr posib yn cael eu cau allan a/neu eu dieithrio. Erbyn hyn mae gan lawer o gyrff rheoli cenedlaethol system o ddyfarniadau hyfforddi sy'n addas ar gyfer camp ar bob lefel, sy'n golygu y gallai rhiant sydd â sgiliau mewn camp benodol ac a allai fod am hyfforddi tîm ei blentyn (a dod yn wirfoddolwr chwaraeon ac yn gefn i chwaraeon torfol yn fyd-eang drwy wneud hynny) gael ei hun mewn sefyllfa lle y byddai'n teimlo y dylai neu ei fod o dan bwysau i astudio ar gyfer cymhwyster hyfforddi. Felly, ceir risg y gallai llwyddiant a phoblogrwydd mewn camp broffil uchel fydd yn arwain at strwythur gyrfa ffurfiol yn y pen draw osod ymrwymiad ar rieni sydd y tu hwnt i'r hyn y maent yn ei ystyried yn angenrheidiol ar gyfer hyfforddwyr neu hyfforddwyr posib ar y lefel dorfol a'r lefel mynediad. Byddai'n rhesymol tybio y gallai hyn wneud i bobl a fuasai'n barod, yn hapus neu'n awyddus i fod yn rhan o brofiad chwaraeon torfol dynnu'n ôl rhag gwneud hynny. Os bydd hyn yn digwydd, gallai buddsoddi mewn ffactorau sy'n gysylltiedig â hunaniaeth genedlaethol beri i bobl droi eu cefn ar y gamp.

Y mater olaf i'w drafod yma yw y gall y ffaith bod camp yn cael ei chyfrif yn greiddiol i ryw ddiwylliant arwain at orddisgwyliadau cyson o safbwynt llwyddiant ac at feirniadaeth a chondemniad cyflym os bydd y tîm yn methu – a bod hyn yn aml yn digwydd. Yn ystod y blynyddoedd diwethaf, gwelwyd nifer o hyfforddwyr timau cenedlaethol yn derbyn y bai oherwydd bod pobl yn synio i'w tîm fethu. Mae'r methiant hwn yn aml yn gysylltiedig â methu â chwrdd â disgwyliadau. Ymddiswyddodd John Hart fel hyfforddwr y Crysau Duon ar y diwrnod y collodd y tîm i Dde Affrica yn y gêm i benderfynu'r trydydd safle yng Nghwpan Rygbi'r Byd i ddynion yn 1999, wedi iddynt golli i Ffrainc yn y rownd gynderfynol. Hwnnw oedd y safle gwaethaf i'r tîm ei gyrraedd yn y gystadleuaeth hyd hynny, a'r disgwyl oedd y byddent yn cyrraedd y rownd derfynol. Yn hwyr yn 2006, ymddiswyddodd Andy Robinson fel hyfforddwr rygbi'r dynion yn Lloegr wedi i dîm buddugol Cwpan y Byd yn 2003 golli cyfres o gemau oedd cynddrwg â'r gyfres waethaf a welwyd gan y tîm erioed. Mae'n bosib y gellid ystyried hyn yn enghraifft arall o fethu â chyrraedd disgwyliadau, er y byddai modd dadlau'r un mor gryf bod rygbi yn Lloegr ddim ond wedi dychwelyd at yr un lefel o berfformiad ag a gafwyd ganddynt yn ystod y rhan fwyaf o chwarter olaf yr ugeinfed ganrif.

CASGLIADAU

Mae hyfforddwyr yn gweithio mewn byd lle mae angen iddynt gydbwyso galwadau mor wahanol eu natur ag anghenion maethol eu hathletwyr a disgwyliadau eu cefnogwyr. Un ffactor arwyddocaol, er nad yr unig ffactor, sy'n ffurfio disgwyliadau cefnogwyr yw'r rôl sydd gan y gamp benodol yn yr hunaniaeth genedlaethol arbennig a pherthynas y gamp honno â hanesion ffug a thraddodiadau (gwir neu ffug) cenedligrwydd. Mae'r rôl hon yn ychwanegol at gysylltiadau dosbarth, rhywedd ac ethnig y gamp yng nghyd-destun y genedl, yn ogystal â'r seiliau iaithsentrig ac eiconosentrig sy'n perthyn i genedligrwydd tybiedig. Bydd gan gamp sy'n hollbwysig i ymdeimlad o hunaniaeth genedlaethol gymaint o faterion i'w rheoli a phroblemau i'w datrys â champ sydd ar ymylon yr ymdeimlad hwn o hunaniaeth genedlaethol. Bydd y ffactorau hyn sy'n perthyn i'r hunaniaeth genedlaethol yn effeithio nid yn unig ar gyd-destun y gweithgaredd chwaraeon ond hefyd ar y gwaith bob dydd o ddewis tîm, systemau addysgu hyfforddwyr, cyllido, cefnogaeth gymdeithasol a gwleidyddol, a chyfleusterau a seilwaith campau. Nid yw'r berthynas â'r hunaniaeth genedlaethol (yn greiddiol neu'n ymylol) yn unrhyw un o'r enghreifftiau hyn yn beth hollol bositif neu negyddol; ym mhob enghraifft mae'n ddylanwadol dros ben, a gwae'r hyfforddwr fydd yn ei hanwybyddu.

PENNOD 6

ATHRONIAETH AR GYFER HYFFORDDWYR

Alun Hardman a Carwyn Jones

Mae ymarfer hyfforddwr yn seiliedig ar ei athroniaeth; bydd yn effeithio ar ei ddewisiadau ynglŷn â'r hyn sy'n iawn a'r hyn nad yw'n iawn. Mae hyn yn bwysig dros ben ym maes chwaraeon ar y lefel uchaf gan fod llawer o demtasiynau i dorri corneli.

Atle Kvålsvoll
Hyfforddwr Thor Hushovd, enillydd y Crys Gwyrdd (pwyntiau)
yn y Tour de France, 2005

RHAGARWEINIAD: BETH YW ATHRONIAETH A SUT GALL EIN HELPU I DDEALL HYFFORDDIANT

Yn aml caiff y term 'athroniaeth' ei ddefnyddio yn ein bywyd bob dydd ac ym maes hyfforddi i gyfeirio at ddull neu ffordd o edrych ar y byd, neu hyd yn oed at fath o ideoleg bersonol. Yn y cyswllt hwn, byddwn yn clywed pobl yn sôn am 'fy athroniaeth ar fywyd' neu 'fy athroniaeth hyfforddi' yn ddigon aml. Yng nghyswllt y bennod hon a'r llyfr hwn, fodd bynnag, byddwn yn trafod defnydd llawer mwy penodol a ffurfiol ar y term. Yn aml bydd athroniaeth yn ymwneud â chwilio am eglurder a phennu gwahaniaethau, ac felly byddwn, yn y fan yma, ar y cychwyn, yn gwahaniaethu rhwng athroniaeth yn enwol ac athroniaeth yn ferfol cyn dadansoddi gwerth y ddau o safbwynt hyfforddi (Best 1978). Mae'r bennod wedi'i rhannu'n dair rhan. Mae'r rhan gyntaf yn cynnig dealltwriaeth fanwl o athroniaeth fel disgyblaeth a'i pherthnasedd i hyfforddi yn gyffredinol. Mae'r ail ran yn enwi ac yn esbonio tri chysyniad athronyddol yr ydym ni'n eu hystyried yn rhai sy'n arbennig o berthnasol i hyfforddi, ac yna mae'r rhan olaf yn disgrifio sut y gellir cymhwyso syniadau athronyddol ar gyfer senario hyfforddi ymarferol.

Mae i athroniaeth, sef cariad at ddoethineb, hanes hir a chlodwiw. Mae'n un o'r disgyblaethau academaidd hynaf ac mae'n cael ei hystyried yn rhagflaenydd y disgyblaethau eraill i gyd, gan gynnwys gwyddoniaeth a mathemateg. Bydd athroniaeth yn gofyn ac yn ateb cwestiynau ynglŷn â gwerthoedd (gwertheg), moesoldeb (moeseg) ac ystyr (ontoleg). Felly, gallai athronydd chwaraeon ofyn beth yw gwerth chwaraeon ieuenctid, er enghraifft, neu sut y dylai plant ymddwyn pan fyddant yn cymryd rhan mewn chwaraeon, a sut gallai chwaraeon gyfrannu at fywyd hapus ac ystyrlon.

Yn ferfol mae athroniaeth yn disgrifio proses neu ddull. Gallwn athronyddu yn ogystal ag astudio athroniaeth yn yr un modd ag y gall person fod yn hyfforddwr yn ogystal ag yn un

64

sy'n astudio'r ymarfer o hyfforddi. Mae'n bosib cynnwys y broses athronyddol i gyd drwy gyfeirio at ddau gwestiwn allweddol a phwysig: 'Beth yr ydych chi'n ei olygu? Sut yr ydych chi'n gwybod?' (Best 1978: 8). Mae'r ddau gwestiwn hyn yn tynnu pobl i fyfyrio ac i bendroni ynghylch pob math o honiadau a gosodiadau. Yn y bôn, mae'r cwestiwn cyntaf yn ymwneud ag egluro, ac wrth ofyn y cwestiwn bydd person yn gofyn am fwy o fanylion. Mae'r ail gwestiwn yn ymwneud â chyfiawnhau, lle y bydd y person sy'n gofyn y cwestiwn yn chwilio am dystiolaeth i gefnogi'r gosodiad a wnaed. Mae'r gwahaniaeth rhwng y ddau fath yma o gwestiynau o safbwynt athronyddol yn amlwg yn yr enghraifft ganlynol. Byddwn yn clywed y gosodiad 'Mae chwaraeon yn dda i'ch iechyd' yn aml. Fodd bynnag, drwy ddefnyddio athroniaeth, gellir gofyn mwy o gwestiynau ynglŷn â'r gosodiad hwn. Er enghraifft, mae'n bosib gofyn beth mae'r gair 'chwaraeon' yn ei olygu ac a oes cytundeb cyffredinol ynglŷn â'r hyn y gallwn ni ei alw'n chwaraeon. A allwn gynnwys gwyddbwyll a dartiau? Efallai ei bod hi'n ddigon teg gofyn beth mae'r gair 'iechyd' yn ei olygu – iechyd meddwl? iechyd corfforol? iechyd emosiynol? pob un o'r tri? Drwy feddwl mewn ffordd athronyddol, felly, gallwn roi eglurder i ystyr mewn perthynas â phob math o faterion pwysig.

Mae a wnelo gofyn y cwestiwn cyfiawnhaol (sut yr ydym ni'n gwybod?) â chwilio am dystiolaeth. Nid yw sïon, straeon ail-law, clecs ac opiniwn yn ddigon. Yr hyn y byddwn yn chwilio amdano yw tystiolaeth berthnasol a phriodol sy'n ddilys (yn wir) ac yn ddibynadwy. Mae'r dystiolaeth ar gyfer y gosodiad uchod – 'Mae chwaraeon yn dda i'ch iechyd' – yn debygol o fod yn empirig ar ffurf ffeithiau a ffigurau, tueddiadau, mynegeion iechyd ac ati. Ond nid yw'n bosib galw ar y dystiolaeth hon bob tro. Yn wir, lle y bydd ffeithiau empirig yn cynnig tystiolaeth, gallai pobl ddehongli'r ffeithiau hyn mewn ffordd wahanol neu roi arwyddocâd gwahanol iddynt. Er enghraifft, sut y dylem ni gyfrif y ffaith bod nifer sylweddol o anafiadau a marwolaethau, hyd yn oed, yn digwydd mewn chwaraeon bob blwyddyn, sy'n draul ar y Gwasanaeth Iechyd Gwladol? Yma, bydd y drafodaeth yn troi'n niwlog a gall dadansoddiad athronyddol gofalus fod yn ddefnyddiol iawn. Beth yn union yr ydym ni'n ei olygu wrth y term 'iechyd' a pha fath o chwaraeon sy'n cyfateb i'r disgrifiad sydd gennym (McNamee a Parry 1990)? Dylai hyfforddwr, felly, gael ei annog i ddefnyddio arfau athronyddol i ddatblygu dealltwriaeth fwy dealladwy a soffistigedig o'i waith hyfforddi ei hun ac o'r gwaith o hyfforddi'n gyffredinol. Beth yw hyfforddi? Beth yw gwerthoedd allweddol hyfforddi? A yw hyfforddi'n wahanol i addysgu? Os felly, ym mha ffyrdd? A yw hyfforddi'n perthyn i'r broses neu i'r cynnyrch? A fydd hyfforddi'n cyfoethogi bywydau plant? A ddylai hyfforddwyr arbenigo'n gynt neu'n hwyrach? Mae'r cwestiynau hyn a llawer o gwestiynau eraill yn rhai allweddol y dylai hyfforddwyr a sefydliadau hyfforddi fynd i'r afael â hwy oherwydd eu bod yn helpu i sefydlu agenda clir ar gyfer nodau unigol a nodau ar y cyd a pha mor briodol yw'r ffordd o gyflawni'r nodau hyn. Nid oes atebion parod i'r cwestiynau hyn ond mae atebion gwell ac atebion gwaeth ar gael. Gall athroniaeth a myfyrio athronyddol helpu hyfforddwyr i sefydlu sail resymegol glir ar gyfer yr hyn y maent yn ei wneud a darparu'r arfau iddynt ddelio â'r cwestiynau hyn a chwestiynau eraill mewn ffordd glir y gellir ei chyfiawnhau (Drewe 2000).

YR ARFAU Y MAE ATHRONIAETH YN EU DARPARU A SUT Y GELLIR EU DEFNYDDIO WRTH HYFFORDDI

Yn ein rhagarweiniad, buom yn ceisio pwysleisio'r ffaith bod cyfraniad athroniaeth i'r ymarfer o hyfforddi yn un mewnosodol a chyfannol, sy'n ystyried meddwl mewn ffordd resymegol, egwyddorol a myfyriol yn sgìl parhaol sy'n sylfaen i waith hyfforddi. Wedi dweud hyn, ceir nifer o gysyniadau athronyddol penodol a all, o'u deall yn well, helpu i hybu mwy o hunanymwybyddiaeth ymhlith ymarferwyr. Mae'r cysyniadau sydd i'w gweld isod, felly, yn cynrychioli gwybodaeth athronyddol benodol ar gyfer yr ymarfer o hyfforddi. Mae'r cysyniadau wedi'u dethol yn hytrach nag yn gynrychiolaeth gynhwysfawr ond, er hyn, yn ein barn ni dyma'r rhai sydd fwyaf defnyddiol ar gyfer datblygu hyfforddi ar sail athronyddol.

Gwertheg (gwerthoedd)

Bydd rhaid i bob hyfforddwr ofyn iddo'i hun rywbryd beth mewn chwaraeon sy'n dda? Beth mewn chwaraeon sy'n gwneud iddo ef, i'r chwaraewyr a phob un arall sy'n cyfrannu at gynhyrchu perfformiadau chwaraeon wneud y pethau y maent yn eu gwneud? Wedi'r cyfan, i'r rhan fwyaf o hyfforddwyr mater o ddewis yw hyfforddi gan fod ffyrdd eraill o ennill bywoliaeth neu o dreulio'u hamser rhydd sy'n talu'n well ac sy'n rhoi'r un faint o fwynhad. Wrth ateb y cwestiwn hwn, efallai y bydd hyfforddwyr yn sôn am un neu ddau beth o werth na ellir eu cael ond drwy fod yn hyfforddwr chwaraeon. Drwy wneud hyn, byddant yn trafod y gangen o athroniaeth sy'n gysylltiedig â gwerthoedd ac a elwir yn wertheg.

Unwaith eto, er mwyn deall y cysyniad o werth a'i berthynas â chwaraeon a'r broses hyfforddi yn well, rhaid dangos rhai gwahaniaethau. Gellir dadlau bod dwy ffynhonnell i werth mewn chwaraeon a hyfforddi. Yn gyntaf, ceir gwerthoedd goddrychol sy'n gysylltiedig â'r pethau sydd o bwys i unigolion neu i grwpiau o unigolion megis hyfforddwyr neu chwaraewyr. Yn ail, ceir gwerthoedd gwrthrychol sy'n gysylltiedig â phwysigrwydd ac arwyddocâd pethau fel gwrthrychau o'u rhan eu hun, megis gêm hoci neu rôl hyfforddwr. Gallai'r gwahaniaeth olygu, er enghraifft, fod rhesymau personol neu oddrychol gan hyfforddwr dros ddymuno hyfforddi, a allai neu a allai beidio â chyd-fynd â'r gwerthoedd gwrthrychol sy'n briodol ar gyfer rôl hyfforddwr. Mae gwrthdaro buddiannau'n digwydd mewn chwaraeon yn aml wrth i werthoedd gwrthrychol a goddrychol groestynnu â'i gilydd. Er enghraifft, rhaid i hyfforddwyr sy'n dewis timau cynrychioliadol sicrhau eu bod yn defnyddio meini prawf dewis gwrthrychol er mwyn osgoi ffafrio eu chwaraewyr eu hun. Dylai'r meini prawf dewis gwrthrychol y bydd hyfforddwyr yn eu defnyddio fod yn seiliedig ar ddisgrifiadau clir, darbwyllol y gellir eu cyfiawnhau (i hyfforddwyr eraill) ynglŷn â'r hyn yw chwaraewr da, a thystiolaeth glir (drwy'r broses ddewis) mai'r rhai a ddewisir fydd yn gweddu orau i'r disgrifiad hwn.

Mae gwahaniaethu rhwng gwerthoedd goddrychol a gwerthoedd gwrthrychol yn ein helpu i farnu pa mor briodol yw'r gwahanol fathau o symbyliad hyfforddi a'r gwahanol arferion hyfforddi. Gall hyfforddwr tîm pêl-droed iau weld gwerth yn ei rôl oherwydd bod y rôl honno'n gofyn am ddefnyddio rhai rhinweddau megis empathi, canolbwyntio, sgìl pedagogaidd a'r gallu i ysbrydoli ac i symbylu. Mae'r hyfforddwr hwn yn ystyried bod i'r broses hyfforddi werth mewnol (h.y. gwerth o'i rhan ei hun ac ynddi'i hun). Yn yr un modd, byddai'r hyfforddwr hwn yn gweld gwerth mewn pêl-droed o achos ei nodweddion penodol, megis y sgìl, y gallu tactegol, y cydweithredu, y cyflymder a'r ymroddiad sy'n angenrheidiol er mwyn chwarae'r gêm yn dda. Bydd yr hyfforddwr yn dwyn boddhad o gael y chwaraewyr i wneud y gorau y gallant ac i ddatblygu eu galluoedd pêl-droed er mwyn y mwynhad sy'n dod o chwarae'n dda.

Ar y llaw arall, gallai rhyw hyfforddwr tîm pêl-droed arall weld gwerth mewn chwaraeon ac yn y broses hyfforddi am resymau gwahanol iawn. Iddo ef, gallai chwarae pêl-droed fod yn ffordd o gyflawni nodau gwerthfawr eraill megis dangos eu bod yn well drwy ddatblygu gwerthoedd gwrywaidd neu gael cydnabyddiaeth drwy ennill tlysau. Yn yr un modd, gallai hyfforddwr gael ei symbylu gan y statws cymdeithasol neu'r gwobrau ariannol neu'r cyfleoedd gyrfaol y mae hyfforddi yn eu cynnig. Iddo ef daeth yr hyfforddi'n gyfrwng i sicrhau gwobrau sydd y tu allan i ddiben chwaraeon a hyfforddi. Gellir dweud bod yr hyfforddwr hwn yn gweld pêl-droed a hyfforddi yn nhermau eu gwerth allanol. I fenthyca o faes seicoleg, gellir dweud bod yr hyfforddwr cyntaf wedi'i symbylu'n fewnol i hyfforddi ac y bydd yn meithrin symbyliad mewnol yn ei chwaraewyr, ond bod yr ail hyfforddwr wedi'i symbylu i hyfforddi'n allanol ac y bydd yn annog ei chwaraewyr i ganolbwyntio ar wobrau allanol neu ddiriaethol. Felly, mae ffynhonnell eu symbyliad a'u rhesymau dros hyfforddi yn wahanol. Mae'r cyntaf wedi'i symbylu gan y gweithgaredd ei hun, ei bethau da a'i werthoedd, ond mae'r ail wedi'i symbylu gan bethau da sy'n allanol i, ac sy'n perthyn yn achlysurol i, chwarae pêl-droed a hyfforddi. Felly, mae'n bosib dweud bod chwarae a hyfforddi chwaraeon yn werthfawr mewn dwy ffordd. Yn gyntaf, mae ganddynt werth cyfryngol gan y gellir eu defnyddio'n gyfryngau i sicrhau nifer o nodau megis arian, enwogrwydd, parch ac ati. Yn ail, mae ganddynt werth cynhenid – hynny yw, gellir dweud eu bod yn werthfawr er eu mwyn eu hunain neu o'u rhan eu hunain (McNamee 1997).

Gan amlaf, bydd unigolion yn cael eu symbylu i hyfforddi am gyfuniad o resymau mewnol ac allanol. Felly, byddant yn gwerthfawrogi'r gwerthoedd sy'n rhan gynhenid o chwaraeon a'r modd y gall chwaraeon fod o werth cyfryngol i sicrhau nodau eraill. Er bod y cyfuniad hwn yn un digon teilwng, mae'n bwysig deall sut y bydd pwyslais ar set benodol o werthoedd a chymhellion yn effeithio ar y pethau hynny y bydd hyfforddwyr yn tybio eu bod yn bwysig (Kretchmar 1994). Yn ei dro, bydd hyn yn helpu i bennu sut y bydd hyfforddwyr yn gwneud penderfyniadau yn nhermau'r hyn a gaiff ei bwysleisio a sut y byddant yn llwyddo i gyfleu eu neges.

Moeseg (moesoldeb)

Mae cysylltiad agos rhwng moeseg, sy'n is-ddisgyblaeth athronyddol, a gwertheg o safbwynt ei bod yn ymwneud â gwerthoedd. Fodd bynnag, mae moeseg yn canolbwyntio'n benodol ar rai mathau o werthoedd, sef gwerthoedd moesol. Yn eu hanfod, mae gwerthoedd moesol yn ymwneud â'r ffordd y byddwn yn trin ein hunain ac eraill a'r hyn sy'n cael ei gyfrif yn dda neu'n ddrwg, yn gywir neu'n anghywir yn y cyd-destunau hyn. Mae'n amlwg bod gan werthoedd moesol rôl ganolog ym maes hyfforddi o gofio'r rhyngweithio rhyngbersonol sy'n perthyn iddo. Bydd moesegwyr yn ceisio disgrifio fframwaith gwerthoedd ar gyfer ymarfer penodol (e.e. hyfforddi) ac yn nodi rhestr o ragnodion (camau i'w hannog), gwaharddiadau

67

(camau i'w dileu) a nodweddion cymeriad sy'n hybu ac yn cynnal yr ymarfer hwnnw a'r sawl sy'n cymryd rhan ynddo. Mae a wnelo moeseg hyfforddi, felly, â pha nodau y bydd hyfforddwyr yn ceisio eu cyrraedd a sut y byddant yn ymddwyn tuag atynt hwy eu hunain a thuag at eraill wrth iddynt geisio cyrraedd y nodau hyn.

Yn aml, bydd dyletswyddau moesol yr hyfforddwr yn cael eu hamlinellu mewn cod ymddygiad moesol. Rhestr o'r pethau i'w gwneud a pheidio â'u gwneud yw cod ymddygiad fel arfer, sy'n rhestru hawliau a dyletswyddau'r hyfforddwr a'r athletwyr. Mae'r ffocws hwn ar hawliau a dyletswyddau yn gysylltiedig â thraddodiad penodol mewn moeseg sy'n cael ei alw'n ddyletswyddeg (deontoleg) (DeSensi a Rosenberg 2003). Mae dyletswyddeg yn diffinio'r cwmpas moesol yn nhermau nifer o hawliau sydd gan bobl. Pan fydd unigolyn yn dweud bod hawl ganddo, mae'n golygu bod gan unigolion eraill ddyletswyddau cyfatebol y bydd yn rhaid iddynt eu cyflawni er mwyn sicrhau bod yr hawliau hyn yn cael eu sefydlu a'u cynnal. Er enghraifft, mae hawl chwaraewr ifanc i beidio â chael ei fwlio gan yr hyfforddwr yn perthyn yn agos i ddyletswydd yr hyfforddwr i beidio ag ymddwyn mewn ffordd fygythiol neu mewn ffordd a allai godi braw. Mae codau ymddygiad yn y bôn yn rhestr o hawliau a dyletswyddau sy'n ceisio hyrwyddo rhai egwyddorion neu werthoedd moesol megis rhyddid, ymreolaeth, tegwch a chyfiawnder. Mae'r codau hyn yn bethau defnyddiol, ond nid yw gwybod eu cynnwys yn ddigonol ynddo'i hun. Nid yw gwybod beth sy'n iawn yn gwarantu y bydd y weithred yn iawn. Felly, gallai fod angen nodweddion cymeriad ychwanegol megis tosturi, doethineb, dewrder, tegwch a gonestrwydd er mwyn cymryd y cam hwnnw (h.y. yr un iawn). Bydd y dyletswyddwr yn ystyried y gellir deall y pethau sy'n dda a'r pethau sy'n ddrwg yn nhermau nodweddion cynhenid gweithredoedd neu gamau; er enghraifft, mae dweud celwyddau a pheri niwed corfforol yn cael eu hystyried yn bethau drwg yn gynhenid ond mae gonestrwydd a thegwch yn bethau da yn gynhenid.

Mae cangen arall o foeseg, sef iwtilitariaeth (a ystyrir yn aml yn gyfystyr â'r term canlyniadaeth), yn edrych ar natur daioni moesol o bersbectif gwahanol (DeSensi a Rosenberg 2003). I iwtilitarydd, mae gweithredoedd yn dda i'r graddau y bydd y camau a gymerir yn cyfrannu at gynnydd o ran lles, pleser neu foddhad pobl yn gyffredinol neu leihad o ran poen, dioddefaint a drygioni. Mae gweithredoedd yn rhai drwg i'r graddau y bydd llai o les, pleser neu foddhad neu fwy o boen, dioddefaint neu ddrygioni o ganlyniad iddynt. Yn ôl yr agwedd iwtilitaraidd, gall y diben gyfiawnhau'r modd. Er enghraifft, gall hyfforddwr gymnasteg gyfiawnhau trin gymnastwyr iau mewn ffordd rymus yn gorfforol yn nhermau'r mwynhad a'r boddhad cyffredinol y bydd eu llwyddiant yn y dyfodol yn ei roi iddynt. Yn yr un ffordd, gall hyfforddwr annog chwarae ymosodol sy'n codi braw fel strategaeth ar gyfer ennill gêm bwysig. Byddai'r dyletswyddwyr yn poeni ynglŷn â pha mor briodol fyddai defnyddio'r math yma o ddulliau heb boeni dim am y canlyniadau posib gan fod peri poen yn beth drwg yn gynhenid. Bydd hyfforddwyr, felly, yn aml yn wynebu penderfyniadau anodd ynglŷn â'r ffyrdd a ddefnyddiant i gyflawni eu nodau.

Mae ffordd arall o edrych ar foeseg, sef moeseg rhinweddau, yn canolbwyntio'n fwy penodol ar nodweddion unigolion yn hytrach nag ar weithredoedd iawn (McNamee 1995). Mae moeseg rhinweddau yn ceisio datblygu arferion, nodweddion a thueddiadau cymeriad da megis dewrder, tegwch ac integriti (MacIntyre 1984). Mae hyfforddwr sy'n dosturiol, yn deg, yn gyfiawn, yn onest, yn ymroddedig ac yn ymrwymedig yn ceisio cynhyrchu hinsawdd foesol ymatebol pan fydd yn hyfforddi ac yn ceisio meithrin yr un tueddiadau yn yr athletwyr. Dylai hyfforddwr rhinweddol fod yn sensitif i unrhyw ymddygiad amhriodol neu anfoesol. Er enghraifft, bydd hyfforddwr rhinweddol yn gwybod nid yn unig fod bwlio yn beth drwg, ond yn ddigon sensitif i fod wedi sylwi ar y bwlio, i gydymdeimlo gyda'r person sy'n dioddef, yn ddigon dewr i daclo'r bwli ac yn gallu datrys y broblem mewn ffordd deg a phriodol.

Ontoleg (Ystyr hyfforddi)

Ontoleg yw'r gangen o athroniaeth sy'n delio â natur bodolaeth yn nhermau'r hyn sy'n bodoli'n wirioneddol. Mae'n gofyn cwestiynau sylfaenol ynghylch ystyr bywyd ac, fel y cyfryw, gall cwestiynau ontolegol fod y rhai mwyaf cymhleth a rhwystredig i gyd. At ddibenion y drafodaeth hon, fodd bynnag, byddwn yn canolbwyntio ar y ffyrdd y mae hyfforddi yn ymarfer ystyrlon sy'n gallu cynnig galwedigaeth neu ddiddordeb cyfoethog a gwerthfawr. Yn y cyswllt hwn, mae'r syniad ynglŷn â sut y gallai hyfforddi neu fod yn hyfforddwr ddod yn enghraifft o'r hyn a elwir yn fywyd da neu'n *telos* yn ystyriaeth bwysig. Bydd ein hagwedd gyffredinol, felly, yn ceisio deall a chydnabod sut y gall hyfforddi gyfrannu i'r gwaith o fyw bywyd ystyrlon (MacIntyre 1984).

Byddwn yn darganfod ystyr yn ein bywydau drwy ymgymryd â rolau cymdeithasol neu wrth i ni fod yn rhan o arferion cymdeithasol arbennig sydd gennym neu y byddwn yn eu caffael drwy ddewis. Mae'r syniad o arfer gymdeithasol yn un o weithgaredd dealladwy, cymhleth ac ystyrlon gan bobl lle y caiff nodau a gwerthoedd unigol ac ar y cyd eu cyflawni. Fel arfer, caiff arferion cymdeithasol eu cefnogi'n ffurfiol gan fecanweithiau sefydliadol megis cymdeithasau, cyrff neu gwmnïau sydd â'r cyfrifoldeb dros sicrhau bod yr arferion hyn yn cael eu diogelu ac yn llewyrchu. Drwy ryngweithiadau cymdeithasol sy'n gysylltiedig â'i gilydd, caiff pobl eu clymu ynghyd gan greu'r deunydd sy'n sail i gymdeithas. Mae arferion cymdeithasol yn cynnwys pethau megis addysg, y gyfraith, masnach ac, i'n dibenion ni, chwaraeon gan gynnwys yr arfer sy'n rhan fwy penodol o chwaraeon, sef hyfforddi. Caiff yr arferion hyn eu cefnogi gan ysgolion a phrifysgolion, y system cyfiawnder troseddol, y banciau a'r marchnadoedd stoc ac, yn achos chwaraeon, gan gyrff megis yr FA, y Pwyllgor Olympaidd Rhyngwladol ac, ym maes hyfforddi, gan gyrff megis Sports Coach UK.

Er mwyn i arfer gymdeithasol ffynnu fel elfen ystyrlon yn ein bywydau, byddwn yn ymgymryd â gwahanol rolau cymdeithasol. Bydd ein rolau mwyaf amlwg ac adnabyddadwy yn gysylltiedig â bod yn bartner, yn fab neu'n ferch, yn frawd neu'n chwaer, ac efallai'n fam-gu neu'n dad-cu / nain neu daid. Bydd natur y rolau hyn a'u harwyddocâd yn cael eu pennu o fewn fframwaith sefydliadol y teulu. Mewn mannau eraill, gallai fod gennym rolau eraill, megis ffrind, cydweithiwr neu, yng nghyd-destun arferion chwaraeon, fel chwaraewr, hyfforddwr, mentor, gweinyddwr, swyddog neu gefnogwr. Mae math a nifer y rolau a'r arferion y byddwn yn ymgymryd â hwy yn debygol o fod yn gynnyrch nifer o ffactorau a allai fod o dan ein rheolaeth neu beidio. Bydd y rolau a'r arferion y byddwn yn eu dewis yn dibynnu ar i ba raddau y cawn y cyfle ac y bydd gennym y modd i ymgymryd â hwy. Yn achos llawer o bobl, gall amgylchiadau economaidd-gymdeithasol, er enghraifft, gyfyngu ar eu cyfleoedd. Mae'n ffodus i'r rhai sydd â diddordeb ym maes hyfforddi bod chwaraeon yn ddigon cynhwysol yn gymdeithasol ac yn cynnig amrywiaeth o arferion y gall mwyafrif llethol y bobl gymryd rhan ynddynt a'u mwynhau. O ganlyniad, ceir digonedd o gyfleoedd i fod yn rhan o'r gwaith o hyfforddi chwaraeon, yn enwedig ar y lefelau sylfaenol.

Unwaith y byddwn ni'n deall y gall hyfforddi gael ei ystyried yn arfer gymdeithasol ac y dylem ni, o bosib, ei ystyried yn y modd hwn, byddwn yn dechrau sylweddoli y gall ddod yn ffordd o fyw i unrhyw berson sy'n ymgymryd ag ef, ac y bydd yn effeithio ar lawer o'r pethau y bydd yn eu gwneud a'r ffordd y bydd yn synio amdano ef ei hun. Yn hytrach na gweld hyfforddi yn set o dechnegau a sgiliau, felly, mae arwyddocâd ontolegol hyfforddi i'w weld yn y modd y mae ganddo'r potensial i siapio bywyd hyfforddwyr a phwy ydynt fel pobl. Er ei bod hi'n wir bod pob hyfforddwr unigol yn wahanol mewn llawer ffordd oherwydd ei bersonoliaeth, ei brofiad a'i amgylchiadau arbennig, eto i gyd ceir set greiddiol o nodweddion hyfforddi sy'n rhoi arwyddocâd personol a ffynhonnell greiddiol i ystyr, hunanddealltwriaeth, mynegiant cymdeithasol a hunan-barch y person hwnnw. Mae'n bwysig, felly, fod yr hyfforddwr yn ceisio gofyn cwestiynau a deall beth yw'r pethau sy'n perthyn i chwaraeon sy'n rhoi ymdeimlad o bwrpas a lles personol sydd mor gryf; hynny yw, pam mae chwaraeon yn ganolog i'w ymgais i gael 'bywyd da'. Mae rhan o'r broses honno o godi cwestiynau yn mynnu bod yr hyfforddwr yn pendroni ynghylch natur y gweithgaredd chwaraeon a'i nodweddion unigryw. Yn y cyswllt hwn, uwchlaw'r pethau hynny a ddigwyddodd mewn cyd-destunau campau arbennig mewn cyfnodau penodol yn y gorffennol, mae'r ymchwiliad hwn yn datgelu mai un rheswm cryf dros atyniad parhaol chwaraeon yw eu bod yn troi o gwmpas chwarae gemau (Suits 1995). Er gwaethaf y tueddiad i beidio â rhoi digon o werth i'r elfen o chwarae mewn chwaraeon modern, mae'n bwysig deall mai atyniad mwyaf chwaraeon yw cael profi gêm sydd wedi'i llunio'n dda. Er y gallai llawer o bobl fod yn cymryd rhan mewn chwaraeon i gael y manteision materol a seicolegol y bydd ennill yn eu cynnig ar y pryd, mae apêl unigryw a pharhaol chwaraeon i'w chanfod yn y modd y maent yn rhoi cyfleoedd i gyfranogwyr geisio rhagoriaeth athletaidd mewn her gyda'i gilydd (Simon 1991). Yn yr ymgais hon, mae gan hyfforddwyr rôl bwysig i wneud y defnydd gorau o nodweddion tactegol a thechnegol y cyfranogwyr i'w galluogi i oresgyn unrhyw rwystrau y mae'r gêm yn eu cyflwyno.

Yn dilyn y pwynt hwn, felly, mae'n ymddangos ei bod hi'n bwysig bod hyfforddwyr yn deall yn llawn y rôl benodol sydd ganddynt o ran hwyluso profiadau chwaraeon safonol ar gyfer pobl eraill. Er mwyn gwneud hyn, dylai hyfforddwyr ddatblygu a meithrin gwerthfawrogiad parhaol yn eu chwaraewyr a'u hathletwyr o'r pethau da, mewnol, creiddiol na all neb eu meddu oni bai eu bod yn rhoi sylw trylwyr ac ymrwymedig i alwadau'r gamp benodol. Ymhlith y pethau da mewnol hyn mae datblygu sgiliau sylfaenol, dod i feddu ar ddealltwriaeth soffistigedig o'r posibiliadau tactegol y bydd y gêm yn eu cyflwyno, a hefyd ddealltwriaeth a pharch at gonfensiynau cymdeithasol gweddus y gêm gan gynnwys 'chwarae'r gêm' yn yr ysbryd iawn. Yn ein barn ni, bydd hyfforddwr da yn sicrhau bod yr elfennau hyn yn cael blaenoriaeth uwchlaw pethau allanol megis cael gwobrau ariannol, enwogrwydd a bri.

CYMHWYSO ATHRONIAETH I HYFFORDDI

Mae'r enghraifft ganlynol yn ceisio dangos sut y gallai'r gallu i fyfyrio ar, a lleisio, syniadau athronyddol fod o fudd i hyfforddwyr.

70

Yr ydych chi'n hyfforddwr tîm pêl-droed 7-bob-ochr ar gyfer plant dan 8 oed. Ceir gwahaniaethau sylweddol yng ngallu'r plant yn eich carfan o ddeg o chwaraewyr ac mae'n glir bod lefel gyffredinol perfformiad y tîm yn dibynnu ar bwy sy'n chwarae ar y cae ar unrhyw adeg benodol. Er eich bod chi'n awyddus i sicrhau bod pob chwaraewr yn cael chwarae am yr un faint o amser, yr ydych chi'n gwybod y byddwch, drwy wneud hyn, yn colli rhai gemau y gallech chi eu hennill. Yr ydych chi'n meddwl tybed a ydych chi'n gwneud y peth iawn.

Bydd y rhan fwyaf o hyfforddwyr yn eu cael eu hunain ar y dechrau yn hyfforddi ar lefel sylfaenol, er y gallent fod wedi bod yn berfformwyr elît neu is-elît eu hunain. Fel arfer bydd hyn yn golygu gweithio i ddatblygu chwaraewyr ifanc yn ystod eu profiadau ffurfiannol yn hytrach na mireinio medrau tactegol a thechnegol ar lefel uchel. O dan yr amgylchiadau hyn, man cychwyn allweddol ar gyfer myfyrio athronyddol yw ystyried anghenion gwahanol randdeiliaid (h.y. y rheini sy'n cyfrannu i'r broses hyfforddi'n gyffredinol). Yn y cyswllt hwn, er bod eich buddiannau chi fel hyfforddwr a buddiannau'r rhieni'n bwysig, yr ydym ni'n honni mai'r ffactor pwysicaf oll yw beth sydd er budd mwyaf y chwaraewyr.

Y farn gyffredinol yw y dylai datblygu medrau pêl-droed technegol a thactegol plentyn pan fo'n ifanc fod yn rhan gymharol fach o anghenion y plentyn yn gyffredinol. Daw'r ystrydeb a ddefnyddir yn aml i'r meddwl yn y fan yma, sef mai canolbwyntio ar ddatblygu pobl ddylai fod ar flaen meddwl hyfforddwr yn hytrach na set benodol o dechnegau a strategaethau pêl-droed. Yn ymarferol, mae hyn yn golygu y dylai'r hyfforddwr gadw'i feddwl ar sicrhau bod chwaraewyr yn mwynhau pêl-droed er ei fwyn ei hun ac yn dechrau dod i ddeall a gwerthfawrogi sgiliau corfforol penodol, heriau cystadleuol ac ethos penodol y gêm. I'r perwyl hwn, bydd yr hyfforddwr yn ceisio datblygu yn y plant ymrwymiad i, a chariad at, y gêm a bydd awydd i wella'n dechnegol ac yn dactegol yn tyfu yn sgil hynny.

Mae'r dull hwn o fynd ati yn awgrymu nad yw'r angen i lwyddo mewn cystadleuaeth yn rhy bwysig i ddechrau. Fodd bynnag, nid oes rhaid i bethau fod fel hyn. Yr hyn sydd bwysicaf, siŵr o fod, yw bod yr hyfforddwr yn gallu barnu i ba raddau y bydd yr amgylchedd cystadleuol yn rhoi cyfle priodol i bob chwaraewr unigol gael datblygu, yn gyntaf fel person ac yn ail fel pêl-droediwr. O dan yr amgylchiadau hyn, mae'n annhebygol iawn y byddai unrhyw gystadleuaeth ar y lefel sylfaenol hon yn disgwyl na fydd hyfforddwr yn rhannu'r amser chwarae'n gyfartal ymhlith ei garfan o chwaraewyr. Serch hynny, yn unol â'r egwyddor hon, nid yw hyn yn golygu mai'r peth iawn fyddai anwybyddu pob gwahaniaeth rhwng chwaraewyr unigol. Bydd hi'n dal yn angenrheidiol i hyfforddwr ystyried pethau megis y gwahaniaethau corfforol, emosiynol a thechnegol rhwng ei chwaraewyr a thrin y gwahaniaethau unigol hyn mewn ffordd briodol. Mae'n bwysig sicrhau bod y chwaraewyr cryfaf a'r chwaraewyr gwannaf fel ei gilydd yn elwa gymaint â phosib o'r profiad o chwarae.

71

Felly, gallant gael mwy, neu lai, o amser chwarae yn dibynnu ar ansawdd eu gwrthwynebwyr. Mae'n bosib y bydd angen gwneud yr un math o addasu ar gyfer chwaraewyr sydd wedi datblygu llai yn gorfforol pan fydd y tîm yn chwarae yn erbyn timau sy'n gryfach neu'n wannach yn gorfforol. Bydd angen i'r hyfforddwr ganfod y cyfrifoldebau o ran safle a thactegau fydd yn gweddu orau ar gyfer rhai chwaraewyr hefyd. Er y byddai'n well bod pob chwaraewr yn magu profiad drwy chwarae mewn safleoedd gwahanol, dylai'r math yma o heriau gael eu datblygu i ddechrau drwy'r sesiynau hyfforddi a'u defnyddio mewn ffordd sensitif mewn gemau lle y bydd heriau eraill yn llai o straen. Felly, gallai'r gwaith o arbrofi gyda'r safleoedd chwarae a thactegau'r tîm gael ei wneud orau yn erbyn gwrthwynebwyr gwannach.

Mae'n ffodus bod llawer o gynghreiriau pêl-droed iau yn cydnabod y delfrydau hyn ac yn gosod llai o bwys ar y wedd gystadleuol yn eu strwythurau rheoli (h.y. peidio â mynnu cael cofnod o'r sgorau, dim cynghreiriau neu dablau, dim cystadlaethau bwrw allan) a rhai rheolau chwarae (dim ciciau cosb, dim cyfyngu ar eilyddio). Yn ogystal, bydd rhai hyfforddwyr craff fydd yn adnabod medrau ac anghenion gwahanol y chwaraewyr unigol sydd yn eu carfan yn trefnu sesiynau hyfforddi mewn ffordd briodol er mwyn darparu ar gyfer anghenion gwahanol chwaraewyr unigol. Efallai y byddai'r hyfforddwyr hyn yn hyfforddi rhannau o'r ymarfer o fewn grwpiau medr ac, os bydd unigolyn eithriadol o ddawnus yn bresennol, yn chwilio am amgylchedd datblygol pellach i feithrin ei ddawn (h.y. academi ranbarthol). O fewn cyd-destun y gêm, er y gallai'r amser chwarae gael ei rannu'n gyfartal, nid yw hyn yn golygu y dylid pennu amser neu safle chwarae ar hap. Eto, rhan o sgìl yr hyfforddwr yw deall pa chwaraewyr yn chwarae mewn safleoedd arbennig fydd yn rhoi strwythur trefniadol effeithiol i'r tîm i alluogi cynifer o chwaraewyr ag sy'n bosib i chwarae'n effeithiol. Felly, byddai chwaraewyr allweddol mewn safleoedd craidd yn cael ychydig mwy o amser chwarae tra byddai chwaraewyr mwy cyfyng eu medr yn cael chwarae mewn safleoedd ac yn ystod cyfnodau o'r gêm na fyddai'n gofyn gormod ganddynt.

CASGLIADAU

Mae'r drafodaeth a gafwyd yn union cyn y casgliadau hyn yn llawn arwyddocâd athronyddol er na ddefnyddiwyd dim terminoleg athronyddol. Mae i'r mater cyntaf, sef nodi rhanddeiliaid allweddol a'u cyfnod datblygol penodol yng nghyd-destun eu bywyd yn gyffredinol, arwyddocâd ontolegol arbennig. Yr ydym ni'n honni, yn unol â'r ffordd boblogaidd o feddwl, mai'r peth pwysicaf i'w awgrymu i hyfforddwyr yn y fan yma fyddai iddynt ystyried eu chwaraewyr yn nhermau eu datblygiad fel pobl. Yna bydd yn dilyn, os yw datblygu chwaraewyr fel pobl o'r pwys mwyaf, bod angen ceisio gwerthoedd sydd yn gyfwerth â'r nod hwn. Yn y cyswllt hwn, yr ydym ni'n awgrymu bod datblygu gwerthoedd moesol (megis gonestrwydd, dewrder, dyfalbarhad, ymroddiad, parch) yn bwysicach na gwerthoedd nad ydynt yn rhai moesol, tra bod ceisio rhai gwerthoedd nad ydynt yn rhai moesol (megis iechyd, sgìl, gwybodaeth) yn bwysicach na rhai eraill (megis ennill). Bydd gwerthfawrogi a rhoi mynegiant i'r gwerthoedd hyn yn cynnig sail ar gyfer ymddygiad hyfforddi moesegol ac yn arwain penderfyniadau ynglŷn â phwy fydd yn chwarae lle a phryd.

PENNOD 7

DATBLYGU CHWARAEON AR GYFER HYFFORDDWYR

Nicola Bolton a Bev Smith

Mae'n bwysig bod hyfforddwyr yn deall eu lle yn y darlun chwaraeon ehangach, boed hynny yn nhermau codi nifer y cyfranogwyr neu ddatblygu perfformiad yn ogystal â chyfrannu i amcanion cymdeithasol ehangach.

Julian North
Pennaeth Ymchwil Sports Coach UK

RHAGARWEINIAD

Treuliwch ychydig o funudau yn meddwl am eich gyrfa chwaraeon chi eich hun, ac ystyriwch y gwahanol gampau yr ydych chi wedi dechrau eu chwarae ac wedi rhoi'r gorau iddynt yn ddiweddarach. Gofynnwch y cwestiynau canlynol i chi eich hun:

■ Faint o gampau yr ydych chi wedi rhoi cynnig arnynt?

■ Beth oedd eich rhesymau dros roi cynnig ar y campau hyn a pham y gwnaethoch chi roi'r gorau iddynt?

■ Ar bwy yr oeddech chi'n dibynnu er mwyn cael cymryd rhan?

Ymateb nodweddiadol i'r ddau gwestiwn cyntaf fyddai eich bod wedi rhoi cynnig ar sawl math o weithgaredd chwaraeon, ac i'ch penderfyniad i gymryd rhan a'ch penderfyniad o bosib i roi'r gorau iddi gael eu pennu i raddau helaeth gan nifer o ffactorau personol, cymdeithasol, strwythurol neu gyfle (Torkildsen 2005). Mae'r trydydd cwestiwn yn un arwyddocaol iawn o safbwynt y bennod hon. Gan anwybyddu'r cyfleoedd neu'r cyfyngiadau sy'n effeithio ar y gweithgaredd yr ydych wedi'i ddewis, byddwch wedi bod yn ddibynnol ar bobl eraill er mwyn cael cymryd rhan. Gallwn ddefnyddio rhai enghreifftiau amlwg: athrawon ysgol yn rhoi cyfleoedd allgyrsiol, hyfforddwyr yn cymryd sesiynau, rheolwyr cyfleusterau yn cynnig lleoliadau, gwirfoddolwyr yn helpu'r clwb ac, wrth gwrs, rhieni ac oedolion eraill yn barod i ddarparu cludiant a chyllid. O'u rhoi at ei gilydd, bydd chwaraeon yn troi'n fater cymhleth. Felly, yn bendant, nid hyfforddwyr yw'r unig rai sydd wrthi'n darparu hyfforddiant.

Mae'r man lle'r ydych chi'n byw, eich cefndir a dylanwadau personol a chymdeithasol ehangach yn effeithio ar gymryd rhan mewn chwaraeon (Horne *et al.* 1999). Felly, nid yw pawb yn cael yr un cyfleoedd naill ai i gymryd rhan neu i ragori mewn chwaraeon. Mae

73

Collins gyda Kay (2003) yn rhoi trosolwg clir o'r patrymau cyfranogi anghyfartal y bydd grwpiau yn eu profi ac a welir o fewn rhai ardaloedd yn y DU. Felly, mae llawer o faterion sy'n ymwneud yn gynhenid â chydraddoldeb yn bresennol mewn chwaraeon. I lawer o sylwebyddion, nid adlewyrchu cyfansoddiad cymdeithasol anghyfartal cymdeithas y mae chwaraeon ond yn hytrach ei gynnal (Hargreaves 1986). Mae rôl gymhleth chwaraeon mewn cymdeithas, felly, yn cael ei chydnabod fwyfwy, ac mae pobl yn dechrau sylweddoli bod y rôl hon yn cael ei hadlewyrchu wrth i elfennau gwleidyddol ddod yn rhan gynyddol o faes chwaraeon. Er enghraifft, o fewn y DU mae gan y llywodraeth ddau brif nod ar gyfer chwaraeon: sicrhau llwyddiant rhyngwladol (yn enwedig o gofio Gemau Olympaidd Llundain 2012) a sicrhau bod poblogaeth y DU yn gwneud rhywfaint o ymarfer corff. Un ffaith bwysig yw bod y disgwyl i bawb ym Mhrydain wneud rhywfaint o ymarfer corff yn ymestyn ar draws pob grŵp oedran. Bydd hyn yn gosod her fawr newydd i ddarparwyr chwaraeon gan fod y blaenoriaethau ar gyfer gweithredu wedi canolbwyntio bron yn gyfan gwbl ar bobl ifanc yn y gorffennol.

Diben y bennod hon yw archwilio'r materion sy'n ymwneud â datblygu chwaraeon yn y gymuned a'r modd y mae'r datblygiadau hyn yn effeithio ar hyfforddi. Er mwyn mynd i'r afael â'r materion hyn, mae'r bennod wedi'i rhannu'n bedair adran. Bydd yr adran gyntaf yn rhoi rhai diffiniadau ac yn trafod cysyniadau allweddol ond anodd eu diffinio sy'n perthyn i ddatblygu chwaraeon a datblygiad yn y gymuned. Yn dilyn hyn, ceir adolygiad o'r prif newidiadau polisi ym maes chwaraeon sydd wedi effeithio ar hyfforddi oddi ar 1997, pan ddaeth llywodraeth Llafur Newydd i rym. Gan ddefnyddio'r wybodaeth gyd-destunol hon, bydd y drydedd adran yn taflu goleuni ar rai o'r materion sy'n ymwneud â datblygu chwaraeon a hyfforddi chwaraeon, ac yn benodol sut y gall y cyntaf lywio'r ail. Yna bydd yr adran olaf yn rhoi rhai sylwadau i gloi. Mae arwyddocâd y bennod i'w weld yn y ffaith ei bod yn dangos i hyfforddwyr sut y gellir diffinio, cynhyrchu a darparu cyfleoedd hyfforddi. Mae'r wybodaeth hon yn bwysig i hyfforddwyr gan y gall eu helpu i ddeall y cyd-destun cyfnewidiol, anodd ar brydiau, y byddant yn gweithio ynddo a'i reoli'n well maes o law.

CYSYNIADAU ALLWEDDOL

Datblygu chwaraeon

Er y bydd pobl yn cyfeirio'n aml at ddatblygu chwaraeon fel gweithgaredd newydd a phroffesiwn sy'n dod i'r amlwg, yn ôl Houlihan a White (2002) ymddangosodd ei nodweddion sylfaenol yn y 1950au ac yr oeddent wedi'u cysylltu'n fras â nodweddion y wladwriaeth les. Ers hynny, gwelwyd datblygu chwaraeon yn esblygu law yn llaw yn aml â throeon gwleidyddol y dydd. Mae Houlihan a White (2002) yn cynnig disgrifiad llawn a chynhwysfawr sy'n olrhain y twf hwn o gychwyn cyntaf datblygu chwaraeon hanner canrif yn ôl hyd heddiw. Nid yw'r hanes hwn, fodd bynnag, yn cynnig hyd yn oed un diffiniad o ddatblygu chwaraeon. Fodd bynnag, mae Bramham et al. (2001: 3) yn cynnig man cychwyn defnyddiol drwy ddweud bod yn 'Rhaid i'r bobl hynny sy'n gysylltiedig â datblygu chwaraeon sylweddoli bod dyfeisio ffyrdd gwell a mwy effeithiol o hybu diddordeb, cyfranogiad neu berfformiad mewn chwaraeon yn rhan o'u gwaith'. Yn seiliedig ar y gwaith a wnaed gan y Cynghorau Chwaraeon yn y DU (y cyrff sy'n gyfrifol am ddatblygiad

74

cyffredinol chwaraeon yn y DU) yn nechrau'r 1990au, daeth gweithwyr datblygu chwaraeon i fod yn gysylltiedig â'r broses o sicrhau bod llwybrau priodol yn eu lle er mwyn i bobl gymryd rhan mewn chwaraeon, a hefyd fel y gallent ddatblygu eu cymhwysedd i berfformio ar lefelau uwch ac, mewn rhai enghreifftiau, sicrhau rhagoriaeth. Yr oedd cynnwys y gair 'datblygu' yn y fan yma yn bwysig ac mae'n dal yn bwysig, gan adlewyrchu'r pwyslais parhaol ar sicrhau newid (Eady 1993, McDonald 1995).

Er y gwelwyd sawl model o ddatblygu chwaraeon yn dod i'r amlwg, mae tri ohonynt yn arbennig o nodedig. Helpodd y continwwm chwaraeon traddodiadol (Ffigur 7.1, a geir yn Houlihan a White 2002), a ddatblygwyd gyntaf gan Derek Casey yn 1988, i gysyniadu sut y gallai cyfranogwyr symud o lefel sylfaenol hyd at lefel rhagoriaeth. Amlinellodd hefyd sut y gallai sefydliadau oedd yn gyfrifol am ddatblygu chwaraeon ddiffinio eu rolau a'u cyfrifoldebau mewn perthynas â phob lefel o'r continwwm hierarchaidd a, thrwy hynny, hwyluso proses ddi-dor o lefel sylfaenol hyd at lefel rhagoriaeth (Bramham et al. 2001). Cafodd y model sylfaenol hwn ei addasu (Ffigur 7.2) yn gynnar yn y 1990au er mwyn ailystyried y berthynas rhwng cyfranogi mewn chwaraeon a pherfformio mewn chwaraeon. Yn y cyswllt hwn, rhoddwyd mwy o gydnabyddiaeth i'r symud llorweddol rhwng y cyfranogiad a'r perfformiad gan gymryd 'newidiadau yn y dull o fyw, y teulu ac amgylchiadau cyflogaeth' i ystyriaeth (Houlihan a White 2002: 42). Cafodd y trydydd model (Ffigur 7.3) a ddatblygwyd gan Cooke (1996) ei alw'n 'Dŷ Chwaraeon' (Bramham et al. 2001: 4). Mae'n cynnig ffordd fwy realistig o ddynodi'r broses o ddatblygu chwaraeon drwy amlinellu llwybrau gwahanol ar gyfer hamdden (cymryd rhan) a pherfformio, ac mae'n ychwanegu trydydd llawr a phenty sy'n delio â lefelau perfformiad elît. Mae dwy nodwedd arall i'r model sy'n werth eu crybwyll. Yn gyntaf, mae'n cydnabod na ellir priodoli llwyddiant i gyfranogiad eang ac, yn ail, bod llawer o bobl yn cael eu cyflwyno i rai campau am y tro cyntaf pan fyddant yn oedolion. Y pwynt yn y fan yma yw bod y broses ymarferol o ddatblygu chwaraeon yn un gymhleth ac amlweddog yn hytrach nag yn hierarchaeth neu'n gontinwwm di-dor fel yr awgrymir gan y modelau cynharach.

Datblygu cymunedol

Yn ôl pob tebyg, 'cymuned' yw'r term mwyaf dadleuol a ddefnyddir yn y bennod hon. Mae i'r gair amryfal ystyron a chaiff ei ddefnyddio mewn cyd-destunau gwahanol iawn. Yn aml bydd yn cael ei ddefnyddio i ddiffinio lleoedd sydd â'r un ystod o nodweddion gan gynnwys maint daearyddol, poblogaeth a safonau economaidd-gymdeithasol. Fodd bynnag, yn ôl Jarvie (2006: 328), 'mae i gymunedau eu bodolaeth sydd uwchlaw eu daearyddiaeth. Maent yn cwmpasu ystod eang o glymau cymdeithasol a buddiannau sydd gan bobl yn gyffredin ac sy'n fwy nag agosrwydd neu fod yn byw'n barhaol yn yr un man â'i gilydd'. Yn yr un modd, daeth Hylton a Totten (2001) i'r casgliad bod y term 'cymuned' yn awgrymu rhyw syniad o gyfunoldeb, o gyd-berthnasedd, o ymdeimlad o fod yn perthyn neu o fod yn rhan o'r un peth. Yn wir, cafodd y syniad o bobl yn buddsoddi yn ei gilydd ei alw'n fras yn ddatblygu cyfalaf cymdeithasol (Collins gyda Kay 2003). Ymestyniad pellach ar y cysyniad hwn yw datblygu cymunedol, ac mae'n awgrymu 'model mwy dynamig o ymgysylltu lle y caiff y bobl eu hunain y grym i gymryd rhan weithredol yn y broses o siapio'u cymuned eu hunain' (Hylton a Totten 2001: 69). Felly, bydd llawer o ysgrifenwyr yn defnyddio termau megis

75

Ffigur 7.1. Continwwm datblygu chwaraeon traddodiadol

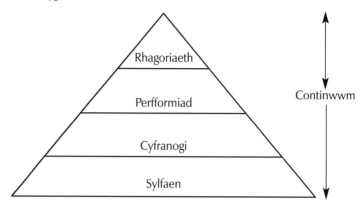

Ffigur 7.2. Model y continwwm datblygu chwaraeon wedi'i addasu (Houlihan a White 2002)

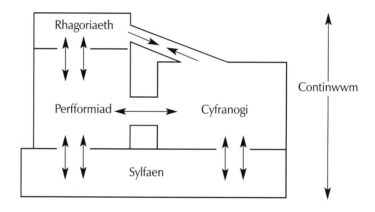

Ffigur 7.3. Y Tŷ Chwaraeon

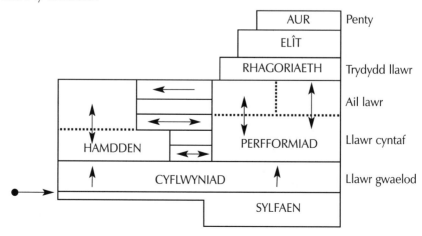

76

'cymdogaeth' yn fodd o gysylltu lle a chymuned â'i gilydd (Richardson a Mumford 2002). Hefyd mae cymuned yn gallu cyfeirio at grwpiau penodol o bobl sydd â chysylltiadau cryf â'i gilydd ac sydd â'r un hunaniaeth. Er enghraifft, o safbwynt chwaraeon, mae Jarvie (2006: 327) yn ysgrifennu am 'gymunedau chwaraeon boed y rhain yn gefnogwyr lleol, yn lleoedd, yn gefnogwyr cenedlaethol neu'n grwpiau neu'n bobl sy'n gwisgo'r un bathodyn teyrngarwch'.

Ar ôl mynd i'r afael â rhai diffiniadau allweddol, bydd ffocws yr adran nesaf ar bolisi a'i oblygiadau. Yn ystod y degawd diwethaf, bu polisïau'r llywodraeth yn arbennig o ddylanwadol ac fe'u gwelwyd yn gosod her i sefydliadau greu fframwaith mwy cydlynol ar gyfer datblygu chwaraeon a fyddai'n hawdd ei ddeall ac a fyddai'n osgoi unrhyw ddyblygu. Yr ydym ni'n honni bod hyfforddwyr yn gyfranwyr arwyddocaol i'r broses o ddatblygu chwaraeon a bod gwybodaeth a dealltwriaeth o'r cyd-destun hwn, felly, yn bwysig iddynt. Yn ogystal, mae hyfforddwyr a'r rolau sydd ganddynt yn cael eu gweld a'u diffinio'n gynyddol o fewn ffiniau mwy pendant, ac os yw targedau'r llywodraeth yn mynd i gael eu gwireddu, bydd mabwysiadu dull partneriaeth rhwng hyfforddi chwaraeon a datblygu chwaraeon, o'u hystyried yn ddau broffesiwn sy'n datblygu ar wahân, yn hanfodol. Elfen greiddiol yn y bennod hon, felly, yw'r syniad y dylai hyfforddwyr edrych ar ddatblygu chwaraeon a'r cyd-destun polisi ehangach o safbwynt chwaraeon er mwyn llywio eu hymarfer.

Y CYD-DESTUN POLISI

Yn y DU, yr oedd hynt chwaraeon yn ystod y blynyddoedd wedi'r rhyfel (h.y. er 1945) yn gysylltiedig â blaenoriaethau gwleidyddol y gwahanol lywodraethau (Henry 2001). Nid yw'n syndod, felly, i bwysigrwydd chwaraeon i bolisi'r llywodraeth amrywio yn ystod y cyfnod hwn ac, er bod disgrifiad llawn o'r newidiadau hyn y tu allan i gwmpas y bennod hon, gwaith digon syml yw dilyn trywydd y datblygiadau hanesyddol hyn (gweler, er enghraifft, Houlihan a White 2002, Henry 2001). Dylid nodi, fodd bynnag, mai peth anarferol oedd gweld y berthynas rhwng polisi cenedlaethol ac unrhyw weithredu lleol o safbwynt chwaraeon yn elfen ganolog. Felly, mae chwaraeon yn parhau i fod yn wasanaeth ar ddisgresiwn y wladwriaeth leol (Robinson 2004), sydd heb ofynion gorfodol (yn annhebyg i addysg a gwasanaethau cymdeithasol) i fynnu bod awdurdodau lleol yn mynd i'r afael yn llawn â'r ddarpariaeth a'r cyfleoedd y mae chwaraeon yn eu cynnig. Fodd bynnag, er bod y rhan fwyaf o awdurdodau lleol wedi dewis darparu chwaraeon yn wasanaeth mewn gwirionedd, patrwm amrywiol sydd i'r ddarpariaeth oherwydd mai drwy ddisgresiwn y mae'r gwasanaeth hwn yn cael ei gynnig.

Mae'r Llywodraeth Lafur bresennol, a gafodd ei hethol yn 1997, wedi cynhyrchu nifer o ddogfennau polisi allweddol sy'n ymdrin â chwaraeon. Ymhlith y rhain mae:

- *A Sporting Future for All* (Adran Diwylliant, y Cyfryngau a Chwaraeon [DCMS] 2000);
- *The Government's Plan for Sport* (DCMS 2001); a
- *Game Plan* (DCMS/Uned Strategaeth 2002).

77

Cafodd datganoli effaith ar bolisi chwaraeon hefyd ac mae Senedd yr Alban a Chynulliad Cenedlaethol Cymru wedi cynhyrchu eu strategaethau eu hunain ar gyfer chwaraeon. Ymhlith y rhain mae:

■ *Sport 21* (Llywodraeth yr Alban 1998); a

■ *Dringo'n Uwch* (Llywodraeth Cynulliad Cymru 2005).

O'u hystyried ynghyd, mae'r dogfennau hyn yn rhoi fframwaith tymor hir ar gyfer datblygu chwaraeon. Yn achos *Game Plan* a *Dringo'n Uwch*, gosodwyd strategaethau ugain mlynedd sy'n cynnwys targedau. Mae'r dogfennau polisi hyn i gyd yn pwysleisio'r ddau amcan o sicrhau bod pobl y DU yn gwneud mwy o ymarfer corff (cyfranogiad) a sicrhau llwyddiant rhyngwladol mewn chwaraeon (rhagoriaeth). O fewn y fframwaith cyffredinol hwn, mae'r Llywodraeth yn ymrwymedig i wleidyddiaeth y 'Drydedd Ffordd' (Giddens 1997). Mae hyn yn gofyn bod cydraddoldeb a chynhwysiant cymdeithasol yn cael eu hystyried yn egwyddorion allweddol o fewn unrhyw newidiadau i wasanaethau cyhoeddus. O ganlyniad i hyn, gwelwyd rhai sylwebyddion yn ysgrifennu nad yw chwaraeon er eu mwyn eu hunain mwyach yn berthnasol ar lefel y gymuned a bod gwerth chwaraeon, felly, i'w weld yn eu gallu i wasanaethu buddiannau gwleidyddol ehangach eraill (gweler, er enghraifft, Coalter 2001). Mae Houlihan a White (2002: 4) hefyd yn nodi'r mater hwn drwy ddweud:

> Mae'n bosib mai'r peth mwyaf arwyddocaol yn nhermau polisi fu'r tyndra rhwng *datblygu drwy chwaraeon* (â'r pwyslais ar amcanion cymdeithasol a chwaraeon yn gyfrwng i ddatblygu pobl) a *datblygu chwaraeon* (lle y caiff chwaraeon eu gwerthfawrogi o'u rhan eu hunain).

Felly, beth yw rhan hyfforddi chwaraeon yn y cyd-destun polisi ehangach hwn? Yn sgil adroddiad gwreiddiol y Llywodraeth 'A Sporting Future for All' (DCMS 2001), cafodd Tasglu Hyfforddi (CTF) ei sefydlu ym mis Mehefin 2001. Cynhaliodd y Tasglu adolygiad eang a manwl o hyfforddiant chwaraeon a daeth i'r casgliad:

■ Nad oedd digon o gyfleoedd ar gael i hyfforddwyr;

■ Bod gormod o ddibyniaeth ar wirfoddolwyr o fewn hyfforddiant;

■ Nad oedd dim strwythur gyrfaol go iawn ar gyfer hyfforddwyr; a

■ Bod prinder cymwysterau cydnabyddedig/trosglwyddadwy cenedlaethol o fewn, ac mewn perthynas â, hyfforddiant.

O ganlyniad, rhoddwyd y gwaith o fynd i'r afael â'r materion hyn i Sports Coach UK, sef y corff sy'n gyfrifol am ddatblygu hyfforddwyr ym Mhrydain, a chafodd arian sylweddol i wneud hynny. Yn sgil hyn, datblygwyd dwy fenter, sef Tystysgrif Hyfforddi'r DU (UKCC) a Fframwaith Hyfforddi'r DU. O gofio'r sylwadau uchod ar ddatganoli, mae'r ffaith bod y mentrau hyn wedi'u cytuno ar lefel y DU yn bwysig. Byddwn yn ystyried y ddwy fenter yn fras, ond yr ydym yn cyfeirio myfyrwyr i wefan Sports Coach UK er mwyn cael mwy o wybodaeth fanwl yn eu cylch (http//www.sportscoachuk.org).

Tystysgrif Hyfforddi'r DU (UKCC)

Ar hyn o bryd mae'r bobl o fewn Sports Coach UK sy'n gyfrifol am ddatblygu Tystysgrif Hyfforddi'r DU (UKCC) yn gweithio gyda nifer o gyrff llywodraethu cenedlaethol i lunio fframwaith safonau pum lefel y DU ar gyfer addysg hyfforddi. Bydd y fframwaith hwn yn helpu i broffesiynoli rôl yr hyfforddwr, yn galluogi pobl i symud o fewn gwledydd y DU ac yn cynnig cyfleoedd i symud rhwng gwahanol gampau gan fod cydrannau craidd wedi'u cynnwys. Ar hyn o bryd, sefyllfa'r UKCC yw bod 31 o gyrff llywodraethu cenedlaethol wedi cytuno i ddod o dan y strwythur addysg hyfforddwyr newydd hwn. Cafodd y gwaith o osod y 31 o gampau hyn i mewn i'r strwythur ei rannu'n dri chyfnod penodol. Cafodd campau cyfnod 1 a chyfnod 2 (cyfanswm o 21) arian i roi'r UKCC ar waith erbyn diwedd 2006. Mae'r 10 arall wedi cael cymorth gweinyddol a chymorth hyfforddi i'w galluogi i arwain yr ail gyfnod gweithredu.

Ymgymerodd MORI (Marketing and Opinion Research International) â rhaglen fonitro a gwerthuso eang i lwyddiant y strwythur newydd ar ran Sports Coach UK ac, yn 2004, buont yn cynnal cyfres o gyfweliadau treiddgar, lled-strwythuredig gyda nifer o weithwyr perthnasol, yn y lle cyntaf i werthuso'r broses o gynllunio'r gweithredu, ac yn ddiweddarach i asesu sut y bydd yr UKCC yn gweithio'n barhaol. Ymgymerwyd â gwaith ymchwil hefyd i bennu pa bethau fyddai'n helpu neu'n rhwystro'r cyrff llywodraethu o safbwynt rhoi'r UKCC ar waith. Wrth grynhoi'r broses o gynllunio'r gweithredu, cafwyd bod y manteision yn cynnwys diffinio rôl yr hyfforddwr chwaraeon yn well, bod addysg a chymwysterau hyfforddwyr yn cael eu safoni, y proffil hyfforddi yn cael ei godi a hyfforddwyr gwybodus a chymwys yn cael eu cynhyrchu. Yn yr un modd, adroddodd yr astudiaeth barhaol ar y broses weithredu fod cynnydd i'w weld mewn sawl maes, gan gynnwys canfod tiwtoriaid, dilyswyr ac aseswyr, staff ychwanegol yn cael eu cyflogi a mwy o gefnogaeth gan reolwyr uwch cyrff llywodraethu ac asiantaethau allanol (Sports Coach UK 2004). Efallai mai'r peth pwysicaf, fodd bynnag, oedd y gefnogaeth a gafodd y strwythur newydd gan yr hyfforddwyr presennol. Ar y llaw arall, cafodd sawl rhwystr ei nodi hefyd, gan gynnwys y ffaith bod mwy o alwadau ar swyddogion arweiniol, bod oedi o safbwynt deunyddiau canllaw a bod rhyngweithio gwael rhwng campau.

Fframwaith Hyfforddi'r DU

Fframwaith Hyfforddi'r DU yw'r cynllun tymor hir ar gyfer hyfforddi, ac mae'n amlinellu ei weledigaeth o sefydlu:

'…system gydlynol, foesegol, gynhwysol a mawr ei pharch lle:

Caiff plant, chwaraewyr ac athletwyr eu cefnogi gan hyfforddwyr sydd â'r medrau priodol ym mhob cyfnod o'u datblygiad yn eu camp,

Ac a fydd ar y brig yn fyd-eang erbyn 2016, ac wedi'i meincnodi yn erbyn yr arfer orau yn rhyngwladol' (Sports Coach UK 2006: 3).

Mae Fframwaith Hyfforddi'r DU yn amlinellu'r nodau allweddol i'w cyflawni dros yr 11 mlynedd nesaf er mwyn gwireddu'r weledigaeth hon. Byddant yn rhan o dri chyfnod a fydd yn cydredeg:

- Adeiladu'r Sylfaen 2006-8 (3 blynedd);
- Cyflawni'r Nodau 2006-12 (7 mlynedd);
- Trawsnewid y System 2006-16 (11 mlynedd).

Yn ogystal, mae'r Fframwaith yn amlygu'r rolau mwyfwy amrywiol y bydd disgwyl i hyfforddwyr eu cyflawni. Drwy chwilio am rywfaint o eglurder yn y cyswllt hwn wrth ddatblygu system sefydliadol ddealladwy ar gyfer hyfforddi chwaraeon, bydd Model Hyfforddi'r DU, y bydd mwy o ddatblygu manwl arno eto, yn cael ei fabwysiadu. Mae hwn yn cydnabod yr angen am system tymor hir ar gyfer datblygu hyfforddwyr (LTCD) a fydd yn cyd-ddigwydd â datblygu athletwyr/chwaraewyr dros y tymor hir (LTAPD), datblygu sbortsmyn dros y tymor hir (LTSD) a datblygu chwaraewyr ag anabledd dros y tymor hir (LTDAD).

RHAGOR O OLEUNI AR DDATBLYGU CHWARAEON A HYFFORDDI CHWARAEON

Ers troad yr 21ain ganrif, mae'r cyfleoedd i gael swyddi sy'n gysylltiedig â chwaraeon wedi tyfu. Gellir gweld hyn ar ei fwyaf amlwg o fewn proffesiwn newydd datblygu chwaraeon (Anderson 2001, Hylton a Totten 2001). Yn yr un modd, honnodd Lyle (2002) fod hyfforddi'n dechrau ennill yr un lle â phroffesiynau eraill megis addysgu. Os cefnogir y farn bod llwybr ar gael bellach a fydd yn arwain at fwy o gydnabyddiaeth i'r ffaith bod datblygu chwaraeon a hyfforddi chwaraeon yn broffesiynau, yna mae'n bosib dysgu llawer oddi wrth waith Bayles (1988) a awgrymodd fod tri pheth y mae'n rhaid i broffesiwn eu cael, sef hyfforddiant sylweddol, hyfforddiant sy'n ddeallusol ei natur a darparu gwasanaeth pwysig. Yn yr un modd, awgrymodd Chelladurai (1999) fod pedair nodwedd yn diffinio proffesiwn: corff trefnedig o wybodaeth, awdurdod proffesiynol, sêl bendith y gymuned a chod o foesau i'w reoli. Treuliwch ychydig o amser yn ystyried datblygu chwaraeon a hyfforddi chwaraeon yng nghyswllt yr amodau a'r nodweddion uchod, ac atebwch y cwestiynau canlynol. A ydych chi'n ystyried bod y naill neu'r llall yn broffesiynau yn yr un modd â'r gyfraith, meddygaeth neu addysgu? Neu, a ydych chi'n ystyried y naill neu'r llall yn alwedigaeth ynteu'n swydd? Yn olaf, pa ffactorau wnaethoch chi eu hystyried cyn dod i'ch casgliad?

Er y gallai rhai ohonoch ystyried bod datblygu chwaraeon a hyfforddi chwaraeon yn broffesiynau, eto i gyd ceir mannau niwlog sy'n sicr yn destun amheuaeth. Mae un ohonynt yn ymwneud â chysyniadu'r hyn yr ydym yn ei olygu wrth bob un o'r ddau; h.y. a ydynt yn cyflawni amod Chelladurai o fod â'u sail mewn cyrff penodol o wybodaeth? Yn wir, caiff y termau 'datblygu chwaraeon' a 'hyfforddi chwaraeon' eu defnyddio mewn ffordd ddigon di-hid ac amhriodol yn aml – tueddiad sy'n tanseilio hygrededd y ddau o safbwynt cael eu hystyried yn broffesiynau sydd ar wahân i'w gilydd. Mae hyn yn arbennig o wir wrth ystyried y berthynas rhwng datblygu chwaraeon a hyfforddi chwaraeon ar lefel gymunedol. Ystyriwch rai hysbysebion am swyddi datblygu chwaraeon yn y gymuned. Yn aml bydd y swyddi'n cael eu disgrifio drwy ddefnyddio amrywiaeth o ddisgrifwyr sy'n perthyn i hyfforddi chwaraeon ac i ddatblygu chwaraeon, ac yn croesi ar draws ffiniau'r ddau, gan ddrysu ymgeiswyr posib. Yn yr un modd, yr hyn y byddwn yn ei weld yn digwydd mewn gwirionedd yw bod ffiniau

80

rôl y datblygwr chwaraeon a'r hyfforddwr chwaraeon yn amhendant. Mae'r senario canlynol yn enghraifft o'r modd y gall y gwaith o ddatblygu chwaraeon a'r gwaith o hyfforddi chwaraeon beri dryswch a bod yn aneglur eu diben.

Mae person graddedig â chymhwyster Meistr yn un o ddisgyblaethau chwaraeon yn chwilio am swydd. Yn ogystal â'i chymhwyster academaidd, mae ganddi gymhwyster hyfforddi gan gorff llywodraethu cenedlaethol a phrofiad o weithio gyda thîm chwaraeon. Mae hi'n gweld hysbyseb am swyddog datblygu camp benodol fydd yn gweithio mewn ardal ddaearyddol benodol. Mae rhai o'r amcanion allweddol ar gyfer deiliad y swydd, y caiff y cais ei fesur yn eu herbyn, yn cynnwys:

- Codi nifer aelodau'r corff llywodraethu (cyfranogion, hyfforddwyr, swyddogion a chlybiau);

- Datblygu clybiau cynaliadwy (cynyddu aelodaeth y clybiau a nodi anghenion hyfforddi perthnasol personél y clwb);

- Ehangu'r rhwydwaith (canfod a chynnwys partneriaid allweddol a fydd yn cyfrannu i'r broses o ddatblygu'r gamp).

Wedi iddi dderbyn y swydd, mae hi'n cael cryn dipyn o ryddid i greu rhaglen waith. Gan ei bod hi'n frwd ac yn gymharol ddibrofiad, mae hi'n datblygu amserlen brysur dros ben, yn rhwydweithio rhwng gwahanol ysgolion a chlybiau ac yn gweithio llawer o oriau anghymdeithasol. Ar ymweliad ag un o'r clybiau yn yr ardal, daeth yn amlwg bod un o'r timau'n debygol o ddod i ben am nad oeddent yn gallu cael hyd i hyfforddwr yn lle'r un oedd wedi gadael. Dywedodd Ysgrifennydd y Clwb yn ddigon plaen mai'r ffordd orau y gallai Swyddog Datblygu eu helpu oedd drwy hyfforddi'r tîm hyd nes y byddent yn cael hyd i rywun arall. Wedi trafod yn hir, cytunodd hi yn rhinwedd ei swydd fel Swyddog Datblygu i chwilio am rai oriau yn ei rhaglen waith fel y gallai hyfforddi'r tîm am gyfnod o dair wythnos tra byddai'r clwb yn chwilio am hyfforddwr newydd. Yn ystod y cyfnod hwnnw, gwellodd y tîm a llwyddwyd i ddenu rhagor o chwaraewyr a mwynhaodd hithau weithio fel hyfforddwr mewn sefyllfa benodol yn fawr iawn. Wedi tair wythnos, yr oedd y clwb yn dal i fod heb hyfforddwr newydd ac felly cytunodd hi, yn rhinwedd ei swydd fel Swyddog Datblygu, i aros gyda'r clwb am gyfnod amhenodol (hyd nes y byddent yn cael hyfforddwr newydd).

Mae'r enghraifft hon yn ceisio cyflwyno sefyllfa go iawn y bydd llawer o swyddogion datblygu chwaraeon yn dod ar ei thraws. Nawr, ystyriwch y ddau gwestiwn canlynol: Yn gyntaf, rhowch ddwy fantais a dwy anfantais gwneud gwaith yr hyfforddwr yn yr achos hwn ac, yn ail, awgrymwch un neu ddau ateb arall y gallai'r Swyddog Datblygu fod wedi'u defnyddio er mwyn datrys y sefyllfa y cafodd hi ei hun ynddi. Er bod ein person graddedig, fel Swyddog Datblygu, yn ddiau yn rhoi gwasanaeth da i'r clwb ac yn mwynhau'r profiad hyfforddi'n fawr iawn, yr ydym ni'n dadlau nad llenwi'r swydd dros gyfnod amhenodol oedd yr ateb gorau i neb yn y tymor hir. Nid dweud yr ydym, fodd bynnag, na ddylai swyddogion datblygu chwaraeon fyth ymwneud â hyfforddi. Yn wir, a ninnau'n cefnogi gwaith Eady (1993), Hylton et al. (2001) a Duffy (2006), yr ydym ni'n bendant o'r farn fod nodweddion tebyg yn perthyn i hyfforddwr a gweithwyr datblygu chwaraeon, gan fod y naill a'r llall yn cael eu hystyried yn weithredwyr newid. O'r safbwynt hwn, dylai'r ddau geisio cael pobl i

81

gymryd rhan mewn chwaraeon a gweithgaredd corfforol, a thrwy hynny wneud gwahaniaeth i fywydau pobl. Mae'r gwahaniaeth arwyddocaol rhyngddynt, fodd bynnag, i'w weld yn y rolau sylfaenol sydd ganddynt. Er enghraifft, bydd gweithiwr datblygu chwaraeon yn peri newid mewn sawl man ar yr un pryd gyda sawl grŵp o gyfranogwyr. Bydd hyn yn golygu cyflogi a defnyddio hyfforddwyr a bydd yn chwilio am newid yn ymddygiad unigolion yn y gymuned. Ar y llaw arall, bydd hyfforddwr yn peri newid mewn un man ar y tro gydag un grŵp neu un unigolyn sy'n cymryd rhan, a hynny drwy gynnal sesiynau hyfforddi.

Mae'r Safonau Galwedigaethol Cenedlaethol (NOS) a ddatblygwyd gan Skills Active (2005) yn ddefnyddiol gan eu bod yn gwahaniaethu'n glir rhwng datblygu chwaraeon a hyfforddi chwaraeon wrth bennu'r cymwyseddau sy'n ofynnol er mwyn gweithio yn y ddau sector. Hefyd, mae hyfforddi yn dechrau ar Lefel 1 yr NOS ac yn cyrraedd Lefel 5 ond mae datblygu chwaraeon yn dechrau ar Lefel 3 ac yn cyrraedd Lefel 5. Mae'r ffaith nad yw datblygu chwaraeon yn dechrau hyd Lefel 3 yn bwysig gan ei bod yn dangos bod angen cymwyseddau rheoli er mwyn gweithio yn y proffesiwn hwn. Ac, yn fwy na hyn, nid oes yr un o'r unedau datblygu chwaraeon ar Lefel 3 yn canolbwyntio ar yr angen i gynnal sesiynau chwaraeon. Yn hytrach, mae'r pwyslais ar yr angen i recriwtio, dethol, symbylu a chadw cydweithwyr a gwirfoddolwyr fel hyfforddwyr a gweithwyr eraill mewn chwaraeon ynghyd â chynllunio a rheoli prosiectau a gwasanaethau. Un ffocws i'r ymarferwyr datblygu chwaraeon, felly, yw'r broses gynllunio mewn perthynas ag asesu'r angen cyn adeiladu rhwydweithiau a chydlynu'r gwaith o'u cyflwyno'n llwyddiannus. Yn allweddol yn hyn oll mae'r gwaith o recriwtio, cyflogi a defnyddio hyfforddwyr mewn amrywiaeth o sefyllfaoedd.

Nododd Nesti (2001) y nodweddion personol a seicolegol sy'n perthyn i lawer o weithwyr datblygu chwaraeon, sef creadigrwydd, empathi, ymrwymiad, presenoldeb a diffuantrwydd. O gofio bod rôl ddigon unigryw gan ddatblygu chwaraeon h.y. rôl sy'n rhagweithiol ac yn ymyraethol, awgrymodd Nesti (2001: 210) gysylltiadau agos â chynghorwyr, seicotherapyddion ac addysgwyr. Yn yr un modd, ceir dadl barhaol ym maes hyfforddi sy'n awgrymu bod pethau'n newid yn sylweddol: yn symud o gyfarwyddo i bedagogeg ac o fod â ffocws ar y rhaniad rhwng cyfranogwr a pherfformiwr i bwyslais ar ddatblygu'r unigolyn (Jones 2006). Yn ogystal, mae hyfforddi'n cael ei gydnabod fwyfwy yn 'ymdrech gymhleth, broblemus nad yw o ran ei natur yn dilyn trefn', yn enwedig felly o safbwynt ei natur gymhleth arweinydd-dilynwr (Jones 2006: 3). Mae'n amlwg bod gan y ddau broffesiwn newydd hyn bethau'n gyffredin ac, yn yr agenda cyfredol, os cânt eu datblygu mewn ffordd ystyrlon, ategol i'w gilydd, gallent fod yn allweddol i'r gwaith o gyfrannu i dirwedd chwaraeon newydd.

Gan gydnabod eu bod yn ategol i'w gilydd, mae'n bwysig archwilio sut y gellir defnyddio'r cysyniadau a ddefnyddir ym maes datblygu chwaraeon i gefnogi hyfforddwyr yn eu gwaith. Er enghraifft, er mwyn i hyfforddwyr fod â mwy o amgyffred cysyniadol ynglŷn â'u rôl esblygol, mae'n debyg y byddai'n berthnasol pe bai ganddynt gryn ddealltwriaeth o agendâu'r llywodraeth fel y maent yn ymwneud â chynyddu chwaraeon a gweithgaredd corfforol yn y DU yn ystod yr 20 mlynedd nesaf. Yn y cyswllt hwn, er bod rhywfaint o amrywiaeth rhwng gwledydd y DU, yr un nod sydd ar gyfer pawb, h.y. annog mwy o gyfranogiad, hyd at 1% y flwyddyn o bosib. Bydd y targed uchelgeisiol hwn yn gofyn bod hyfforddwyr chwaraeon a gweithwyr proffesiynol ym maes datblygu chwaraeon yn chwilio am gyfranogwyr newydd – ni fydd agenda sy'n canolbwyntio ar gael y cyfranogwyr presennol i wneud mwy yn ddigonol. Un enghraifft yw annog ymgymryd â chwaraeon a gweithgaredd corfforol mewn gweithleoedd, gan sefydlu cyflogwyr yn bartneriaid blaenoriaethol ar gyfer y dyfodol. Bydd y cynlluniau hyn yn cydredeg â rhaglenni cyfranogiad yr ysgolion cynradd ac uwchradd sydd eisoes ar waith. Felly, bydd gan ddatblygu chwaraeon rôl allweddol yn y gwaith o ddatblygu cyfleoedd cynaliadwy o fewn cymunedau lleol; yn y bôn, yn cynnig cyfleoedd i hyfforddwyr chwaraeon weithio neu'n cynorthwyo hyfforddwyr i ddatblygu'r cyfleoedd hyn drostynt hwy eu hunain.

Bydd angen i hyfforddwyr chwaraeon bennu eu rôl o fewn yr agenda ehangach hwn hefyd. Yn sgil datblygu chwaraeon, bydd pobl yn chwilio am hyfforddwyr i gynnal sesiynau ond, o gofio mai cynulleidfaoedd newydd fydd ganddynt, rhagwelir na fydd y rhan fwyaf o'r gwaith hyfforddi chwaraeon yn delio'n bennaf â gwella perfformiadau er mwyn cael canlyniadau mewn gemau. Felly, yr ydym ni'n credu y bydd angen edrych ymhellach na'r pwyslais a welwyd yn y gorffennol ar hyfforddi perfformwyr a phobl ifanc, ac ystyried anghenion y boblogaeth ehangach. Bydd angen i hyfforddwyr yn y gymuned gynnig pethau fydd yn denu grwpiau gwahanol iawn o bobl o bob oed. Felly bydd angen i'r fwydlen ddatblygu yn y dyfodol fod yn un amrywiol, wedi'i thargedu ac yn gynaliadwy. Yn wir, mae Fframwaith Hyfforddi'r DU (Sports Coach UK 2006) yn sefydlu rhai disgwyliadau clir y dylai hyfforddwyr fynd i'r afael â hwy os ydym am feithrin a chynnal y diddordeb mewn chwaraeon. Mae'r rhain yn cynnwys croesawu plant ac oedolion i mewn i chwaraeon, sicrhau bod chwaraeon yn hwyl, rhoi sgiliau sylfaenol i'r cyfranogwyr, gwella sgiliau penodol i'r gamp, datblygu chwarae teg, ymarfer moesegol, disgyblaeth a pharch, gwella ffitrwydd y corff a dull positif o fyw, tywys plant, chwaraewyr ac athletwyr drwy'r camau fydd yn gwella'u perfformiad, sicrhau bod gwerth mawr yn cael ei roi ar ddatblygiad y person cyfan a chadw plant, chwaraewyr ac athletwyr yn ddiogel mewn chwaraeon. Mae gan y cyfarwyddebau hyn y potensial i roi ffocws clir i hyfforddwyr ar gyfer y dyfodol o safbwynt yr hyn y dylent fod yn canolbwyntio'u hegni arno.

CASGLIADAU

Oddi ar ddechrau'r 21ain ganrif, cafodd y sector datblygu chwaraeon a'r sector hyfforddi chwaraeon lefelau digyffelyb o sylw a buddsoddiant gan y llywodraeth ganolog a'r llywodraethau datganoledig. Bellach, caiff chwaraeon eu cydnabod yn gyfrwng sy'n gallu cynorthwyo yn y gwaith o weithredu'n rhannol agenda cymdeithasol perthnasol y llywodraeth. Mae addysg a hyfforddiant ar gyfer gweithwyr proffesiynol ym maes datblygu chwaraeon yn cael eu hystyried yn flaenoriaeth mewn dogfennau polisi swyddogol megis A Sporting Future for All (DCMS 2000), ac yr oedd lansio corff proffesiynol newydd y Sefydliad Chwaraeon, Parciau a Hamdden (ISPAL) yn ddiweddar yn gam ar y ffordd i wella statws a phroffil ei aelodau. Yn yr un modd, mae Game Plan (DCMS/ Uned Strategaeth 2002) yn amlinellu rhai amcanion allweddol ac mae'r rhain wedi'u cefnogi gan strategaethau polisi dilynol gan wledydd y DU. Gwelwyd hyfforddi yn un o'r blaenoriaethau a chafodd Sports Coach UK y gwaith o ddatblygu a chyflwyno'r UKCC a Fframwaith Hyfforddi'r DU. Mae datblygu chwaraeon a hyfforddi chwaraeon yn dechrau ennill eu plwyf fel proffesiynau, yn ddiau. O'u gosod yng nghyd-destun y polisi cyffredinol o godi lefel cyfranogiad, mae'n

83

bwysig bod eu rolau yn dal i fod yn rhai sy'n ategol i'w gilydd ond sy'n wahanol. Bydd y ddwy rôl yn dod â'u heriau eu hunain, ond byddant yn rhannu'r un angen i gadw pobl yn y canol a chanolbwyntio arnynt yn rhinwedd eu rôl yn weithredwyr newid o fewn y diwydiant chwaraeon. Does dim dwywaith felly fod gwybodaeth am y cyd-destun datblygu chwaraeon a'r modd y bydd yn helpu i lunio polisi hyfforddi yn bwysig i hyfforddwyr, gan fod y wybodaeth hon yn eu galluogi i ystyried eu rôl yn ofalus wrth iddynt ymateb i'r agenda datblygol a chymdeithasol ehangach.

84

ADRAN 3

PENNOD 8

BIOMECANEG AR GYFER HYFFORDDWYR

David Kerwin a Gareth Irwin

Mae gwybodaeth ynghylch egwyddorion biomecanyddol yn hanfodol er mwyn deall ac esbonio techneg addas i athletwyr.

Jon Grydeland
Prif Hyfforddwr Tîm Pêl-foli Traeth Norwy
(3ydd ym Mhencampwriaeth Ewrop 2006 [menywod];
3ydd yng Nghwpan y Byd 2006 [menywod])

RHAGARWEINIAD

Mae'r bennod hon yn ceisio amlinellu gwerth biomecaneg chwaraeon i hyfforddwyr. Biomecaneg yw'r broses o gymhwyso egwyddorion mecanyddol i systemau biolegol. Yn y cyd-destun hwn, mae'r sylw'n troi at sut mae'r egwyddorion hyn yn berthnasol i'r athletwr sy'n cymryd rhan mewn gweithgareddau chwaraeon. Mae gymnasteg, sy'n gamp dechnegol iawn, yn ddelfrydol er mwyn dangos llawer o'r cysyniadau sy'n cael eu cyflwyno ac, felly, mae gan gymnasteg le amlwg yn y bennod hon. Cyfeirir at gampau eraill lle y bydd hynny'n briodol, ac mae'n bosib trosglwyddo sawl un o'r syniadau i gampau eraill.

Mae llawer o destunau ar gael sydd wedi ennill eu lle eisoes ac sy'n cynnig esboniad cadarn ei sail a gwyddonol gywir o'r cysyniadau sylfaenol sy'n ymwneud â biomecaneg chwaraeon (e.e. Hay 1994, Hamill a Knutson 2003, Robertson *et al.* 2004, Watkins yn aros i'w gyhoeddi). Mae cynnwys y bennod hon yn rhoi ein persbectif ni, ac mae wedi'i gefnogi gan waith ymchwil cyfredol sydd wedi gwerthuso'r cysylltiad rhwng y broses hyfforddi, theori ymarfer ac egwyddorion cyffredinol biomecaneg. Mewn llawer o ffyrdd, felly, bydd y bennod hon yn cynnig ffordd i bontio'r bwlch rhwng gwyddoniaeth a hyfforddiant.

Mae'r adran gyntaf yn cyflwyno model cysyniadol o dechneg a pherfformiad sy'n seiliedig ar erthygl ddiweddar gan Irwin *et al.* (2005), ac mae'n cynnwys trafodaeth ar y ffyrdd y gall hyfforddwyr ddeall techneg o fewn cyd-destun biomecaneg. Mae'r ail adran yn cyflwyno'r syniad o'r rhyngwyneb hyfforddiant-biomecaneg gan fanylu ar sut y gall biomecaneg helpu hyfforddwyr yn eu gwaith. Yn dilyn hyn, ceir trydedd adran sy'n amlinellu'r gwahanol fathau o ddadansoddi a ddefnyddir ym maes biomecaneg chwaraeon ar hyn o bryd. Mae gair o rybudd, fodd bynnag, yn rhedeg drwy'r bennod o safbwynt materion sy'n ymwneud â deall a dehongli (gan yr hyfforddwr). Mae hyn yn arbennig o wir wrth ystyried y defnydd a wneir o dechnolegau newydd sy'n seiliedig ar fideo lle y gellir rhoi camargraff, ar brydiau, fod y

87

lluniau ar eu pen eu hunain yn cynnig yr atebion. Ar y llaw arall, hoffem bwysleisio pa mor bwysig yw deall pethau o fewn biomecaneg a'u trosglwyddo i'r gwaith hyfforddi, sy'n golygu y caiff gwybodaeth fiomecanyddol ei chymryd yn arf i'w ddefnyddio'n feirniadol gan hyfforddwyr. Yn olaf, ceir brasolwg ar ddatblygiadau ym maes biomecaneg a hyfforddi yn y dyfodol er mwyn amlygu effaith technolegau newydd ar ymarfer hyfforddi.

MODEL CYSYNIADOL O DECHNEG A PHERFFORMIAD

Mae gwybod sut i ddatblygu sgiliau athletwyr yn llwyddiannus yn rhan hollbwysig o wybodaeth hyfforddwr (Zinkovsky *et al*. 1976). Er mwyn dangos sut y bydd hyfforddwyr elît yn hwyluso'r gwelliannau hyn, buom wrthi'n ddiweddar yn datblygu model cysyniadol (Irwin *et al*. 2005) (gweler Ffigur 8.1).

Mae'r model hwn yn cyd-fynd â modelau eraill (e.e. Côté *et al*. 1995), ac mae'n cynrychioli proses feddyliol sy'n dangos ymateb hyfforddwr i sefyllfaoedd penodol a'i ddehongliadau ohonynt. Cafodd y gwaith ymchwil sy'n sail i'r model ei wneud ar hyfforddwyr gymnasteg elît ac mae'n gyson â chasgliadau blaenorol a welir yn y deunydd darllen mwy cyffredinol ar hyfforddi (e.e. Gould *et al*. 1990). Nodwedd allweddol o'r model yw datblygiad ffordd o feddwl ar gyfer hyfforddwr, sy'n cynrychioli dealltwriaeth gysyniadol o agweddau technegol sgìl. Dros amser, bydd hyfforddwyr yn datblygu'r ddealltwriaeth gysyniadol hon a byddant yn ei chysylltu â pherfformiad llwyddiannus. Y cydrannau sy'n sail i ddatblygu'r ffordd hon

Ffigur 8.1. Model cysyniadol sy'n dangos sut mae hyfforddwyr yn datblygu sgiliau athletwyr

(Wedi'i addasu o Irwin *et al*. 2005)

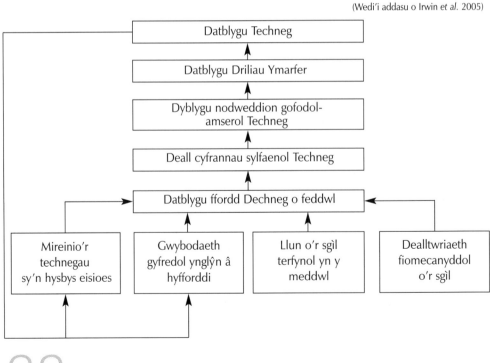

o feddwl yw, yn gyntaf, mireinio technegau sy'n hysbys eisoes. Er enghraifft, pan gafodd y bwrdd llofneidio ei ddefnyddio mewn gymnasteg yn 2000 yn lle'r ceffyl llofneidio, dibynnodd hyfforddwyr ar fireinio'r driliau ymarfer ar gyfer yr hen geffyl i'w defnyddio ar gyfer y bwrdd newydd. Yr ail gydran sy'n cyfrannu at ffordd o feddwl yw'r wybodaeth gyfredol ynglŷn â hyfforddi. Gwnaed llawer o waith ymchwil ar bwysigrwydd yr elfen hon (Gould *et al.* 1990, Irwin *et al.* 2004), gyda gwerth myfyrio beirniadol a mentora rhyngweithiol yn cael ei bwysleisio. Mae'r drydedd gydran yn ymdrin â'r hyfforddwr yn defnyddio llun sydd yn ei feddwl o'r sgìl er mwyn nodi cyfnodau allweddol, patrymau symud ac amseru. Yn olaf, mae'r bedwaredd gydran, sef dealltwriaeth fiomecanyddol o'r sgìl terfynol, yn ymwneud â dealltwriaeth ddisgrifiadol o sut mae'r perfformiwr yn trefnu rhannau o'i gorff er mwyn sicrhau techneg lwyddiannus. Mae datblygu'r llun yn y meddwl a'r ddealltwriaeth fiomecanyddol (h.y. y drydedd a'r bedwaredd gydran) yn aml yn cael eu cynorthwyo gan dechnoleg (e.e. dadansoddiad ffrâm wrth ffrâm). Yn sgil y ffordd o feddwl fydd yn datblygu, gall hyfforddwr sicrhau bod ganddo afael glir ar gyfnodau allweddol y sgìl perthnasol.

Pan fydd hyfforddwyr yn datblygu patrwm ymarfer, byddant yn aml yn ceisio cynnwys agweddau allweddol techneg yn y driliau ymarfer. Wrth fod mor benodol â hyn, gellir hefyd wneud addasiadau a fydd yn helpu i ddatblygu sgiliau penodol yn effeithiol ac yn effeithlon. Mae'n bwysig cofio hefyd fod Ffigur 8.1 yn amlygu'r ffaith bod yr hyfforddwr yn rheoli'r broses gyfan ac yn penderfynu sut ac ym mha drefn y dylid delio ag agweddau'r sgìl perthnasol. Mae'r gallu hwn i drefnu'r broses o ddatblygu sgiliau yn un allweddol er ei fod, yn naturiol, yn dibynnu i raddau helaeth ar yr angen i'r hyfforddwr fod wedi deall y wybodaeth dechnegol yn glir yn y lle cyntaf. Er enghraifft, byddai angen i hyfforddwr gymnasteg elît fod yn gwybod yn bendant beth y byddai'n ei ddisgwyl gan gymnastwr o safbwynt y patrymau symud a'r safleoedd corff sydd i'w perfformio (Irwin *et al.* 2005). Ar y llaw arall, os nad yw'r ddealltwriaeth dechnegol yn gywir, byddai'n amhosib i'r hyfforddwr ddewis driliau ymarfer a fyddai'n effeithiol. Er mwyn gwireddu mantais bosib y model a welir yn Ffigur 8.1, felly, rhaid amlygu'r mecanweithiau sy'n rheoli datblygu sgiliau fel y gall hyfforddwyr eu rheoli'n well, yn gyson â'r ddadl a gyflwynwyd ym Mhennod 2 ('Caffael sgiliau ar gyfer hyfforddwyr').

Yn yr un modd, mae i wyddor biomecaneg chwaraeon sail ddamcaniaethol ac felly mae'n cynnig mecanwaith sy'n gallu helpu hyfforddwyr i ddeall techneg yn well. Gallant wneud hynny drwy ganfod y llwybrau mwyaf effeithiol i ddatblygu sgiliau, gan leihau'r perygl o gael anaf a chael gwared ar y dull 'profi a methu' o ymarfer. Yn y bôn, drwy ddilyn egwyddorion gorlwytho a phenodoldeb (egwyddorion sy'n cael eu trafod yn fwy manwl ym Mhennod 11 'Ffisioleg ar gyfer hyfforddwyr'), bydd biomecaneg chwaraeon yn ceisio gwneud hyfforddi'n fwy effeithiol ac effeithlon. Bu helpu hyfforddwyr i ddeall techneg a, thrwy hynny, ddarparu'r cyswllt rhwng biomecaneg a hyfforddi, yn her dros y 30 mlynedd diwethaf. Mae ceisio canfod sut y gall biomecaneg helpu hyfforddwyr a sut y gellir asesu gofynion gwybodaeth hyfforddwyr yn ein harwain at yr hyn yr ydym ni wedi'i alw'n rhyngwyneb hyfforddiant-biomecaneg.

89

RHYNGWYNEB HYFFORDDIANT-BIOMECANEG

Mae'r 'rhyngwyneb hyfforddiant-biomecaneg' yn derm sy'n cysyniadu sut y gellir llywio hyfforddi o bersbectif biomecanyddol. Mae'r broses hon yn un barhaus, â phob cylch yn dechrau ac yn diweddu gyda'r athletwr. Mae'r broses yn seiliedig ar y wybodaeth ddealledig sydd gan yr hyfforddwr am yr ymarferion a ddefnyddir yn rheolaidd i ddatblygu sgiliau athletwyr. Yna, caiff y wybodaeth hon, drwy siarad yn systematig â biomecanydd, ei throi'n newidynnau biomecanyddol y gellir naill ai eu mesur neu eu dadansoddi'n ddamcaniaethol. Yr allwedd i'r newidynnau hyn yw eu bod yn uniongyrchol gysylltiedig â pherfformio sgiliau'n llwyddiannus. Unwaith y bydd yr hyfforddwr yn deall agweddau allweddol sgiliau ac unrhyw ddilyniannau neu ddriliau perthnasol, gall roi adborth ar sail gwybodaeth i'r athletwr. Rhan hanfodol o'r broses hon yw'r cyfathrebu rhwng y biomecanydd a'r hyfforddwr a'r athletwr. Mae'r cylch hwn o gael hyd i a phrosesu a throsglwyddo gwybodaeth neu ddealltwriaeth newydd sydd â sail wyddonol yn cynrychioli'r rhyngwyneb hyfforddiant-biomecaneg i gyd mewn gwirionedd. Weithiau, ni fydd y wybodaeth newydd hon yn gwneud dim mwy nag atgyfnerthu arferion sy'n bodoli eisoes, neu gall roi goleuni newydd sy'n cynnig gwybodaeth ar gyfer datblygu sgiliau yn y dyfodol. Diben cyffredinol datblygu'r rhyngwyneb hyfforddiant-biomecaneg yw pontio'r bwlch rhwng yr ymarfer a'r wyddor fiomecanyddol. Mae'r rhyngwyneb yn ceisio gwneud yr hyfforddi'n fwy effeithiol ac effeithlon, yn enwedig ar gyfer athletwyr sydd bron â chyrraedd eu terfynau ffisiolegol. Yn fwy penodol, gall y rhyngwyneb hyfforddiant-biomecaneg helpu hyfforddwyr a'r broses hyfforddi mewn pum ffordd. Byddwn yn trafod pob un o'r rhain yn ei thro.

1. Gwella dealltwriaeth dechnegol hyfforddwyr o sgiliau

Gall mewnbwn oddi wrth fiomecaneg alluogi hyfforddwyr i werthfawrogi techneg lwyddiannus yn well drwy eu galluogi i ddeall yr egwyddorion sydd wrth wraidd mudiant a sut mae'r egwyddorion hyn yn berthnasol i gyfnodau allweddol sgiliau. Yn gyffredinol, bydd y modd y mae hyfforddwyr yn deall techneg yn seiliedig ar sylwi'n fanwl ar y sgìl perthnasol. Yn y cyswllt hwn, er mwyn gwerthuso techneg, bydd hyfforddwr yn edrych ar yr agweddau perfformio allweddol hynny sy'n cael eu hystyried yn rhai sy'n uniongyrchol gysylltiedig â llwyddo. Er mwyn hwyluso'r gwaith dehongli, byddwn yn galw'r newidynnau hyn yn ddangosyddion perfformiad. Gellir rhannu'r dangosyddion perfformiad hyn yn ddau brif grŵp: parhaus ac arwahanol. Dangoswyd yn ddiweddar fod cyfnodau gweithredol y swing hir mewn gymnasteg yn enghraifft dda o ddangosydd perfformiad parhaus (Irwin a Kerwin 2006). Nodweddion y cyfnodau gweithredol yw ymestyniad dynamig y glun (agor) hyd blygiad (cau) a phlygiad yr ysgwydd hyd yr ymestyniad fel y gellir gweld yn Ffigur 8.2. Mae'r diagram ar y chwith (yn Ffigur 8.2) yn dangos dechrau a diwedd cyfnod gweithredol clun y gymnastwr (wedi'u cysylltu gan saeth ddeuben) ac mae'r diagram ar y dde'n dangos y cyfnod cyfatebol ar gyfer ysgwyddau'r gymnastwr. Dangosodd y canfyddiadau yn y fan yma sut y digwyddodd yr ymestyn a'r plygu wrth i'r gymnastwr symud o dan y bar ac, felly, i 70% o'r holl waith cyhyrysgerbydol yr oedd ei angen ar gyfer y swing hir gael ei gwblhau yn ystod y cyfnod hwn. Felly bydd hyfforddwr, fel arfer, yn canolbwyntio'u sylw ar y cyfnodau hyn o'r swing gan bwysleisio ymestyn a phlygu'r cluniau a'r ysgwyddau wrth i'r gymnastwr symud o dan y bar.

90

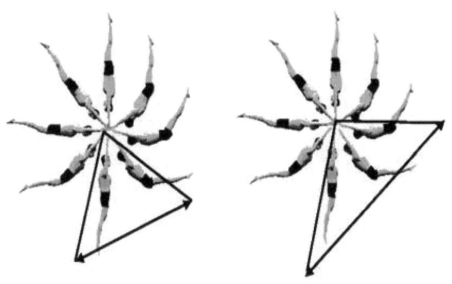

Ffigur 8.2. Cyfnodau gweithredol y swing hir mewn gymnasteg (Irwin a Kerwin 2005)

Caiff dangosyddion perfformiad arwahanol eu diffinio fel mesuriadau canlyniad sengl neu fesuriadau ar un foment mewn amser yn ystod sgìl sy'n allweddol er mwyn sicrhau bod y sgìl arbennig hwnnw'n cael ei berfformio'n llwyddiannus. Er enghraifft, mae Ffigur 8.3 yn dangos gwibiwr yng nghyfnod gwthiad dechrau ei ras. Mae cyfnod y gwthiad ar ddechrau ras wibio yn digwydd o ganlyniad i hwb mawr sydd ei angen i gael yr athletwr i symud yn gyflym oddi ar y blociau. Yn ddelfrydol, dylai llinell syth gael ei ffurfio o'r pigwrn i'r ysgwydd gan ddangos bod y gyriant yn cael ei drosglwyddo'n effeithiol i fudiant addas ymlaen ac i fyny. Drwy nodi a/neu gadarnhau'r agweddau allweddol hyn ar y perfformiad (gweler Ffigurau 8.2 ac 8.3), gall dadansoddiadau biomecanyddol wella dealltwriaeth hyfforddwyr ynglŷn â sgiliau a'u defnydd.

2. Gwerthuso arferion hyfforddi er mwyn gwella sgiliau

Gallai'r elfen hon o'r gwaith fod yn un sensitif oherwydd gall pobl feddwl weithiau fod biomecanydd yn herio sail gwybodaeth yr hyfforddwr. Ni ddylai hyn ddigwydd, fodd bynnag, gan y dylai'r ddau fod yn gweithio ynghyd i wella gwybodaeth ei gilydd. Er enghraifft, wrth iddo baratoi ar gyfer y Gemau Olympaidd yn 2000 a 2004, cafodd y gwibiwr Darren Campbell gymorth biomecanyddol gyda'i dechneg ar ddechrau ras. Ar sail yr angen i osod y blociau yn y ffordd fwyaf effeithiol, dyfeisiodd yr hyfforddwr, yr athletwr a'r biomecanydd gyfres o sesiynau oedd yn eu galluogi i benderfynu pa ffordd o osod y blociau (h.y. y pellter rhwng y blociau a'r dwylo) oedd fwyaf effeithiol ar gyfer Darren. Yn ogystal, gwnaed dadansoddiad manylach o safle'r gwthiad (gweler Ffigur 8.3) a'r grymoedd a'r hybiau y mae'n eu cynhyrchu i'w galluogi i bennu'r berthynas rhwng mecaneg y gwthiad a dechrau'r ras wibio yn llwyddiannus.

91

Ffigur 8.3. Darren Campbell yn cychwyn ras wibio sy'n dangos yr ymestyn i'r 'safle gwthiad': dangosydd perfformiad arwahanol allweddol y bydd hyfforddwyr yn ei ddefnyddio i fesur a gafodd y sgìl ei weithredu'n iawn

3. Gwerthuso arferion ymarfer er mwyn datblygu sgiliau

Yn groes i'r cyngor penodol ar rai agweddau ar berfformio, y prif nod yma yw llywio'r gwaith o ddethol driliau ymarfer neu weithgareddau paratoadol ar gyfer datblygu sgiliau. Un dull sydd gan hyfforddwyr yw chwilio am wybodaeth mewn astudiaethau ymchwil academaidd i ganfod y driliau ymarfer mwyaf effeithiol er mwyn datblygu sgìl penodol. Mae enghraifft o'n gwaith ni ein hunain yn dangos y broses hon lle, yn rhan o gyfres o astudiaethau ymchwil cysylltiedig (Irwin a Kerwin 2005, yn aros i'w gyhoeddi a, yn aros i'w gyhoeddi b), yr oedd un o'n hamcanion yn ymwneud â dilyniannau (sgiliau paratoadol) mwy effeithiol er mwyn datblygu'r swing hir mewn gymnasteg artistig i ddynion. Yr oeddem wedi canfod eisoes fod gan hyfforddwyr yn y DU 49 o wahanol ddilyniannau y gallent eu defnyddio ar gyfer y sgìl hwn (Irwin *et al.* 2004). Drwy wneud dadansoddiad biomecanyddol o'r rhain, cafodd dau gategori o ddilyniannau eu nodi: yn gyntaf, y rheini oedd yn dangos nodweddion tebyg o ran patrymau symud (cinemateg a chydsymud) ac, yn ail, y rheini lle'r oedd angen gwaith cyhyrysgerbydol (cineteg) a oedd yn debyg i'r sgìl terfynol. Yna cafodd y dilyniannau eu rhestru yn ôl anhawster o fewn y ddau gategori, fel y gellid dewis y rhai oedd yn briodol o safbwynt cyfnod datblygu'r gymnastwr ar y pryd.

92

4. Hwyluso esblygiad techneg mewn chwaraeon (h.y. drwy ddatblygu sgiliau newydd)

Mae biomecaneg wedi llywio datblygiad chwaraeon mewn nifer fawr o ffyrdd. Ceir yr enghreifftiau mwyaf amlwg ym maes dylunio cyfarpar (e.e. peli pêl-droed, clybiau golff a phicelli newydd) ac ym maes technegau arloesol. Daw un enghraifft o ddatblygu techneg newydd o'r hen Undeb Sofietaidd, lle y penderfynwyd bod gymnasteg yn mynd i fod yn enghraifft o oruchafiaeth honedig system gymdeithasol a gwleidyddol y wlad. Felly, bu biomecanyddion a hyfforddwyr wrthi'n cydweithio i lunio catalog o sgiliau o ffynonellau damcaniaethol nad oedd neb wedi rhoi cynnig arnynt o'r blaen (Malberg 1978). Y mwyaf adnabyddus o'r rhain oedd y Tkachev (gweler Ffigur 8.4). Wrth gyflawni'r sgìl bydd y gymnastwr yn troi'n glocwedd o gwmpas y bar hyd at y pwynt rhyddhau cyn symud yn ôl dros y bar gan droi'n wrthglocwedd yr un pryd er mwyn dal y bar unwaith eto ar y swing tuag i lawr. Gall y sgìl gael ei berfformio pan fydd y corff yn syth, yn blyg neu â'r coesau ar led; y siâp y bydd y perfformiwr yn ei fabwysiadu sy'n pennu pa mor anodd yw'r sgìl.

Cafodd y sgìl ei berfformio am y tro cyntaf yn 1974 gan Alexander Tkachev, y gymnastwr o Rwsia a roddodd ei enw i'r sgìl. Fodd bynnag, gan bwysleisio'r cysylltiad â biomecaneg, nid

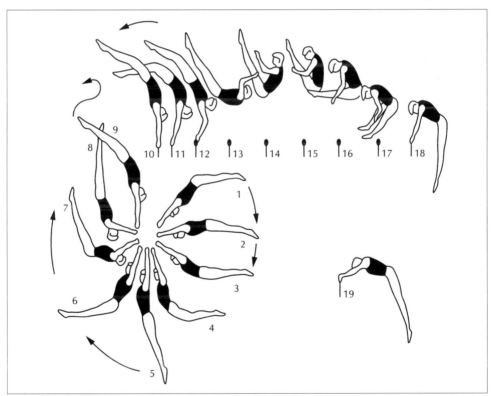

Ffigur 8.4. Symudiad Tkachev: lluniad gwreiddiol Smolevski (1969). Dyfynnwyd yn Nissinen, M.A., Preiss, R., a Brüggemann, P. (1985) *'Simulation of human airborne movements on the horizontal bar'*, yn D. A. Winter ac R. Norman (gol.), *Biomechanics* IX-B, Human Kinetics: Champaign, IL

93

gan hyfforddwr y cafodd ei awgrymu'n gyntaf ond yn hytrach gan y biomecanydd Sofietaidd Smolevski yn 1969. Yn yr un modd, defnyddiodd gwaith diweddar gan Hiley ac Yeadon (2005) efelychiad cyfrifiadurol i geisio cael ateb i'r cwestiwn ynghylch a yw'n bosib gwneud disgyniad ôl-drosben syth triphlyg o'r bar uchel. Er bod gwneud hyn yn bosib yn dechnegol, eu casgliad oedd bod y lwfans gwallau yn y cylch paratoadol ac ar union foment y rhyddhau mor fychan fel y byddai'n beryglus dros ben i gymnastwr roi cynnig ar gyflawni'r sgìl yma mewn cystadleuaeth.

5. Cynorthwyo i sicrhau'r perfformiad gorau posib (h.y. drwy gyfiawnhau addasu sgiliau'n ddamcaniaethol)

Mae modelau cyfrifiadurol sy'n seiliedig ar ddynameg tuag ymlaen yn cael eu defnyddio'n gynyddol i ymchwilio i sgiliau chwaraeon ac i'w datblygu. Bydd model dynameg tuag ymlaen yn defnyddio gwybodaeth ar rymoedd y tu mewn i'r corff i ragfynegi symudiadau'r corff a fydd yn dilyn. Drwy wneud hyn, gall biomecaneg chwaraeon ddechrau cynnig atebion i gwestiynau megis beth yw'r dechneg orau bosib ar gyfer rhyw berfformiwr arbennig? Ceir enghraifft o'r modd y mae hyn wedi gweithio mewn astudiaeth gan Kerwin *et al.* (1990). Yn y Gemau Olympaidd yn 1988 (Seoul, De Corea) gwelwyd y gymnastwr Sofietaidd Valerie Lukien (cystadleuydd #149 yn Ffigur 8.5) yn dod oddi ar y bar uchel drwy gyflawni ei ddisgyniad ôl-drosben triphlyg nodweddiadol. Ceir atgynhyrchiad graffigol bloc ohono wedi'i symleiddio, ynghyd â dilyniant cystadleuydd arall a gofnodwyd (#120), yn Ffigur 8.5.

Er mwyn cyflawni ôl-drosben triphlyg yn llwyddiannus, bydd angen i'r gymnastwr gylchdroi'n sylweddol (gelwir hyn yn fomentwm onglaidd hefyd) wrth iddo ollwng ei afael ar y bar (dynion yn unig fydd yn gwneud hyn). Mae'n bwysig, unwaith y bydd y gymnastwr yn yr awyr, fod maint y momentwm onglaidd yn aros yn gyson. Bydd y gymnastwr yn newid siâp ei gorff er mwyn rheoli cyflymder y trosben (gelwir hyn yn gyflymder onglaidd hefyd). Pan fydd y gymnastwr yn yr awyr, bydd y cylchdro'n digwydd o amgylch craidd màs y gymnastwr. Gan fod angen i'r gymnastwr droelli'n gyflym i gwblhau'r trosben triphlyg, bydd yn rhaid iddo afael yn ei benliniau a thrwy hynny bydd yn tynnu ei gorff i gyd yn nes at y craidd màs. O ganlyniad, bydd llai o'r màs wedi'i ddosbarthu o gwmpas echelin y cylchdro a bydd yr amharodrwydd i droelli yn mynd yn llai. Bydd y cydadwaith hwn rhwng cyflymder y trosben (cyflymder onglaidd) a'r amharodrwydd i gylchdroi (moment inertia) yn rhoi mecanwaith rheoli i'r perfformiwr pan fydd yn yr awyr.

Fodd bynnag, y Fédération Internationale de Gymnastique (FIG) (bwrdd llywodraethu'r gamp yn rhyngwladol) sy'n penderfynu a yw'r sgìl hwn yn cael ei berfformio'n llwyddiannus ai peidio. Yn ôl FIG, nid yw'r penliniau i fod i fynd heibio (h.y. i fod yn lletach na) lled y cluniau. Mae penliniau perfformiwr #120 yn Ffigur 8.5 yn lletach na'i ysgwyddau; mae safle cystadleuydd #149 yn well gan fod ei benliniau'n nes at ei gilydd. Yn swyddogol, dylai cystadleuydd #120 golli marciau; felly, beth gellir ei wneud i'w helpu? Un ffordd fyddai i'r hyfforddwr ei gynghori i dynhau neu gau'r siâp cwrcwd er mwyn osgoi cael ei gosbi, gan adael popeth arall i'r gymnastwr ei hun. Neu, dull arall llawer mwy manwl o ddatrys y broblem a helpu'r gymnastwr i gyrraedd y nod a ddymunir fyddai defnyddio efelychiad

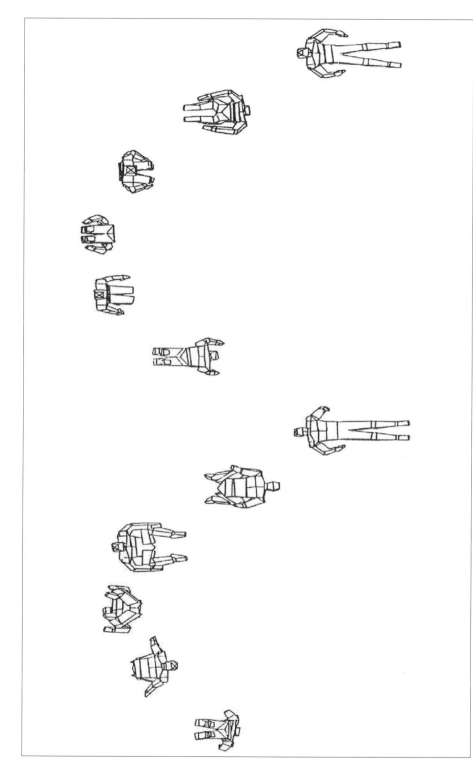

Ffigur 8.5. Ail-luniad graffigol o ddisgyniad ôl-drosben triphlyg gan Valeri Lukien (#149) a gymnastwr arall (#120) yng Ngemau Olympaidd Seoul 1988

biomecaneg ar gyfer hyfforddwyr

cyfrifiadurol. Drwy ddatblygu set o hafaliadau mudiant ar gyfer y gymnastwr (y mae dimensiynau ei gorff yn hysbys), mae'n bosib gwneud model o'r sgìl dan sylw. Yn gyntaf, rhaid gwirio bod y model yn gweithio – h.y. ei fod yn atgynhyrchu cynrychioliad cywir o'r sgìl fydd yn cael ei berfformio. Os bydd hyn yn digwydd, yna gellir addasu'r symudiadau y bydd y gymnastwr yn eu gwneud drwy ddefnyddio'r model cyfrifiadurol. Yna gall y biomecanydd weld beth fydd yn digwydd i'r gymnastwr yn y model o ganlyniad i gadw coesau'r model gyda'i gilydd pan fydd yn yr awyr. Gall yr union fesuriadau y bydd y math hwn o fodel yn eu rhoi bennu faint o gynnydd y byddai ei angen ym momentwm onglaidd (h.y. gallu i gylchdroi) y gymnastwr o amgylch y bar cyn iddo ollwng ei afael ar y bar i'w alluogi i gyflawni disgyniad trosben triphlyg wedi'i addasu. Yr ydym ni o'r farn fod y dull hwn o archwilio techneg ac o addasu perfformiad yn sicr yn well na rhoi'r gymnastwr mewn perygl o gael ei anafu am iddo fethu â chyflawni symudiad yn llwyddiannus oherwydd iddo gael cyngor anghywir ac annigonol. Gwell hyn hefyd na gwastraffu amser ymarfer gwerthfawr ar newidiadau na fyddant, o bosib, yn gwella'r perfformiad yn y pen draw.

MATHAU O DDADANSODDI MEWN BIOMECANEG CHWARAEON

Gan adeiladu ar yr hyn yr ydym ni'n ei ystyried yw'r rhyngwyneb hyfforddiant-biomecaneg, trown yn awr i archwilio'r mathau o ddadansoddiadau y gellir eu gwneud o fewn biomecaneg i gynnig gwybodaeth ynglŷn â pherfformio mewn chwaraeon. Gellir rhannu'r rhain yn dri chategori cyffredinol:

1. Dadansoddi ansoddol (e.e. paru arsylwadau â llun sgìl yn y meddwl)

Mae'r cynnydd yn y technolegau cyfrifiadur a fideo sydd ar gael wedi rhoi cyfleoedd i hyfforddwyr ddefnyddio ystod eang o dechnegau newydd ar gyfer dadansoddi. Felly, mae rhai o'r meysydd dadansoddi gweledol a fu ar un adeg yn rhan o diriogaeth y biomecanydd chwaraeon bellach ar gael yn hawdd i bawb sydd â diddordeb. Fel y gwelir ym Mhennod 9 hefyd ('Dadansoddi nodiannol ar gyfer hyfforddwyr'), mae meddalwedd masnachol (e.e. Silicon Coach™ a Dartfish™) sy'n addas ar gyfer y math hwn o ddadansoddi yn gallu rhedeg ar liniadur cyffredin ac nid oes angen dim mwy na chamerâu fideo digidol rhad ar gyfer y mewnbwn. Mae'n bosib felly i bethau gael eu hailchwarae'n syth, mewn symudiad araf a ffrâm wrth ffrâm, er mwyn i'r hyfforddwr gael eu gweld yn hawdd. Hefyd, byddant yn hwyluso'r broses o gynhyrchu lluniau dilyniannol o sgiliau megis y gic osod mewn rygbi.

Fel arfer bydd hyfforddwyr yn gwneud y math yma o ddadansoddi drwy gyfrwng fideo er mwyn archwilio sgiliau technegol yn fanwl neu er mwyn cymharu perfformiadau un sesiwn ag eiddo sesiwn arall. Mae'n galluogi'r hyfforddwr i ychwanegu at neu i wella'i sgiliau arsylwi uniongyrchol. Fel y trafodwyd yn ail adran y bennod hon, bydd hyfforddwyr yn datblygu dealltwriaeth o'r hyn y maent hwy'n ei ystyried yw'r dechneg a ddymunir, a thrwy ddefnyddio technegau newydd tebyg i hon bydd ganddynt ffordd ychwanegol o gymharu'r perfformiad presennol â llun o'r perfformiad delfrydol sy'n bodoli eisoes. Mae cywirdeb ac effeithiolrwydd unrhyw benderfyniadau a wneir ar y lefel ddadansoddiadol hon, fodd bynnag, yn dibynnu ar ffordd o feddwl yr hyfforddwr neu ei ganfyddiad goddrychol

96

ynghylch y perfformiad delfrydol hwnnw. Felly, mae'n bosib y bydd yr hyfforddwr yn gallu gweld beth sydd o'i le, ond nid yw hyn o reidrwydd yn golygu ei fod yn deall beth sydd angen ei newid er mwyn sicrhau'r canlyniad a ddymunir.

2. Dadansoddi lled-feintiol (e.e. dadansoddi onglau ac agweddau symudiadau sy'n gysylltiedig ag amser)

Y lefel hon o ddadansoddi yw'r cam cyntaf tuag at feintioli, ac mae'n rhoi amcangyfrif o'r newidynnau allweddol sy'n rhan o berfformio unrhyw sgìl yn llwyddiannus. Fodd bynnag, rhaid bod yn ofalus wrth ddefnyddio dadansoddiadau lled-feintiol gan na ellir gwneud mwy na graddio syml (h.y. defnyddio un gwrthrych o hyd penodol i newid y mesuriadau yn y llun ar y fideo i bellteroedd go iawn), a'r dybiaeth yw y bydd symudiadau'n digwydd ar y cyfan mewn plân er eu bod mewn tri dimensiwn mewn gwirionedd. Felly, mae'r anghywirdeb o ganlyniad i'r dybiaeth hon yn arbennig o amlwg pan fydd onglau'n cael eu hamcangyfrif (Rodano a Tavana 1995). Mae hyn yn ei gwneud hi'n amheus a yw llawer o'r mesuriadau a gofnodir drwy ddefnyddio dadansoddi lled-feintiol (ac ansoddol) yn gywir. Er bod dadansoddiadau ansoddol a lled-feintiol yn edrych yn dda ac yn llawn gwybodaeth, nid ydynt yn rhoi'r budd mwyaf i'r hyfforddwyr y gallai'r math yma o dechnoleg ei gynnig.

3. Dadansoddi meintiol (e.e. dadansoddiadau cinematig a chinetig cyflawn)

Cinemateg yw'r term cyffredinol a ddefnyddir mewn biomecaneg i ddisgrifio nodweddion amseryddol neu ddilyniannol a gofodol symud. Mae'r newidynnau yn y categori hwn (h.y. cinemateg) yn cynnwys safle, cyflymder a chyflymiad rhannau'r corff (e.e. aelodau) neu graidd màs y corff cyfan. Cineteg, ar y llaw arall, yw'r disgrifiad cyffredinol o'r grymoedd sy'n peri symud. Bydd gwybodaeth am faint corff athletwr yn cael ei hychwanegu at y wybodaeth ar rymoedd a ddaw o'r tu allan er mwyn cwblhau'r astudiaeth ar gineteg. Rhai enghreifftiau ym maes chwaraeon yw dadansoddiad o'r grymoedd cyhyrol sy'n plygu'r cymalau ac sy'n creu'r ymestyniad sy'n angenrheidiol i bennu'r gwaith a wneir gan grwpiau penodol o gyhyrau yn ystod gweithgareddau dynamig megis neidio neu lanio.

Er mwyn gwneud dadansoddiadau meintiol mae angen tipyn mwy o wybodaeth, technoleg a gweithdrefnau dadansoddi cysylltiedig. Mae angen i hyfforddwyr a biomecanyddion gydweithredu'n agos er mwyn i chwaraeon elwa o ffrwyth y categori hwn o ddadansoddi. Mae'r mathau o archwilio sy'n cael eu cynnwys yn y fan yma yn amrywio o ddadansoddiadau fideo 2D i fesur safleoedd llinol ac onglaidd (h.y. cinemateg) hyd at ddadansoddiadau dynameg gwrthdro 3D (h.y. cineteg) i bennu grymoedd cymalau mewnol, nerth y cyhyrau a gwaith cyhyrysgerbydol. Gallai dadansoddiad fideo 2D roi'r argraff o fod yn union debyg, fwy neu lai, i un o'r astudiaethau lled-feintiol a restrir uchod, ond bydd angen i ddadansoddiad fideo 2D cywir fod â graddnodiad pendant iawn o blân y lluniau (Brewin a Kerwin 2003). Mae modd defnyddio dadansoddiadau meintiol 2D, felly, pan fydd y cyfarpar yn cyfyngu ar y symud neu pan fydd dwy ochr y corff yn symud ar yr un pryd yn yr un cyfeiriad – neidio fertigol, er enghraifft. Bydd swing hir ar y bar uchel yn cwrdd â'r ddau faen prawf hyn ac felly'n enghraifft o sefyllfa lle y bydd dadansoddiad 2D yn ddigonol

(Irwin a Kerwin 2001).

Mae biomecanyddion yn defnyddio cinemateg i ddisgrifio ac i esbonio patrymau symud cymhleth mewn perfformiadau. Gallai hyn fod yn gysylltiedig â dadansoddi un cymal neu sut y bydd y cymalau a'r segmentau'n rhyngweithio (Hamill *et al*. 2000, van Emmerik a van Wegen 2000). Ar y llaw arall, mae dadansoddi grymoedd cymalau mewnol mewn ffordd ginetig yn aml yn cael ei ddefnyddio i ddeall gofynion cyhyrysgerbydol symudiadau. Yn ogystal, gellir gwneud dadansoddiad manylach drwy ddefnyddio cineteg cymalau gan gynnwys manylion ynglŷn â phrosesau egnïol biomecanyddol (Lees *et al*. 2004, Arampatzis a Brüggemann 2001). Bydd y wybodaeth y bydd y dadansoddiadau hyn yn ei rhoi yn gallu cynnig goleuni na fydd arsylwi neu ginemateg yn ei roi ar eu pen eu hun. Y trydydd math o fiomecaneg feintiol y byddai'n fuddiol sôn amdano yma yw disgrifio gweithgaredd niwrogyhyrol drwy ddefnyddio electromyograffeg. Mae'r maes hwn yn un o feysydd arbenigol biomecaneg sy'n gallu cynnig gwybodaeth ynglŷn â'r gweithgaredd trydanol yn y cyhyrau a fydd, yn ei dro, yn rhoi gwybodaeth i'r swyddogaeth fiolegol (Clarys 2000, Komi *et al*. 2000).

MODELU MEWN BIOMECANEG

Y modelu y cyfeirir ato fwyaf mewn biomecaneg yw'r dull dynameg tuag ymlaen. Yr her o ran modelu dynameg tuag ymlaen yw adeiladu modelau o'r corff dynol sy'n realistig, yn briodol ac yn ddigon dilys i alluogi pobl i deimlo'n ddigon ffyddiog wrth archwilio technegau. Un enghraifft dda o hyn oedd y model dynameg tuag ymlaen a ddatblygodd Wilson *et al*. (2006) sy'n galluogi archwilio mecaneg sylfaenol neidio.

Mae'n eironig o safbwynt mathemategol bod modelu'r rhan o'r drosben troellol cymhleth sy'n digwydd yn yr awyr yn haws mewn gwirionedd na modelu esgyniad naid fertigol. Y peth mwyaf sy'n gyfrifol am hyn yw bod yn rhaid i'r system gyhyrysgerbydol gael ei chynrychioli er mwyn modelu esgyniad neu laniad. Gellir symleiddio person o fewn model ond bydd angen o hyd iddo fod wedi'i gynrychioli ar ffurf system o rannau màs anhyblyg a siglog sydd wedi'u cysylltu gan sbringiau sydd â nodweddion cydymffurfiad ac anhyblygedd amrywiol (Gittoes *et al*. 2006). Rhaid modelu cyfangiadau'r cyhyrau hefyd i gynnwys dynameg gymhleth er mwyn cynhyrchu proffiliau grymoedd cyhyrau ysgerbydol cywir.

Mae hyd yn oed rhywbeth sydd i'w weld mor syml â gwthio oddi ar y llawr mewn naid yn anodd iawn ei atgynhyrchu mewn model cyfrifiadurol. Er gwaethaf y problemau hyn, bydd modelu cyfrifiadurol yn cynnig digon o gyfle yn y dyfodol i gyflawni gwaith a fydd yn gwella perfformiadau athletaidd. Yn wir, cafodd y dull hwn ei ddefnyddio eisoes mewn amrywiaeth o gampau (e.e. pêl-droed [Bray a Kerwin 2003], gymnasteg [Arampatzis a Brüggemann 1999, Hiley ac Yeadon 2005], athletau [Hubbard ac Alaways 1987, Wilson *et al*. 2006] a thennis [Glynn *et al*. 2006]) i fynd i'r afael â chwestiynau damcaniaethol megis: beth fydd yn digwydd os byddwn yn newid un elfen arbennig o symudiad? Neu beth yw'r goblygiadau o safbwynt mecaneg yr arddwrn os newidir anhyblygedd ffrâm raced tennis? Bryd hyn bydd modelu cyfrifiadurol yn arf grymus ac felly credir mai dyma'r unig wir ddull i ganfod y dechneg orau bosib y gellir ei phennu'n arbennig ar gyfer athletwr penodol sy'n perfformio sgìl sy'n hynod o anodd yn dechnegol.

98

SYLWADAU I GLOI: Y DYFODOL

O bersbectif hyfforddi, mae'n debyg y bydd llawer o bethau newydd ac arloesol o faes technoleg adborth-ar-unwaith yn cael eu defnyddio. Bydd y rhain yn cynnwys ailchwarae gweledol ar sgriniau arddangos plasma graffigol newydd, a gliniaduron diwifr wedi'u cysylltu â'i gilydd. Bydd y math yma o adborth yn syth ar ôl digwyddiad yn un o'r prif ffyrdd o wella perfformiadau athletwyr yn y dyfodol. Er enghraifft, bydd bioadborth di-oed a geir o amrywiaeth o ffynonellau yn galluogi cyfleu gwybodaeth ar berfformiad i'r athletwr wrth iddo ymarfer – gan ehangu'n sylweddol ar y mesuriadau a ddefnyddir heddiw (e.e. cyfradd curiad y galon). Yn ogystal, bydd yr amserlen ar gyfer adborth yn ymestyn i'r cyfeiriad arall i gynnwys trosolwg o dracio perfformiadau tymhorol a gyrfaol. Bydd dyddiaduron ymarfer athletwyr yn troi'n gwbl electronig ac yn cynnwys cofnodion fideo o berfformiadau ymarfer a pherfformiadau mewn cystadlaethau yn ogystal â chalendrau a gwybodaeth ddietegol. Bydd dadansoddiadau o dueddiadau ar sail y cofnodion electronig hyn a mesuriadau biomecanyddol a ffisiolegol eraill o berfformiadau yn cynorthwyo gyda'r gwaith o ddatblygu rhaglenni ymarfer ac o gynllunio adegau cyrraedd brig yn y dyfodol er mwyn sicrhau y bydd athletwyr yn rhoi o'u gorau mewn cystadlaethau.

O bersbectif biomecaneg yn unig, yn ogystal â'r datblygiadau parhaus a'r defnydd o fodelau efelychu, mae technolegau newydd ar y gorwel ym meysydd synwyryddion y bydd athletwyr yn eu gwisgo a fydd yn cael effaith ym myd chwaraeon. Bydd y systemau newydd hyn yn ehangu'r mathau o fesuriadau maes a ddefnyddir mewn dadansoddiadau ansoddol a meintiol, a thrwy hyn fe ymestynnir cwmpas y gweithgareddau y gellir eu hastudio. Canlyniad arall y technolegau newydd hyn fydd y cynnydd sylweddol yn swmp y data manwl iawn y gellir eu casglu. Yn eu tro, gallai'r rhain fod yn well sail i broffil perfformiad athletwyr ac i astudiaethau ôl-weithredol ac astudiaethau arfaethedig ar anafiadau, a gallent gynnig llawer o wybodaeth i hyfforddiant yn y dyfodol o'r herwydd.

Mae'r bennod hon wedi rhoi trosolwg o'r rôl allweddol y gallai biomecaneg ei chyflawni yng nghyd-destun hyfforddi chwaraeon. Cyflwynwyd hefyd fodel cysyniadol o'r broses hyfforddi a dadleuwyd y gall biomecaneg a hyfforddi gyda'i gilydd wella gwybodaeth a dealltwriaeth a, thrwy hynny, wella perfformiadau athletwyr. Nodwyd yn fanwl fathau gwahanol o ddadansoddiadau a ddefnyddir mewn biomecaneg chwaraeon, ynghyd ag enghreifftiau i helpu i ddangos eu cryfderau a'u gwendidau. Yn olaf, rhoddwyd golwg ar ddyfodol hyfforddi a biomecaneg gan amlygu ymhellach eu cyd-ddibyniaeth.

PENNOD 9

DADANSODDI NODIANNOL AR GYFER HYFFORDDWYR

Mike Hughes

Mae hyfforddwr llwyddiannus yn un sy'n paratoi ei dîm i ddelio â phob posibilrwydd. Rhaid i'ch chwaraewyr nid yn unig fod wedi'u briffio'n llawn ar gynllun y gêm ac yn deall yr hyn y mae'n rhaid iddynt ei wneud yn unigol, ond rhaid i chi hefyd eu cyfarwyddo ynglŷn â chryfderau a gwendidau eu gwrthwynebwyr.

Graham Henry
Cyn hyfforddwr rygbi Cymru (1998-2002) a'r Llewod (2001),
a hyfforddwr presennol tîm rygbi Crysau Duon Seland Newydd
(Henry 1999: 179)

RHAGARWEINIAD

Mae a wnelo hyfforddi â gwella perfformiad y chwaraewr neu'r athletwr. Un o'r prif ffyrdd y gellir sicrhau hyn yw drwy adborth. Fodd bynnag, mae ymchwilwyr wedi dangos dro ar ôl tro nad yw sgiliau arsylwi a chof pobl, er mor nodedig yw'r rhain, yn ddigon dibynadwy i roi'r wybodaeth fanwl sy'n angenrheidiol er mwyn sicrhau'r newidiadau o ran ymddygiad a ddymunir (e.e. Franks a Miller 1986). Felly, er mwyn ceisio cofnodi agweddau cymhleth y cyd-destun chwaraeon yn gywir, mae angen arfau mesur mwy gwrthrychol. Gall y rhain fod ar ffurf systemau dadansoddi fideo (yn ystod neu ar ôl digwyddiad) a systemau nodiannu biomecanyddol neu gyfrifiadurol. Dadansoddi nodiannol yw'r term cyffredinol a ddefnyddir i ddisgrifio'r systemau hyn. Gellir diffinio dadansoddi nodiannol fel 'ffordd wrthrychol o gofnodi perfformiad fel y gall elfennau allweddol o'r perfformiad hwnnw gael eu mesur mewn ffordd ddilys a chyson' (Hughes 2005: 1).

Mae systemau nodiannu â llaw (h.y. cofnodi syml â phensel a phapur) a systemau cyfrifiadurol yn rhoi'r un fath o ddata ac yn cael eu defnyddio i'r un dibenion h.y. cofnodi symud, tactegau, techneg a chrynhoi ystadegau. Yn wir, dadleuwyd bod datblygiadau diweddar mewn technolegau cyfrifiadur a fideo wedi trawsnewid rôl a dull dadansoddwr nodiannol o fewn y broses hyfforddi. Digwyddodd hyn oherwydd bod y systemau hyn yn gallu amlygu pethau manwl iawn a fydd hefyd yn caniatáu i hyfforddwyr fod yn benodol iawn yn eu hadborth. Er mwyn sicrhau bod y data a gesglir i'w dadansoddi gan yr hyfforddwr yn gywir ac yn ddibynadwy, mae angen hyfforddiant sylweddol ar y bobl fydd yn nodiannu neu'n cofnodi'r data. Bydd y bobl hyn yn dod yn arbenigwyr ar ddefnyddio'r systemau hyn (Hughes a Franks 2004). Felly, mae'n annhebygol y bydd hyfforddwyr eu hunain yn ymgymryd â'r gwaith hwn; yn hytrach, byddant yn cyflogi dadansoddwr nodiannol a all ddewis agweddau ar y gêm/yr ornest yn ôl dymuniad yr hyfforddwr. Nod y bennod hon, felly, yw rhoi amlinelliad syml o'r sail resymegol, y defnydd, y gwaith cynllunio a'r theori sydd

100

wrth wraidd systemau nodiannu, a thrwy hyn amlygu eu gwerth i hyfforddiant ac i hyfforddwyr. O ran y cynnwys, yn dilyn y rhagarweiniad, lle amlinellir diben dadansoddi nodiannol, caiff y lle sydd i nodiant, a defnyddio fideo yn arbennig, ei ddangos yn glir o fewn y broses hyfforddi ehangach. Bydd hyn yn cynnwys trafodaeth ar sut i ddatblygu systemau nodiannol a'r modd y gallai hyfforddwyr eu defnyddio. Yn olaf, ceir casgliadau i grynhoi'r prif bwyntiau a wnaed.

DIBEN DADANSODDI NODIANNOL

Hanfod y broses hyfforddi yw peri newidiadau positif mewn perfformiadau chwaraeon. Oherwydd bod hyfforddi'n dibynnu'n helaeth ar ddadansoddi, er mwyn sicrhau bod yr adborth a roddir o ganlyniad i'r dadansoddi hwn yn drachywir ac yn effeithiol mae'n angenrheidiol cael mesuriadau sy'n gywir ac yn wybodus. Yn y rhan fwyaf o ddigwyddiadau athletaidd, mae dadansoddiad o'r perfformiad yn cael ei lywio gan gyfres o asesiadau ansoddol y bydd yr hyfforddwr yn eu gwneud. Mae Ffigur 9.1 yn amlygu ac yn lleoli rôl dadansoddi yn y cyswllt hwn o fewn y broses hyfforddi (addaswyd o Franks *et al.* 1983).

Mae'r diagram hwn yn cynrychioli'r broses hyfforddi yn y cyfnodau arsylwi, dadansoddi a chynllunio. Er enghraifft, mewn gêm oresgyn megis hoci neu bêl-droed, bydd yr hyfforddwr yn gwylio'r gêm a bydd yn cysyniadu agweddau positif a negyddol ym mherfformiadau'r chwaraewyr. Yn aml, bydd gwybodaeth am y gemau blaenorol yn ogystal â'r gêm bresennol

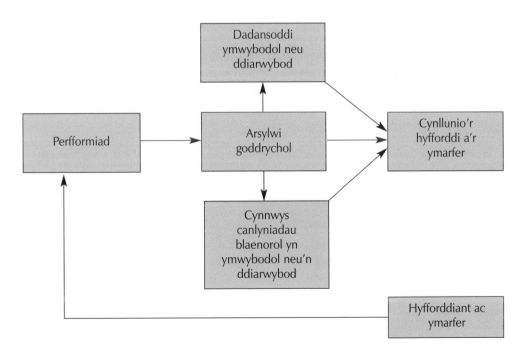

Ffigur 9.1. Diagram yn dangos y broses hyfforddi (wedi'i addasu o Franks *et al.* 1983)

yn cael ei hystyried wedyn wrth gynllunio ar gyfer y gêm ganlynol. Caiff y gêm nesaf ei chwarae a bydd y broses yn cael ei hailadrodd. Fodd bynnag, ceir problemau ynglŷn â'r broses hon, yn enwedig y ffaith ei bod hi'n broses sy'n dibynnu'n helaeth ar asesiad goddrychol o'r digwyddiadau yn y gêm. Er enghraifft, yn ystod y gêm, bydd yn bosib ystyried llawer o'r digwyddiadau yn bethau nodedig, megis chwaraewyr unigol yn cyflawni sgiliau technegol eithriadol. Bydd hyn yn tueddu i gamliwio'r ffordd y bydd yr hyfforddwr yn dwyn y gêm gyfan i gof a'i asesiad ohoni (Franks a Miller 1991). Yn yr un modd, mae cof bodau dynol yn gyfyngedig; felly mae bron â bod yn amhosib cofio pob digwyddiad o fewn gêm gyfan. Er enghraifft, dangosodd Franks a Miller (1986) fod cywirdeb hyfforddwyr pêl-droed yn eu hasesiad wedi'r gêm yn is na 45% o safbwynt yr hyn a ddigwyddodd yn ystod y gêm. Er y ceir cryn amrywiaeth rhwng unigolion, nid yw'r anghofio buan hwn yn beth rhyfedd o gofio bod y broses o drosglwyddo data i'r cof a'u hadalw wedyn yn broses gymhleth (Franks et al. 1983, Hughes 1981). Yn ogystal, mae agwedd bersonol ac emosiynol pobl yn ffactorau arwyddocaol sy'n effeithio ar y modd y caiff pethau eu cadw yn y cof a'u hadalw. Gwaith anodd, felly, yw ymgymryd ag asesiad a dadansoddiad cywir o berfformiadau mewn ffordd oddrychol. Felly, sut gellir mynd i'r afael â'r broblem hon?

Un ffordd y gellir bod yn fwy gwrthrychol o lawer yw drwy ddefnyddio dadansoddi nodiannol. Mae systemau dadansoddi nodiannol yn bodoli ar lawer ffurf ers blynyddoedd maith; er enghraifft, nodiant hieroglyffig symudiadau milwyr yr Aifft, nodiant canoloesol cerddoriaeth a llaw-fer goreograffig yr 20fed ganrif i gofnodi symudiadau dawns. Yn fwy diweddar, gwelwyd chwaraeon yn addasu rhai o'r syniadau a'r methodolegau hyn i archwilio gwahanol fanylion perfformiadau unigol a pherfformiadau tîm. Gall y systemau hyn nodiannu'r gyfres o ddigwyddiadau sy'n arwain at sgorio yn y chwarae rhydd mewn gêm bêl-fasged, neu'r digwyddiadau sy'n dilyn corneli byr mewn gêm hoci. Ar y llaw arall, gallant gofnodi nifer (a hyd) y camau y bydd chwaraewyr mewn gwahanol gampau'n eu cymryd pan fyddant yn cerdded, loncian, rhedeg, gwibio ac ati yn ystod gemau a, thrwy hynny, gofnodi'r amser y bydd pob un o'r rhain yn ei gymryd a'r pellter y bydd yr athletwr yn ei deithio. Hefyd, gallant nodi'r gyfres o ergydion sy'n arwain at ennill a cholli ralïau mewn chwaraeon racedi a, thrwy hynny, amlygu cryfderau a gwendidau technegol chwaraewyr pan fyddant yn chwarae ar arwynebau gwahanol (e.e. tennis). Mae'n bosib archwilio'r syniadau hyn i gyd, a chant a mil o syniadau eraill, drwy ddefnyddio systemau nodiannu â llaw neu systemau cyfrifiadurol y gellir eu haddasu yn ôl y gofynion penodol.

Mae systemau nodiant llaw yn gymharol gywir a rhad, ond mae ganddynt eu hanfanteision. Bydd y rhai mwyaf cymhleth yn gofyn tipyn o amser dysgu yn enwedig os cânt eu defnyddio yn ystod gêm neu gystadleuaeth, tra bydd angen i rywun dreulio llawer o oriau'n prosesu'r data a gynhyrchir a'u troi'n allbwn sy'n ystyrlon i hyfforddwr. Er enghraifft, gall gymryd cymaint â 40 awr i brosesu data un gêm sboncen (Sanderson a Way 1979). Drwy ddechrau defnyddio systemau nodiant cyfrifiadurol, llwyddwyd i ddelio mewn ffordd bositif â'r ddwy broblem hyn, yn enwedig y broblem oedd yn ymwneud â phrosesu data. Drwy ddefnyddio dadansoddi amser-real neu recordiadau fideo er mwyn gwneud dadansoddiad ôl-ddigwyddiad, mae'r systemau hyn yn galluogi pobl i gael mynediad hawdd i'r data yn ddi-oed ac i gael y data wedi'u cyflwyno ar ffurfiau graffigol neu ddarluniadol eraill. Yn wir, mae'r ffaith bod y systemau fideo ym maes nodiannu yn mynd yn fwyfwy soffistigedig ac yn costio llai a llai yn gwella'r adborth ôl-ddigwyddiad yn sylweddol. Caiff y datblygiad hwn ei archwilio'n fanwl ychydig yn nes ymlaen (gweler Brown a Hughes [1995] am drafodaeth fanylach).

Ar y llaw arall, mae gan gyfrifiaduron eu problemau eu hunain hefyd. Ymhlith y rhain mae camgymeriadau'r bobl sy'n gweithredu'r cyfrifiaduron (e.e. gwasgu'r fysell anghywir yn ddamweiniol), yn ogystal â gwallau caledwedd a meddalwedd sy'n gallu newid y data a gesglir. Hefyd, mae gwallau o ran canfyddiad lle y bydd yr arsylwr yn camddeall digwyddiad neu'n camleoli safle yn dipyn o broblem mewn dadansoddi amser-real pan fydd yn rhaid rhoi'r data i mewn yn gyflym. Er mwyn lleihau'r problemau hyn gymaint â phosib, dylai'r systemau nodiant cyfrifiadurol gael eu gwirio'n ofalus. Un ffordd o wneud hyn yw drwy gymharu canlyniadau system gyfrifiadurol â chanlyniadau system â llaw. Yn ogystal, rhaid gwneud profion dibynadwyedd ar y system â llaw a'r system gyfrifiadurol i amcangyfrif pa mor gywir a chyson yw'r data a gesglir gan bob arsylwr. Un ffordd o wneud hyn yw bod arsylwr penodol yn ailddadansoddi fideo cyn cymharu'r ddwy set o ddata o ran cywirdeb; gelwir hyn yn brawf dibynadwyedd un-arsylwr. Os caiff y data hyn eu cymharu wedyn â data arsylwr arall o'r un perfformiad, yna bydd y cymariaethau hyn yn well tystiolaeth o safbwynt dibynadwyedd; gelwir hyn yn brawf dibynadwyedd rhyng-arsylwyr (Hughes a Franks 2004). Wrth ddod â'r adran hon i ben, gellir casglu mai tri diben pennaf nodiannu yw cynnig data a dadansoddiad ystadegol ar:

1. symudiadau athletwyr (e.e. faint o bellter y bydd athletwr wedi symud yn ystod gêm a sut y gwnaeth hynny);

2. tactegau unigolion a thactegau tîm;

3. techneg unigolion.

Gellir defnyddio'r wybodaeth a fydd yn deillio o hyn i sawl diben, gan gynnwys;

(i) rhoi adborth yn ddi-oed;

(ii) datblygu cronfa ddata;

(iii) amlygu mannau lle y mae angen gwella;

(iv) ar gyfer gwerthuso ychwanegol;

(v) mecanwaith ar gyfer chwilio'n ddetholus drwy recordiad fideo o gêm (Franks et al. 1983).

DECHRAU'R DADANSODDI: DATBLYGU SYSTEMAU NODIANNOL

Mae gwybodaeth helaeth ac amrywiol ar gael yn ystod gêm. Gan fod y gêm yn symud drwy'r amser a'r amgylchedd yn un dynamig, nid gwaith hawdd fydd casglu data ac felly bydd rhaid i unrhyw ddadansoddi meintiol o fewn cyd-destun chwaraeon fod wedi'i strwythuro'n effeithiol. Gan fod cymaint o ffyrdd o gasglu gwybodaeth ar bob math o gampau ar gael, dylid ystyried dau brif bwynt wrth ddatblygu offeryn nodiannol:

103

a) Dylid ymgynghori â'r arbenigwr technegol gorau ar y gêm (e.e. hyfforddwr) ynglŷn â diben y dadansoddiadau. Ymhlith y materion y dylid mynd i'r afael â hwy yn y cyd-destun hwn mae pa gwestiwn am y gamp y mae angen ei ateb a pha rai yw'r dangosyddion perfformiad pwysig.

b) Dylai'r defnydd posib o'r wybodaeth helpu i benderfynu sut y caiff y system ei chynllunio; h.y. dylai'r hyn y bydd angen ei gael gan y system ddadansoddi fod wedi'i bennu'n gyfan gwbl cyn dechrau.

Ar y cyd â'r rhain, y cam cyntaf yw creu siart llif neu strwythur rhesymegol o'r gêm ei hunan. Mae hyn yn golygu diffinio'r gweithredoedd posib yn y gêm ac, felly, ddisgrifio trywydd dilyniannol y gall gêm ei gymryd. Er enghraifft, mewn camp tîm megis hoci, disgrifiodd Franks a Goodman (1984) y gêm mewn ffordd syml iawn drwy ddefnyddio model dau gyflwr. Mae'r bêl ym meddiant tîm A neu ym meddiant eu gwrthwynebwyr, tîm B. Byddai hyn ar frig yr hyn a alwodd Franks a Goodman yn hierarchaeth. Lefel nesaf y cwestiynau yn yr hierarchaeth fyddai:

(i) Ble ar y cae wnaeth tîm A neu dîm B ennill a/neu golli'r meddiant?

(ii) A yw'n hawdd nodi'r ardaloedd hyn (e.e. drwy rannu'r cae yn chwe ardal)?

(iii) Pwy ar y tîm wnaeth ennill neu golli'r meddiant?

(iv) Sut y cafodd y meddiant ei ennill a'i golli (e.e. drwy daclo, rhyng-gipio neu drosedd)?

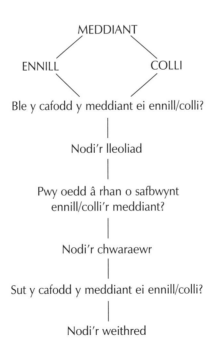

Ffigur 9.2. Model hierarchaidd i gynrychioli digwyddiadau mewn gêm oresgyn megis hoci, pêl-droed, pêl-fasged neu bolo dŵr

dadansoddi nodiannol ar gyfer hyfforddwyr

Gellir cynnwys y cwestiynau hyn mewn strwythur fel y dangosir gan Ffigur 9.2. Er ei bod hi'n amlwg bod y lefel hon o ddadansoddi yn syml iawn, gall y cwestiynau a ofynnir roi gwybodaeth ddefnyddiol dros ben. Gallant hefyd gael eu cynhyrchu'n hawdd a'u troi'n lluniau cynrychioliadol. Gallai dadansoddiadau manylach ymwneud â thechnegau penodol neu gynnwys paramedrau ffisiolegol a seicolegol sy'n cael eu mapio ar hyd echelin amser yn ystod y perfformiad. Ni waeth beth yw bwriad y dadansoddi, mae'n werth dechrau bob amser yn y ffordd symlaf bosib ac ychwanegu gweithredoedd eraill a'u canlyniadau yn raddol. Mae Franks a Goodman (1984) yn awgrymu defnyddio tri cham neu dasg i werthuso perfformiad, sef:

TASG 1: Disgrifiwch eich camp o'r cyffredinol i'r penodol.

TASG 2: Blaenoriaethwch ffactorau allweddol y perfformio (gweler Ffigur 9.2).

TASG 3: Lluniwch ddull cofnodi sy'n effeithlon ac sy'n hawdd ei ddysgu.

Yna gellir cynnwys gweithredoedd a chanlyniadau manwl (e.e. ble a sut y cafodd y meddiant ei ennill a/neu ei golli) mewn model o'r digwyddiadau.

Mae Ffigur 9.3 yn dangos sut y bydd y gweithredoedd yn cael eu troi maes o law yn ddarlun o'r gêm yr arsylwyd arni. Felly, pan fydd un o'r chwaraewyr yn sicrhau'r meddiant, mae nifer o bethau y gall ef eu gwneud. Canlyniad y rhain fydd yn pennu a fydd ei dîm ef yn cadw'r meddiant, yn sgorio gôl, yn ildio cic rydd ac ati. Ac, wrth gwrs, gellir gwneud y system nodiannol hon (a phob un arall) yn fwy soffistigedig. Er enghraifft, nid yw'r dribl, y rhediad, y dacl na'r drosedd wedi'u cynnwys, nac ychwaith weithredoedd y chwaraewyr pan na fydd y meddiant gan y tîm. Y penderfyniad anodd i'w wneud wrth gynllunio'r math hwn o fodel yw gwybod pryd y bydd cyfyngiadau'r model yn dderbyniol o fewn cylch gorchwyl y data a ddymunir.

Mae'r elfennau craidd, sef chwaraewyr, safleoedd a gweithredoedd, yn hanfodol i'r rhan fwyaf os nad pob system ddadansoddi, er nad oes rhaid eu cynnwys bob tro. Er enghraifft, os taw'r nod yw dadansoddi patrymau ymosod tîm hoci, ni fydd rhaid i ni gofnodi enwau'r chwaraewyr, dim ond eu safle ar y cae, y gweithredoedd a wnaed ac unrhyw ganlyniadau. Fodd bynnag, os byddwn ni'n archwilio cyfradd weithio chwaraewr penodol, bydd angen i ni ganolbwyntio ar y chwaraewr dan sylw, ei safle, ei weithredoedd (sefyll, cerdded, loncian, rhedeg ac ati) ac, o bosib, amser. Drwy adeiladu ar hyn, mae'r system sydd wedi'i datblygu yn Ffigur 9.4 yn dangos y rhesymeg syml sydd ei hangen i gofnodi a dadansoddi'r prif elfennau perfformio o fewn gêm o sboncen. Mae'r siart llif (h.y. Ffigur 9.4) yn cael ei gymhlethu fymryn gan y cysyniad o let a strôc. Bydd let yn digwydd pan fydd un chwaraewr yn amharu ar y llall wrth iddo wneud ei ergyd, sy'n golygu y bydd rhaid chwarae'r rali unwaith eto, heb ddim newid yn y sgôr ac â'r un serfiwr. Bydd strôc yn cael ei rhoi yn erbyn chwaraewr pan fydd yn rhwystro'r gwrthwynebydd rhag bwrw'r wal flaen ag ergyd uniongyrchol neu'n rhwystro ergyd a fyddai'n ennill y pwynt. Felly, bydd rhoi strôc yn erbyn chwaraewr yn gyfwerth â'r chwaraewr yn ildio camgymeriad.

Gwaith digon syml yw creu model o ddilyniant cynhyrchu ergydion a'r safleoedd lle y caiff yr ergydion eu chwarae. Felly, yn y rhan fwyaf o systemau syml ar gyfer chwaraeon racedi, bydd dadansoddwyr yn dechrau drwy wneud dadansoddiad o ergydion

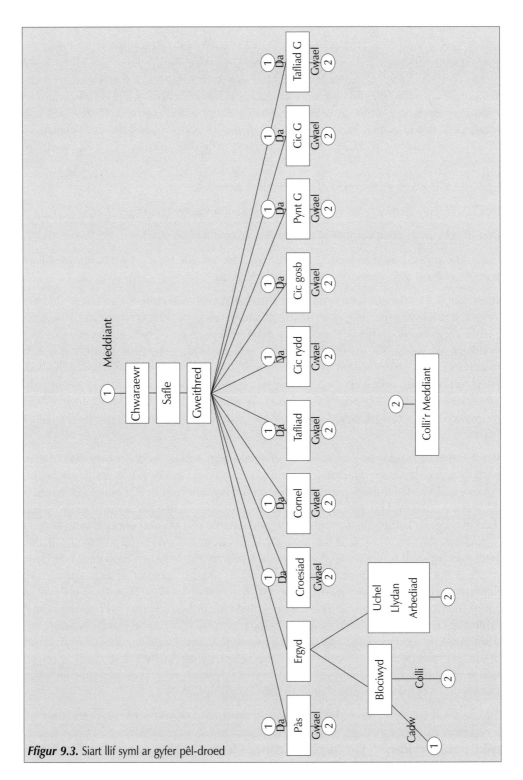

Ffigur 9.3. Siart llif syml ar gyfer pêl-droed

dadansoddi nodiannol ar gyfer hyfforddwyr

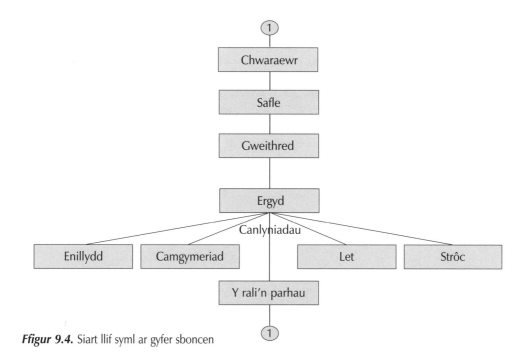

Ffigur 9.4. Siart llif syml ar gyfer sboncen

ennill/camgymeriad, gan gofnodi'r math o ergydion oedd yn ennill neu oedd yn gamgymeriad ac o ble ar y cwrt y cawsant eu chwarae. Fodd bynnag, er mwyn cynnwys y system sgorio bydd rhaid ychwanegu rhai pethau at y siart llif hwn. Sail yr hyn a elwir yn system sgorio Seisnig mewn sboncen yw bod y serfiwr yn cael pwynt os bydd yn ennill y rali. Os bydd y person arall yn ennill y rali, ni fydd yn cael pwynt ond bydd yn ennill yr hawl i serfio. Un ffordd o gynnwys rhesymeg y sgorio a phwy fydd yn serfio yn y model fyddai cadw'r diffiniad o'r serfiwr a'r person nad yw'n serfio drwy gydol y rali. Byddai hyn yn helpu i ddangos yn glir a fyddai'r sgôr wedi cynyddu ar ddiwedd y rali neu beidio, yn dibynnu ar bwy enillodd. Caiff y gwaith o ddethol pa rai o'r gweithredoedd hyn ac eraill fydd i'w cynnwys yn y modelau hyn ei bennu gan faint o fanylder sydd ei angen (Hughes a Franks 2004).

ENGHREIFFTIAU O DDADANSODDI MEWN CHWARAEON ELIT

Yn ôl Hughes (2004), dylai tîm dadansoddi perfformiad weithio'n agos gyda hyfforddwyr. Dylai'r data a gesglir gael eu rhannu fel y gall y ddwy ochr deimlo eu bod yn gallu hawlio rhywfaint o berchnogaeth drostynt. Drwy wneud hyn, bydd hyfforddwyr (ac athletwyr) yn dod i dderbyn ac i ddeall y negeseuon sydd ynddynt yn haws ac yn gynt. Drwy ymwneud yn y ffordd yma, mae hyfforddwyr yn gallu sicrhau bod y systemau dadansoddi'n aros yn fyw ac yn berthnasol, a byddant yn meddwl am syniadau newydd ynglŷn â sut i nodi ac i werthuso'r arferion parhaus. Mae'r rhan fwyaf o'r gefnogaeth a gynigir ar hyn o bryd i

107

hyfforddwyr England Squash (Corff Llywodraethu Cenedlaethol Sboncen yn y DU) yn seiliedig ar waith Murray a Hughes (2001). Mae'r gwaith ymchwil hwn yn cynnwys dadansoddiadau sy'n amrywio o gymarebau syml ergydion ennill/camgymeriadau hyd at batrymau diweddu raliau cymhleth sydd wedi'u cynhyrchu o systemau cyfrifiadurol. Yn fwy penodol, rhoddodd Murray a Hughes (2001) y wybodaeth o bump o gemau un chwaraewr penodol ynghyd mewn un gronfa ddata. O'r wybodaeth hon, yr oeddent yn gallu cynhyrchu hyd at 300 o graffiau gwahanol oedd yn dangos y gwahanol gyfuniadau o ergydion a gafodd eu chwarae a'r safleoedd lle y cawsant eu chwarae. Wedi cydnabod bod hyn oll yn rhoi gormod o wybodaeth i hyfforddwyr ei defnyddio, cafodd y wybodaeth ei chrynhoi gan yr awduron i bwyntiau bwled a gafodd eu defnyddio ar ffurf bwrdd stori ar y cyd â fideo wedi'i olygu o'r chwaraewr oedd yn cael ei astudio. Mae Ffigur 9.5 yn rhoi enghraifft o'r data a

---

Enw'r chwaraewr: **Sarah Fitzgerald**

O'r tair gêm a ddadansoddwyd, enillodd Sarah ddwy ohonynt yn gyffyrddus – problem gynhenid wrth geisio dadansoddi'r chwaraewyr gorau.

- Cymhareb ennill/camgymeriad Sarah (W/E) oedd 83/38 (cymhareb ymosodol iawn). Yn erbyn Michelle, 28/23 oedd y gymhareb. Ar ei serf ei hun, y gymhareb W/E oedd 12/13, ac ar serf ei gwrthwynebwyr roedd yn 16/10.

- Yn ei gêm galed yn erbyn Michelle, chwaraeodd Sarah fwy o ergydion hir syth (248:274) a llai o ergydion traws-cwrt cyfatebol (223:184).

Proffil positif

- O ran dosbarthiad yr ergydion ennill, mae Sarah yn gryf iawn ar draws canol y cwrt ac yn gryf ar y foli fer.

- Roedd yr ergydion ennill wedi'u dosbarthu fel hyn: dreifiau 10; ergydion cwta 14; foliau byr 11; cwta traws 6; traws-foliau byr 3.

- Gorfododd Sarah ei gwrthwynebwyr i wneud nifer fawr o gamgymeriadau o gefn y cwrt drwy ddefnyddio dreifiau syth a dreifiau traws-cwrt yn arbennig.

Proffil negyddol

- Gwnaeth Sarah fwy o gamgymeriadau yng nghefn y cwrt (mae mwy o ergydion yng nghefn y cwrt bob amser).

- Roedd yr ergydion wedi'u dosbarthu fel hyn: dreifiau 17 (9 gwrthlaw i gyd yn y cefn, 8 blaenllaw o bobman); cwta 5; foliau byr 8 (7 gwrthlaw); cwta traws 3 (blaenllaw i gyd yn y cefn); bostiau 8.

- Mae dosbarthiad yr ergydion ennill yn dangos i'r rhan fwyaf o'r ergydion yma ddod o'r ochr wrthlaw yn y gemau hawdd, ond yn erbyn Michelle roedd y dosbarthiad yn fwy ar yr ochr flaenllaw yn y cefn.

* Yr un oedd y proffil yma o safbwynt dosbarthiad y camgymeriadau.

Crynodeb

- Angen paratoi'n dda ar gyfer dechrau pob rali – mae gan Sarah broffil gwan yn y raliau byr.

- Yn ôl pob tebyg bydd angen i Sarah chwarae i well hyd er mwyn rhwystro ei gwrthwynebwr rhag folio; mae'r lled ar yr ergydion syth a thraws-cwrt yn dda.

- Bydd gwrthwynebwyr yn tueddu i ddefnyddio gêm traws-cwrt gryf i droi a rhoi pwysau ar Sarah. Efallai y gallai hi ddefnyddio'r dacteg hon hefyd.

- Mae Sarah yn dda iawn yn yr hanner blaen, yn enwedig o safbwynt ergydion gwrthlaw, ac mae'n defnyddio'r ergyd fer mewn ffordd briodol.

Ffigur 9.5. Crynodeb o'r data a ddefnyddiwyd yn adborth ar fformat bwrdd stori ar y cyd â fideo golygedig

dadansoddi nodiannol ar gyfer hyfforddwyr

gafodd eu prosesu ar ffurf bwrdd stori fel y'i cyflwynwyd i'r hyfforddwyr. Fel arfer bydd y wybodaeth hon yn cael ei defnyddio ar y cyd â chlipiau fideo golygedig a fydd yn darlunio'r pwyntiau sy'n cael eu hamlygu.

Wedi i Murray a Hughes (2001) gasglu'r wybodaeth yn yr astudiaeth, cafodd ei normaleiddio (h.y. ei safoni), ei throi'n ganrannau a'i chywasgu ar gynrychioliad o'r cwrt. Yna, cafodd y cwrt ei rannu yn 16 rhan (yn yr un ffordd â'r system SWEAT [Technoleg Dadansoddi Syml Ergydion Ennill a Chamgymeriadau] a ddatblygwyd gan Hughes a Robertson [1998]) â rhannau'r cwrt yn cael eu dadansoddi o safbwynt y math o ergyd. Yn naturiol, yr oedd yr hyfforddwyr (ac maent yn parhau i fod) yn awyddus iawn i gael gwybodaeth mor dreiddgar a pherthnasol, gan fod y wybodaeth hon yn caniatáu iddynt ganolbwyntio ar wendidau'r gwrthwynebwyr yn ogystal ag ar berfformiad eu chwaraewyr eu hunain.

Yn ogystal ag adeiladu llun cyffredinol o berfformiadau chwaraewyr, gall disgiau cryno sy'n cynnwys deunydd fideo wedi'i olygu o agweddau anghyffredin proffiliau chwaraewyr unigol gael eu darparu ar gyfer hyfforddwyr. Mae'n bosib creu'r rhain drwy ddefnyddio pecynnau dadansoddi chwaraeon megis Focus (i ddarllen mwy am gryfderau a defnyddiau Focus a phecynnau meddalwedd nodiannol eraill megis Quintic, Dartfish a SiliconCoach, gweler Murray a Hughes [2006]). O ganlyniad, wrth i'r defnydd arnynt a'u gwerth gael eu cydnabod, mae meddalwedd systemau nodiannol sydd ar gael yn fasnachol yn cael eu defnyddio'n gynyddol mewn llawer math o gampau, yn enwedig campau tîm. Er enghraifft, gellir defnyddio system SportsCode i ddilyn hynt perfformiad chwaraewr pêl-droed yn ystod gêm. Yn wahanol i Focus, sy'n defnyddio categorïau sefydlog, mae SportsCode yn caniatáu defnyddio unrhyw nifer a chyfuniad o newidynnau fel codau. Bydd pob newidyn (e.e. gweithred wedi'i chyflawni [tacl, cic, rhyng-gipiad ac ati]) yn cael ei gynrychioli ar ffenest fotymau. Nid yw siâp, maint a threfn y botymau yn ffenest SportsCode yn sefydlog ac felly gellir eu dylunio'n arbennig ar gyfer anghenion y dadansoddwr, gan gynnwys lliwiau'r botymau eu hunain hyd yn oed. Yn ogystal, gellir gweithredu'r disgrifwyr testun, a ddefnyddir yn SportsCode i ddiffinio'r gweithredoedd, mewn unrhyw nifer o ffyrdd neu ddim o gwbl, fel y gall dadansoddwyr newydd yn ogystal ag arbenigwyr ddefnyddio'r bysellau. Felly, pan gaiff y weithred ei nodi, caiff y botwm cyfatebol ei wasgu. Bydd hyn yn adeiladu llun cynhwysfawr o'r chwaraewr ac o'r gêm yr arsylwir arnynt.

DADANSODDIADAU FIDEO A PHROFFILIO PERFFORMIAD FEL ARFAU AR GYFER HYFFORDDWYR

Mae systemau megis SportsCode a Focus yn gallu cynnig yr adborth cyflym ac effeithlon y mae ei angen yn ddybryd ar hyfforddwyr yn ôl Hughes a Franks (1997). Mae llwyddiant y systemau hyn, fodd bynnag, yn dibynnu ar sut y cânt eu defnyddio (e.e. pennu'n glir yr hyn sydd i'w ddadansoddi). Ni ellir amau ansawdd yr allbwn, er y bydd yn dibynnu ar y wybodaeth a fewnbynnir. Yn ogystal, mae hyblygrwydd system SportsCode yn galluogi'r hyfforddwr i adolygu perfformiad a rhoi adborth yn ystod ac ar ôl digwyddiad. Mae Ffigur 9.6 yn cynrychioli diagram llif wedi'i addasu o waith Hughes a Franks (1997: 16) sy'n dangos y defnydd hwn, gan leoli dadansoddi nodiannol yn bendant o fewn y broses hyfforddi.

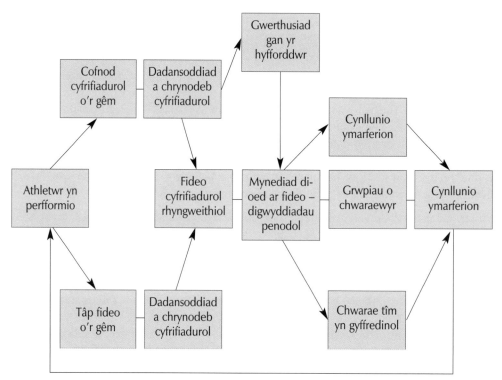

Ffigur 9.6. Diagram llif wedi'i addasu yn dangos defnyddio adborth fideo o fewn y broses hyfforddi

Drwy'r rhaglenni dadansoddi strwythuredig hyn, gall hyfforddwyr gael mynediad i lond gwlad o wybodaeth fanwl am eu timau a'u chwaraewyr hwy eu hunain ac am eu gwrthwynebwyr hefyd. Felly, gellir defnyddio'r data ystadegol a'r adborth fideo a gesglir i adeiladu cronfa ddata dros nifer o gemau neu dros dymor cyfan hyd yn oed (Partridge a Franks 1993). Gellid darparu'r gronfa hon ar gyfer chwaraewyr a hyfforddwyr ar draws rhwydwaith o gyfrifiaduron. Yn wir, mae Undeb Rygbi Cymru a nifer o gyrff llywodraethu cenedlaethol eraill a chlybiau proffesiynol yn defnyddio'r systemau hyn i helpu i ddatblygu chwaraewyr ar hyn o bryd. Maent yn gwneud hyn oherwydd bod dadansoddi nodiannol, yn enwedig drwy ddefnyddio fideo, yn rhoi cyfle i hyfforddwyr gofnodi, arsylwi ar, myfyrio ar a gwirio perfformiadau'n gywir drwy gyfrwng sy'n gallu dal eu sylw hwy eu hunain a sylw'r athletwyr (Lyons 1988).

Amlygodd gwaith cynnar Sanderson a Way (1979) a Hughes (1986) y ffaith y gallai cronfa ddata o gemau campau megis pêl-droed, rygbi, hoci a phêl-rwyd ddarparu gwybodaeth ynglŷn â phatrymau chwarae y gellid eu hystyried yn rhai cynrychiadol o'r gamp dan sylw. Daeth y proffiliau o grwpiau gwahanol o chwaraewyr a gafodd eu llunio o ganlyniad yn arf grymus iawn i hyfforddwyr wrth iddynt geisio deall eu campau eu hunain yn well. O'r herwydd, gwelwyd nifer o astudiaethau dros y blynyddoedd yn ceisio proffilio grwpiau gwahanol o chwaraewyr ac agweddau gwahanol ar chwaraeon. Er enghraifft, ceisiodd Hughes, Wells a Matthews (2000) ateb y cwestiwn ynghylch faint o gemau y dylid arsylwi arnynt cyn y byddai'n bosib casglu bod patrwm pendant wedi dod i'r amlwg. Penderfynasant ailadrodd astudiaeth gynharach Hughes (1986) ond y tro hwn drwy astudio menywod oedd yn chwaraewyr sboncen ac a oedd yn chwarae ar dair safon wahanol. Buont yn cymharu'r proffiliau o gronfeydd data o wyth, naw a 10 o gemau er mwyn archwilio pryd y trodd y proffiliau'n normadol – hynny yw, yn sefydlog. Defnyddiwyd profion ystadegol i ganfod cyfanswm yr ergydion yn y gêm a'u dosbarthiad (h.y. eu lleoliad). Darganfyddasant na fyddai chwaraewyr hamdden yn sefydlu patrwm chwarae normadol ond y byddai chwaraewyr lefel sir ac elît yn gwneud hynny. Yr oedd yna wahaniaeth, fodd bynnag, yn nifer y gemau y byddai eu hangen ar broffiliau'r chwaraewyr elît ac ar broffiliau'r chwaraewyr sir er mwyn iddynt ddod yn normadol. Yn achos chwaraewyr sir, byddai'n cymryd wyth i naw gêm ond dim ond chwe gêm y byddai'n ei gymryd yn achos chwaraewyr elît. Fodd bynnag, cynhyrchwyd mwy o ddata yn ystod y gemau elît oherwydd eu bod yn parhau am fwy o amser, a gallai hyn esbonio pam y gwnaeth proffiliau'r chwaraewyr elît sefydlogi'n gynt. Mae'n fwy tebygol bod chwaraewyr, wrth iddynt wella'u safon, yn gallu cynnal patrymau sefydlog o chwarae oherwydd bod lefel eu sgiliau'n uwch. Mae'r gwrthwyneb yn wir yn achos chwaraewyr hamdden nad ydynt, fynychaf, yn ddigon medrus i chwarae i batrymau tactegol sefydlog, ac felly ni fydd eu proffiliau'n sefydlu mor gyflym. Dangosodd yr astudiaeth fod creu proffiliau normadol yn dibynnu'n helaeth ar natur y data a gesglir ac ar allu'r perfformwyr. Bydd angen i hyfforddwyr ystyried y math yma o ffactorau cyd-destunol yn ofalus cyn iddynt gomisiynu a/neu ddehongli data penodol. Yn yr un modd, gellid tybio po fwyaf yw nifer y gemau mewn cronfa ddata, mwyaf dibynadwy yw'r proffil a gaiff ei gynhyrchu (Potter a Hughes 2001). Fodd bynnag, mae gwaith diweddar wedi awgrymu bod cronfa ddata, wrth iddi dyfu, yn mynd yn llai sensitif i newidiadau mewn patrymau chwarae ac felly'n mynd yn llai cywir (Hughes et al. 2001). Mae'r pwynt hwn yn destun dadl ar hyn o bryd.

Mae'r ffaith bod cynifer o bapurau ymchwil diweddar yn archwilio sut y gellir creu darlun o berfformiad athletwr yn dangos bod y maes ymchwil hwn yn un diddorol sy'n esblygu drwy'r amser. Yn ddiau, mae angen gwella ar y dulliau sy'n ceisio deall sut y bydd data'n sefydlogi (Hughes et al. 2001), ond o leiaf maent yn rhoi rhai arwyddion cynnar i ni ynglŷn â phryd y bydd patrymau sy'n gysylltiedig â pherfformiad yn ymddangos. Yn ogystal, mae gwaith diweddar James et al. (2005) ac O'Donoghue (2005) yn ein cyfeirio at ffyrdd eraill o ganfod ac o fynegi data patrymog, ac mae'n ddigon posib y gallai'r rhain ddwyn ffrwyth yn y dyfodol. Afraid dweud, po fwyaf hygyrch a dealladwy y bydd y data – cyhyd ag y cedwir eu cymhlethdod – gorau i gyd y bydd hyn o safbwynt yr hyfforddwr wrth iddo geisio gwella perfformiadau athletwyr.

CASGLIADAU

Mae offerynnau nodiannol systematig yn cynnig dull o gasglu data ar berfformiadau athletwyr sy'n ddisgrifiadol, yn dreiddgar ac yn gywir. Gellir dadansoddi a phrosesu y data hyn mewn amryfal ffyrdd a fydd yn rhoi sail ar gyfer adborth manwl ar y perfformiad hwnnw. Hefyd, mae gwelliannau yn nhechnoleg y cyfrifiadur a'r fideo yn ddiweddar wedi gwneud y broses arsylwi hon yn fwyfwy effeithlon. Mae'r bennod hon wedi ceisio dangos sut y gall y systemau hyn a'r dechnoleg hon helpu hyfforddwyr. Yn hyn o beth, drwy eu defnyddio

111

mewn ffordd ofalus ac ystyrlon, gellir canfod data cywir a pherthnasol ar unrhyw agwedd ar gystadlu athletaidd. Mae'r wybodaeth hon yn allweddol mewn llawer ffordd ond yn enwedig felly o ran helpu hyfforddwyr i ddeall perfformiadau eu hathletwyr a'u chwaraewyr eu hunain ac ar yr un pryd ddatblygu cynlluniau gemau realistig i ddelio â'r gwrthwynebwyr nesaf.

PENNOD 10

MEDDYGAETH CHWARAEON AR GYFER HYFFORDDWYR

Andrew Miles a Richard Tong

Mae gen i ddiddordeb mawr mewn gwaith sy'n atal anafiadau. Mae'n fy ngalluogi i herio'r arbenigwyr o bersbectif cyfannol.

Per Mathias Høgmo
Cyfarwyddwr Pêl-droed Cymdeithas Bêl-droed Norwy;
Prif Hyfforddwr Tîm Pêl-droed Cenedlaethol Menywod Norwy (1997-2001) –
enillwyr y Fedal Aur yn y Gemau Olympaidd yn Sydney (2000)

RHAGARWEINIAD

Yn ystod y blynyddoedd diwethaf gwelwyd pobl yn cydnabod fwyfwy bod chwaraeon a gweithgaredd corfforol yn gallu gwella ansawdd bywyd. Felly, gwelwyd llawer i agenda gwleidyddol, cymdeithasol ac iechyd yn targedu mwy o gyfranogi mewn gweithgareddau cysylltiedig fel ffordd o gyrraedd targedau'r llywodraeth. Ymhlith y rhain mae cynhyrchu perfformwyr dawnus a fydd yn sail i Gemau Olympaidd Llundain 2012, torri i lawr ar glefyd coronaidd y galon, gordewdra, clefyd siwgr ac afiechydon eraill, yn ogystal â mynd i'r afael â materion sy'n ymwneud ag eithrio cymdeithasol, camddefnyddio cyffuriau ac ymddygiad gwrthgymdeithasol. Er bod y nodau hyn yn cael eu hystyried yn rhai digon teilwng ar y cyfan, gallai datblygu cyfranogiad ar lefel eang hefyd olygu y bydd unigolion nad ydynt wedi'u paratoi'n ddigonol yn ymgymryd â chwaraeon ac ymarfer corff heb y wybodaeth a'r gefnogaeth angenrheidiol. Hefyd, wrth i athletwyr cydnabyddedig geisio perfformio ar lefelau uchel, mae'n debygol y bydd baich a dwyster yr ymarfer yn codi. Gallai'r ddau ddatblygiad hyn olygu bod mwy o bobl yn cael eu hanafu. Mae'n debygol, felly, y bydd meddygaeth chwaraeon a'i harwyddocâd i hyfforddwyr yn enwedig yn dod yn fwyfwy pwysig o safbwynt delio â'r cynnydd disgwyliedig yn nifer yr anafiadau a fydd yn gysylltiedig â chwaraeon ac â gweithgaredd corfforol.

Yn draddodiadol mae meddygaeth yn cynnwys maes diagnosis a thrin afiechyd neu anafiadau. Fodd bynnag, gan fod pobl yn dod i ddeall mecanweithiau anafiadau a'r hyn sy'n eu hachosi yn well, mae mwy o sylw wedi troi'n ddiweddar at atal anafiadau. Mae'r newid pwyslais hwn yn seiliedig ar y gred na all cymdeithas sicrhau'r buddion a ddymunir o fod yn ymwneud mwy â gweithgaredd corfforol ac â chwaraeon gan sicrhau ar yr un pryd na fydd hynny'n ormod o draul ar y seilwaith adnoddau presennol os na fydd pawb sy'n rhan o'r gwaith o'u trefnu ac o'u darparu yn ymwybodol bod perygl y gallai'r cyfranogwyr gael eu hanafu. Felly, dylent allu cynllunio a pharatoi sesiynau gweithgaredd corfforol na fyddant yn

113

gorymestyn athletwyr a chyfranogwyr hyd at anafiadau.

A hwythau'n brif ddarparwyr gweithgareddau chwaraeon trefnedig, dylai hyfforddwyr fod yn ymwybodol ei bod yn ddigon hawdd i bobl sy'n cymryd rhan mewn chwaraeon gael anaf. Felly, yr ydym ni'n credu y dylai'r hyfforddwr chwaraeon, er na ddylid disgwyl iddo drin pob anaf, fod â dealltwriaeth dda o'r ffactorau a allai beri anaf a sut y dylid rheoli'r anaf hwnnw er mwyn hwyluso'r gwellhad gorau posib. Diben y bennod hon yw dangos yn glir i hyfforddwyr werth y math yma o ddealltwriaeth o feddygaeth chwaraeon ac o atal, trin a rheoli anafiadau. Mae'r bennod yn dechrau drwy ddiffinio meddygaeth chwaraeon cyn enwi a chategoreiddio anafiadau chwaraeon cyffredin. Yna bydd yn archwilio'r ffactorau sy'n achosi'r anafiadau hyn ac yn trafod strategaethau y gall hyfforddwyr eu defnyddio i leihau'r risg y bydd yr anafiadau'n digwydd. Bydd ystyriaethau sy'n ymwneud â thrin anaf yn cael eu trafod ynghyd ag awgrymiadau ar gyfer rheoli'r broses wella yn effeithiol.

BETH YW MEDDYGAETH CHWARAEON A SUT Y GALL HELPU HYFFORDDWYR

Mae llawer o awduron wedi ceisio diffinio meddygaeth chwaraeon. Cynigiodd Hollmann (1988: xi) ddiffiniad cynnar a gafodd ei fabwysiadu gan y Ffederasiwn Rhyngwladol Meddygaeth Chwaraeon (FIMS) ac a oedd yn cynnwys;

> …y canghennau damcaniaethol ac ymarferol hynny o feddygaeth sy'n ymchwilio i effeithiau ymarfer, hyfforddi a chwaraeon ar bobl iach a phobl sâl, yn ogystal ag effeithiau diffyg ymarfer, er mwyn cynhyrchu canlyniadau defnyddiol ar gyfer atal, therapi ac adfer.

Yn ogystal, awgrymodd Hollmann (1988) fod tair gwedd i feddygaeth chwaraeon fodern, sef atal, diagnosis a thrin/adfer, gyda rôl fwyfwy arwyddocaol i atal, fel y crybwyllwyd eisoes. Mewn cymdeithas sy'n dod yn fwyfwy dibynnol ar dechnoleg ac awtomatiaeth a lle y mae'r diwylliant bwyd sydyn yn treiddio i bob man, ceir tuedd bendant i beidio ag ymgymryd â gweithgareddau corfforol. Bu Hollmann (1988) yn dadlau y dylai agweddau ataliol meddygaeth chwaraeon ddefnyddio gweithgareddau corfforol yn gyfle i adfer cyflwr ffisiolegol normal, a defnyddio ymarfer priodol i gynhyrchu addasiadau ffisiolegol a allai atal ystod o glefydau a cholli galluoedd corfforol oherwydd oed. Yn y modd hwn, gall strategaeth atal gynyddol ac effeithiol leihau'r angen i gael triniaeth, er y bydd yn anochel bod anafiadau'n dal i ddigwydd ac felly y bydd yr angen i gael diagnosis, triniaeth ac adferiad yn aros.

Mae diffiniad mwy cyfoes, a gynigiwyd gan Brukner a Khan (2006: 3), yn awgrymu bod meddygaeth chwaraeon eisoes wedi datblygu yn gryn faes astudio ac yn wasanaeth eang ei ddarpariaeth hefyd. Maent yn dechrau drwy ddweud mai diffiniad mwy cywir o feddygaeth chwaraeon fyddai meddygaeth ymarfer neu, efallai hyd yn oed yn fwy cywir eto, ofal meddygol cyflawn yr unigolyn sy'n ymarfer. Caiff y diffiniad hwn ei ehangu ymhellach i gynnwys:

> Atal anafiadau, diagnosis, triniaeth ac adfer; gwella perfformiad drwy ymarfer, maeth a seicoleg; rheoli problemau meddygol o ganlyniad i ymarfer a rôl ymarfer mewn cyflyrau clefydau cronig; yr anghenion penodol pan fydd plant, menywod, pobl hŷn a phobl ag anableddau parhaol yn ymgymryd ag ymarfer; gofal meddygol digwyddiadau a thimau

114

chwaraeon; gofal meddygol mewn sefyllfaoedd lle y bydd y ffisioleg yn newid megis uchder neu ddyfnder; a materion moesegol megis camddefnyddio cyffuriau mewn chwaraeon (t. 3).

Ar wahân i'r ffaith bod tipyn o ddryswch o ran defnyddio'r geiriau 'chwaraeon' ac 'ymarfer', y sylw amlycaf o edrych ar y diffiniad hirfaith hwn yw mor amrywiol yw'r ddisgyblaeth a'r cysyniad o ddarparu gofal meddygol cyflawn. Yn ogystal, ceir cydnabyddiaeth na fydd unrhyw ymarferwr unigol yn debyg o allu delio â'r holl elfennau sy'n gysylltiedig â meddygaeth chwaraeon fodern. Ac felly, bydd bron pob un o'r awduron sy'n ceisio diffinio meddygaeth chwaraeon fodern yn casglu bod dull amlddisgyblaethol yn nodwedd o ddarparu gwasanaethau meddygaeth chwaraeon da – hynny yw, y ffordd orau o ymateb i anghenion meddygaeth chwaraeon unigolyn sy'n ymarfer yw drwy ddefnyddio tîm sy'n cynnwys nifer o arbenigwyr. Felly, fel y ceir mewn model meddygol nodweddiadol megis Gwasanaeth Iechyd Gwladol y DU lle y ceir haenau o fewnbwn gan ymarferwyr a lle y bydd y claf yn symud drwy strwythur diagnostig cyffredinol cyn cael ei gyfeirio at gymorth mwy arbenigol, yn yr un modd mewn model meddygaeth chwaraeon, pwynt cyswllt meddygol cyntaf athletwr yn fwy aml na pheidio fyddai'r hyfforddwr. Yna byddai'r hyfforddwr yn cyfeirio'r athletwr at arbenigwr priodol, er enghraifft ffisiotherapydd, ffisiolegydd neu dylinwr corff. Felly, mae o'r pwys mwyaf fod gan hyfforddwr ddealltwriaeth sylfaenol o sut i ddelio ag anafiadau wrth iddynt ddigwydd, ac at bwy y dylent gyfeirio'r athletwr sydd wedi'i anafu.

Yn ôl Martens (2004), mae gan hyfforddwr dri phrif gyfrifoldeb meddygol:

- Sicrhau bod iechyd athletwr yn foddhaol cyn iddo ddechrau cymryd rhan;

- Pennu a yw'r afiechyd neu'r anaf yn ddigon difrifol fel y bydd yn rhaid i'r athletwr roi'r gorau i gymryd rhan;

- Sicrhau bod yr athletwr yn barod i ailddechrau ymarfer a chystadlu.

Er ein bod yn cytuno â'r pwyntiau a wnaed yma, fel y mae'r drafodaeth gynharach yn ei amlinellu, hoffem ymhelaethu arnynt er mwyn pwysleisio swyddogaeth atal anafiadau. Mae'n debyg, felly, fod ymwybyddiaeth o gysyniadau meddygaeth chwaraeon yn bwysig i hyfforddwyr o safbwynt nifer o ffactorau – o atal anafiadau, a chan gynnwys rhoi diagnosis a chyfeirio athletwyr sydd wedi'u hanafu neu sy'n sâl at arbenigwyr priodol, hyd at fonitro a meithrin yr athletwyr er mwyn iddynt gael ailddechrau cystadlu.

DIFFINIO A CHATEGOREIDDIO ANAFIADAU CHWARAEON

Er mwyn cyflawni eu dyletswyddau'n effeithiol o ran atal anafiadau chwaraeon, bydd angen i hyfforddwyr chwaraeon fod â dealltwriaeth ynglŷn â'r mathau gwahanol o anafiadau chwaraeon sy'n gallu digwydd ac, efallai'n bwysicach, bydd angen iddynt fod yn ymwybodol o'r prif ffactorau sy'n achosi'r anafiadau hyn. Os bydd hyfforddwr yn gwybod beth sy'n gallu achosi anaf, bydd mewn gwell sefyllfa i ddatblygu rhaglenni hyfforddi a strategaethau ymarfer a all atal yr anaf rhag digwydd. Fodd bynnag, nid gwaith hawdd yw diffinio anafiadau chwaraeon. Wrth edrych yn fanwl ar y deunydd darllen, gwelwn nad oes un

115

diffiniad gweithredol o anaf chwaraeon sy'n cael ei dderbyn yn gyffredinol (Van Mechelen *et al.* 1992). Yn wir, mae'r deunydd darllen yn cynnig ystod o ddiffiniadau sy'n awgrymu y gall anaf chwaraeon amrywio o symptom newydd sy'n ymddangos yn ystod ymarfer neu gystadleuaeth, neu berfformiad llai effeithiol gan athletwr am nad yw rhyw ran o'i gorff yn gweithio cystal, hyd at athletwr yn gorfod peidio â chymryd rhan a chysylltu â phersonél meddygol (Caine *et al.* 1996). Felly, mae cofnodi'r ffaith i anaf chwaraeon ddigwydd a rhoi manylion ynglŷn â natur yr anaf a'r union reswm pam y digwyddodd yn fater y mae epidemiolegwyr anafiadau chwaraeon yn ceisio ymgodymu ag ef byth a beunydd (Caine *et al.* 1996). Mae'r anghytuno hwn o safbwynt cysondeb termau a strategaethau cofnodi wedi cymhlethu'r gwaith o bennu'r cyfraddau anafiadau (Pelletier *et al.* 1993). O ganlyniad, mae'n anodd rhoi data diffiniol ynglŷn â'r anafiadau chwaraeon mwyaf cyffredin a'r mannau yn y corff lle y maent fwyaf tebygol o ddigwydd. Fodd bynnag, mae'n debyg bod y farn gyffredinol yn y deunydd darllen yn awgrymu mai'r mannau mwyaf cyffredin lle y bydd anafiadau chwaraeon yn debygol o ddigwydd yn y campau mwyaf poblogaidd yw'r pen-glin a'r pigwrn (Caine *et al.* 1996).

Gall categoreiddio'r mathau gwahanol o anafiadau chwaraeon fod yn broblem hefyd, yn bennaf oherwydd y gallai cymaint o ffactorau fod yn gysylltiedig ag anaf. Diben categoreiddio anaf chwaraeon o safbwynt sut, ble, pryd a pha mor aml y bydd yn digwydd yw ceisio sicrhau na fydd yn digwydd eto. Er enghraifft, ar ddechrau tymor pêl-droed yn yr Uwch Gynghrair yn ddiweddar, adroddodd un o'r timau gorau fod nifer o'r chwaraewyr wedi anafu gweyllen eu ffêr (tendon Achilles). Wrth ddadansoddi'r data, y casgliad oedd bod gwneud llawer o waith rhedeg ar arwynebau sych, caled wrth wisgo esgidiau anaddas yn un o'r ffactorau mwyaf arwyddocaol o safbwynt yr anafiadau hyn. Ni all y wybodaeth hon wella anafiadau sydd wedi digwydd eisoes, ond yn sicr gall leihau'r perygl y bydd anafiadau tebyg yn digwydd yn y dyfodol. Yn ogystal, gall cadw data o anafiadau dros gyfnod o amser ddangos pa mor effeithiol yw'r camau ataliol hyn a chamau tebyg ynghyd ag effaith gwell technegau meddygol ac ymarfer.

Er bod y rheswm dros gategoreiddio anafiadau chwaraeon yn glir, nid yw'r mathau gwahanol o gategoreiddio anafiadau yn glir fodd bynnag. Yn wir, mae awduron, ymchwilwyr ac ymarferwyr fel ei gilydd yn defnyddio amrywiaeth o ffyrdd er mwyn categoreiddio anafiadau. Er enghraifft, yr oll a wna rhai astudiaethau yw adrodd ble yn y corff y digwyddodd yr anaf. Yn ymarferol, mae hon yn ffordd resymegol o gategoreiddio, ond er mwyn i'r data hyn fod yn ystyrlon mae angen ystyried y cyd-destun hefyd – hynny yw, y gweithgaredd chwaraeon lle y digwyddodd yr anaf, e.e. mae cyfrif nifer yr anafiadau i'r llaw wrth redeg dros bellter yn llai defnyddiol na gwneud hynny mewn gymnasteg. Bydd astudiaethau eraill yn categoreiddio anafiadau gan gyfeirio at ble, yn yr ystyr amgylcheddol, y digwyddodd yr anaf. Gallai'r rhain gofnodi a chymharu lleoliadau mewnol â lleoliadau allanol, arwynebau caled (e.e. concrid) ag arwynebau meddal (e.e. gwair), yn ogystal â ffactorau eraill megis hinsawdd, cyfarpar ac uchder daearyddol. Bydd rhai astudiaethau'n categoreiddio'r adeg pan fydd anaf yn digwydd hefyd, e.e. wrth i'r athletwr ymarfer yn hytrach nag mewn cystadleuaeth, neu wrth iddo ystwytho yn hytrach na phan fydd yn ei flinder. Bydd y categorïau hyn yn tueddu i fod yn finomaidd eu natur, gan eu bod naill ai'n un peth neu'r llall. Ar y llaw arall, ceir rhai astudiaethau fydd yn cofnodi ac yn categoreiddio anafiadau fel petaent yn bethau ar ryw bwynt ar hyd continwwm. Y mwyaf amlwg o'r rhain

116

yw'r categorïau sy'n seiliedig ar faint o amser y bydd yr anaf wedi parhau a goblygiadau hynny. Yn y categorïau hyn, caiff yr anafiadau nad ydynt yn atal yr athletwr rhag parhau i berfformio ac a fydd yn gwella'n ddigon cyflym eu categoreiddio'n wahanol i'r rheini y bydd eu heffaith yn parhau am fwy o amser ac a fydd yn golygu y bydd yn rhaid i unigolyn golli cryn dipyn o ymarfer neu a allai beri anabledd parhaol. Mae Van Mechelen *et al.* (1992) yn awgrymu mai'r ffordd orau o fesur pa mor ddifrifol yw anaf yw drwy ddefnyddio chwe maen prawf: (i) natur yr anaf, (ii) hyd a natur y driniaeth angenrheidiol, (iii) faint o amser chwaraeon a gollir, (iv) faint o amser gwaith a gollir, (v) a geir unrhyw niwed parhaol a (vi) y gost sydd ynghlwm wrth yr anaf yn nhermau'r amser gweithredu a gollir a'r adnoddau a ddefnyddir wrth ei drin.

Mae'r categorïau hyn a rhai tebyg yn ddefnyddiol wrth geisio canfod y ffactorau sy'n achosi anafiadau. Fodd bynnag, yr ydym ni'n credu mai'r categoreiddio mwyaf ystyrlon yw'r un lle y caiff anafiadau eu categoreiddio yn ôl y math o anaf a gafwyd. Fel arfer bydd hyn yn dangos sut y digwyddodd yr anaf. Mae'r deunydd darllen yn defnyddio'r termau 'anafiadau trawiad sydyn' neu 'acíwt' i ddisgrifio'r anafiadau hynny a ddigwyddodd o ganlyniad i un digwyddiad trawmatig. Yn yr un modd, caiff y termau 'anafiadau sy'n datblygu'n raddol', 'anafiadau cronig' neu 'anafiadau gorddefnydd' eu defnyddio i ddisgrifio'r anafiadau hynny a gafwyd yn sgil bod yn agored droeon i straenachoswr ac sy'n dod i'r amlwg dros gyfnod o amser.

Caiff anafiadau acíwt eu hachosi gan ddigwyddiadau untro sy'n arwain at anaf i ran o'r corff. Gellir eu categoreiddio ymhellach fel rhai a achoswyd yn allanol neu'n fewnol. Anafiadau acíwt allanol yw'r rhai hynny fydd yn digwydd o ganlyniad i ddod i gysylltiad â grym allanol. Fel arfer gallai hyn fod o ganlyniad i athletwr yn cael ei daro gan neu'n bwrw i mewn i berson arall, rhyw ddarn o gyfarpar neu offer, neu'r llawr. Bydd anafiadau acíwt mewnol, ar y llaw arall, yn digwydd o ganlyniad i ryw rym mewnol gormodol, e.e. ymestyn, twistio neu dynnu sy'n gallu arwain at ysigiadau, torri llengig neu ddatgymalu.

Mewn cyferbyniad â'r anafiadau hynny sy'n digwydd o ganlyniad i ddigwyddiad sydyn, ceir nifer fawr o fathau o anafiadau y bydd eu symptomau'n datblygu'n raddol. Yn yr un modd ag anafiadau acíwt, gellir categoreiddio anafiadau cronig neu anafiadau gorddefnydd ymhellach yn ôl natur y ffactor sy'n gwneud yr athletwr yn fwy agored iddynt. Anafiadau cronig allanol fel arfer fydd y rheini sy'n digwydd pan fydd unigolyn yn agored yn barhaol i ffactor sydd y tu allan i'w gorff. Ymhlith y rhai amlwg mae beichiau hyfforddi gormodol yn enwedig ar arwynebau caled, dillad/esgidiau sy'n anaddas neu sy'n ffitio'n wael, cyfarpar anaddas neu gyfarpar sydd o'r maint anghywir ac amgylchiadau amgylcheddol anffafriol. Ar y llaw arall, gall anafiadau cronig mewnol ddigwydd o ganlyniad i osod gormod o straen yn fewnol, er enghraifft, gwahaniaeth yn hyd y coesau, anghydbwysedd neu wendidau cyhyrau, camaliniad aelodau, diffyg hyblygrwydd, cyflawni sgìl mewn ffordd wael neu ragdueddiadau genetig. Caiff categorïau'r anafiadau chwaraeon mwyaf cyffredin eu crynhoi yn Ffigur 10.1.

Pa anafiadau bynnag fydd gan athletwyr, bydd angen i hyfforddwyr fod yn ymwybodol o natur yr anaf a sut y gallai fod yn bosib mai eu dulliau hyfforddi hwy sy'n gyfrifol amdano. Yn yr un modd, drwy gategoreiddio a gwneud diagnosis cywir, bydd hyfforddwyr mewn

117

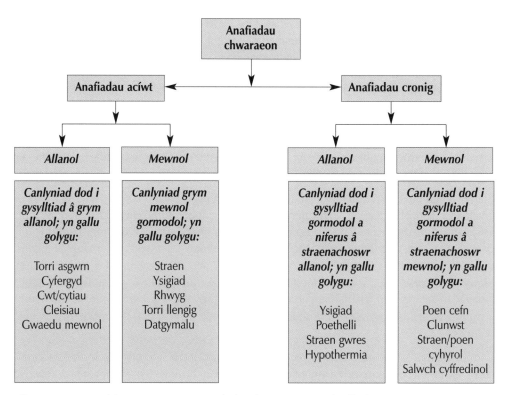

Ffigur 10.1. Y crynodeb o'r categorïau o'r anafiadau chwaraeon mwyaf cyffredin

gwell sefyllfa i ymateb i anafiadau athletwyr drwy eu hadfer mewn ffordd ystyriedig a/neu drwy addasu rhaglenni ymarfer yr athletwr. Trown yn awr at atal anafiadau.

ATAL ANAFIADAU

Rôl yr hyfforddwr o safbwynt atal anafiadau yw sicrhau y bydd yr hyn y bydd ef yn ei wneud yn paratoi'r perfformiwr a'r amgylchedd hyfforddi mewn ffordd briodol ar gyfer ymarfer a chystadlu. Fel yr awgrymwyd eisoes, gall gwybod beth sy'n achosi anaf fod o gymorth mawr i'r hyfforddwr o ran atal anafiadau yn y dyfodol. Mae'n hanfodol, felly, bod gan hyfforddwyr ddealltwriaeth dda o'r math o anaf sydd fwyaf cyffredin yn eu camp hwy, a'i amlder, er mwyn iddynt leihau'r risg o niwed i athletwyr. Gall y risg o gael anaf a difrifoldeb yr anaf amrywio yn ôl lefel y perfformiad a'r math o boblogaeth chwaraeon. Er enghraifft, ceir llawer mwy o anafiadau mewn rygbi proffesiynol nag mewn rygbi amatur o ganlyniad i gyflymder a dwyster y gêm. Ar y ddwy lefel, fodd bynnag, mae angen i hyfforddwyr fod yn ymwybodol o'r mannau hynny yn y corff lle y bydd anafiadau'n tueddu i ddigwydd er mwyn iddynt ddatblygu lefelau ffitrwydd a sgiliau fydd yn ei gwneud yn llai tebygol y bydd yr anafiadau hyn yn digwydd. Yn yr un modd, bydd angen i hyfforddwyr plant ifanc fod yn ymwybodol o'r ffactorau datblygiad fydd yn effeithio ar gyfranogiad chwaraeon y plant sydd yn eu gofal. Er enghraifft, drwy ddefnyddio hyfforddiant dwys gyda phlant ifanc gellir dal yn ôl eu cyfnod glasoed a datblygiad eu sgerbwd a, thrwy hynny, bydd mwy o risg y bydd pennau eu hesgyrn (epiffysisau) yn cael eu niweidio. At hyn, bydd defnyddio hyfforddi dwys gyda menywod ifanc yn cynyddu'r risg y gallent ddatblygu syndrom triawd y menywod, sef amenorhea, osteoporosis ac anhwylderau bwyta. Mae'n bwysig bod hyfforddwyr yn deall y pethau hyn a syndromau cymhleth eraill ac yn adnabod eu symptomau. Yn sgil hyn, byddant yn llai tebygol o ddigwydd. I'r rheini sydd â diddordeb mewn cael mwy o wybodaeth, mae Dirix et al. (1988) yn cynnig trosolwg defnyddiol o bersbectifau anafiadau chwaraeon a welir mewn rhai poblogaethau chwaraeon megis plant, menywod, yr athletwr sy'n heneiddio ac athletwyr ag anableddau.

Mae gwybodaeth a dealltwriaeth fanwl o alwadau corfforol (a meddyliol) eu camp yn bwysig i hyfforddwyr gan eu bod yn eu galluogi i ddatblygu ac i gynllunio rhaglenni ymarfer perthnasol. Mae hyn yn angenrheidiol gan y gall ymarfer amhriodol gael effaith negyddol mewn dwy ffordd. Yn gyntaf, gall lefelau ffitrwydd neu dechneg annigonol olygu y bydd yr athletwr yn cael ei orymestyn gan yr ymarfer neu gan gystadlu. Yn ail, gallai beichiau ymarfer gormodol fagu blinder, cyflwr sy'n gwneud i athletwyr fod yn fwyfwy agored i anafiadau. Yn ogystal, gall beichiau ymarfer trwm dros gyfnodau hir heb gyfnodau digonol i gael adferiad arwain at y cyflwr patholegol a elwir yn orymarfer neu'n syndrom tanberfformio diesboniad (UUS). Yn wir, adroddodd Budgett (1998) fod 10% o athletwyr campau dygn yn cael symptomau gorymarfer bob blwyddyn a bod hyn, yn ei dro, yn cynyddu'r risg iddynt gael eu hanafu ymhellach.

Gan fod llawer mwy o waith ymarfer na chystadlu yn gysylltiedig â chyfranogi mewn chwaraeon, bydd anafiadau yn aml yn digwydd yn ystod yr adegau hynny pan fydd pobl yn ymarfer. Wrth baratoi'r amgylchedd ymarfer, felly, dylai'r hyfforddwr nodi unrhyw risgiau posib a allai fod yn bresennol. Er enghraifft, gall cyfleusterau ymarfer o ansawdd gwael fod yn gyfrifol am fân anafiadau y byddai'n hawdd eu hosgoi. Hefyd, dylai hyfforddwyr ymgyfarwyddo ag unrhyw weithdrefnau cyfleusterau brys ar ac oddi ar y safle rhag ofn y bydd eu hangen. Yn olaf yn y cyd-destun hwn, er nad yw'n hanfodol, byddai'n ddymunol iawn bod gan hyfforddwr hyfforddiant sylfaenol cymorth cyntaf a chynnal bywyd gan mai'r hyfforddwr yn aml fydd y person cyntaf i drin athletwr sydd wedi'i anafu. Bryd hynny, gall gweithredu'n ddiymdroi achub bywyd neu sicrhau na fydd yr anaf i'r athletwr yn un mor ddifrifol.

Mae dewis y cyfarpar a'r tir ymarfer mwyaf addas hefyd yn bwysig o ran atal anafiadau. Er enghraifft, ni ddylai'r esgid y bydd athletwr yn ei defnyddio i ymarfer ddibynnu ar y math o gamp ac arwynebedd yn unig, ond hefyd ar nodweddion mecanyddol penodol yr unigolyn. Mae nifer yr anafiadau proffil uchel diweddar i esgyrn metatarsol (h.y. esgyrn traed) pêl-droedwyr yn amlygu'r dylanwad y gallai esgidiau anaddas ei gael drwy ei gwneud hi'n fwy posib y bydd y chwaraewr yn cael anaf. Ymhlith enghreifftiau eraill o ddefnyddio cyfarpar mewn ffordd amhriodol mae defnyddio gafael o'r maint anghywir wrth chwarae tennis sy'n helpu i achosi llid ar y penelin neu fframiau beiciau o'r maint anghywir sy'n codi'r risg o gael anaf i'r cefn wrth seiclo. Ac yn yr un modd, yn wahanol i rôl esgid rhedeg (lladd y sioc a rheoli rhan ôl y droed), mae esgid tennis wedi'i dylunio ar gyfer symudiadau ochrol a

119

symudiadau torri. Felly, mae rhedeg mewn esgidiau tennis neu chwarae tennis mewn esgidiau rhedeg yn cynyddu'r risg o gael anaf. Yn ogystal, gall technegau anaddas megis gorbronadu (h.y. y droed yn troi i mewn yn ormodol cyn gadael y llawr) wrth redeg (Kibler 1991) neu orymestyn (h.y. ymestyn mwy nag ystod naturiol y symudiad) wrth fowlio'n gyflym mewn criced gynyddu'r risg o gael anafiadau ymhellach.

Er mai hyfforddwyr sy'n aml yn gyfrifol am drefnu darpariaeth feddygol, bydd y math o gamp a lefel y gystadleuaeth yn dylanwadu ar eu rôl yn y cyswllt hwn. Er enghraifft, yn y rhan fwyaf o gystadlaethau rhyngwladol neu ddigwyddiadau cyfranogiad torfol, bydd y gofal meddygol fel arfer yn cael ei ddarparu gan y corff sy'n trefnu'r digwyddiad neu gan y noddwr. Bryd hyn, dyletswydd yr hyfforddwr yw darganfod pa ofal meddygol sydd ar gael a sut i gael mynediad iddo. Fodd bynnag, ar y lefelau cystadlu isaf, mae'n llai tebygol y bydd gofal meddygol yn cael ei ddarparu ac, felly, yr hyfforddwr ei hun fydd yn gyfrifol am drefnu cymorth meddygol.

O ran paratoi athletwr ar gyfer ymarfer neu gystadlu, mae nifer o gamau y gall – ac, efallai, y dylai – hyfforddwr eu cymryd i leihau'r risg o gael anaf gymaint â phosib. Yn ogystal â sicrhau bod yr ymarfer a wneir yn cyfateb i alluoedd yr athletwyr fel na fyddant yn cael eu gorymestyn, dylai hyfforddwyr sicrhau hefyd fod athletwyr wedi'u paratoi'n gorfforol ac yn feddyliol ar gyfer sesiwn ymarfer drwy gynllun ystwytho effeithiol. Y farn gyffredinol yw y gellir helpu i dorri i lawr ar nifer yr anafiadau drwy gael cyfnod ystwytho cyffredinol sy'n codi cyfradd curiad y galon a thymheredd y corff i'w lefelau gweithredu gorau posib cyn cyfnod ystwytho penodol sy'n dynwared gweithredoedd y cymalau a chyfangiadau'r cyhyrau sydd i'w perfformio yn ystod yr ymarfer go iawn (Gleim a McHugh 1997). Yn ogystal, adroddir yn aml bod ymestyn yn helpu i atal anaf er nad yw'r berthynas achosol yn y fan yma wedi'i phrofi'n bendant hyd yn hyn (Smith 1994).

Dylai hyfforddwyr fod yn gyfarwydd hefyd â gofynion sgrinio eu camp ac, felly, dylent fod yn ymwybodol o unrhyw unigolyn sydd, yn eu barn hwy, mewn perygl o gael ei anafu. Bydd y strategaeth hon yn golygu y bydd yn rhaid sicrhau bod athletwyr yn ddigon ffit i gymryd rhan drwy wirio'u hanes meddygol, lle bynnag y bydd hynny'n bosib. Bydd hyn yn cynnwys ymgyfarwyddo â dangosyddion allweddol megis clefyd cardiofasgwlaidd, lefelau colesterol a phwysau gwaed yr athletwyr dan sylw. Ymhlith y ffactorau ychwanegol y dylid eu hystyried mae anafiadau blaenorol i'r pen ac anafiadau cyhyrysgerbydol, asthma o ganlyniad i ymarfer, clefyd siwgr ac afiechyd sy'n gysylltiedig â gwres (Scuderi a McCann 2005). Mewn campau cyffwrdd megis rygbi, pêl-droed Americanaidd a bocsio, mae canllawiau clir ar gael ynglŷn â chyn-sgrinio yn ogystal â faint o amser y bydd yn rhaid aros cyn y caiff athletwr ailddechrau cystadlu yn dilyn anaf i'w ben. Mewn llawer o gampau eraill, fodd bynnag, mae'r canllawiau yn llai rhagnodol ac yn aml byddant ar ddisgresiwn hyfforddwyr.

RHEOLI ANAFIADAU

Rheoli anaf yn effeithiol o'r adeg y mae'n digwydd gyntaf hyd ei fod wedi gwella'n llwyr yw'r allwedd i adferiad llwyddiannus. Er mwyn sicrhau llwyddiant yn y tymor hir, mae'n bosib y bydd angen cymryd camau ychwanegol i helpu i rwystro'r anaf rhag dychwelyd. Bydd yr adran hon yn archwilio cyfnodau allweddol rheoli anafiadau ac yn nodi'r rolau gwahanol

120

fydd gan hyfforddwyr ac eraill yn y broses. Ceir sawl cyfnod yn y broses o reoli anaf chwaraeon. Y cyntaf o'r rhain yw'r rheoli ar y pryd. Yn y cyfnod hwn, rhoddir cymorth cyntaf neu ceir diagnosis cychwynnol a thriniaeth. Yn dilyn hyn, ceir rheoli cynnar lle y caiff diagnosis mwy gwybodus ei roi a lle y caiff yr athletwr driniaeth briodol yn fuan wedi'r anaf. Y trydydd cyfnod yw'r diagnosis manwl. Dyma pryd y caiff diagnosis trylwyr ei gwblhau, a allai olygu pelydrau-X neu lawdriniaeth gymalsyllol (arthroscopig). Adferiad yw'r cyfnod olaf ond un, lle y bydd yr athletwr yn ymarfer i gryfhau ac adfer y man sydd wedi'i anafu. Yn y cyfnod olaf, bydd yr athletwr yn dechrau chwarae unwaith eto wedi iddo gael ei ddyfarnu'n ffit. Yn awr byddwn yn rhoi amlinelliad manylach o bob un o'r cyfnodau hyn.

Yn y cyfnod rheoli ar y pryd, yr hyfforddwr yn aml fydd yn cymryd y cam cyntaf. Gallai hyn olygu y bydd yn gorfod penderfynu a yw'r athletwr yn ddigon iach i barhau i gymryd rhan neu a oes angen triniaeth feddygol arno. Weithiau, ni fydd hyfforddwr yn sylweddoli pa mor ddifrifol yw'r anaf a byddant yn gadael i'r athletwr barhau, gan beri hyd yn oed mwy o drawma i'r man sydd wedi'i anafu. Yn achos anafiadau difrifol i'r pen, y gwddf neu'r frest, dylid galw ar gymorth meddygol arbenigol ychwanegol ar unwaith. I gynorthwyo hyfforddwyr yn y cyswllt hwn, mae Steele (1996) wedi cynhyrchu gwerslyfr defnyddiol sy'n dwyn y teitl 'Sideline help: A guide for immediate evaluation and care of sports injuries', ac efallai y bydd darllenwyr am gael golwg arno i ddatblygu eu gwybodaeth ymhellach.

Bydd y cyfnod rheoli cynnar yn tueddu i ddigwydd naill ai ar y cae neu yn yr ystafell newid/ystafell feddygol. Fel arfer, yr hyfforddwr, y meddyg neu'r ffisiotherapydd fydd yn ei gwblhau ac, o ganlyniad, gallai'r athletwr gael ei gyfeirio at arbenigwr. Gall y driniaeth gychwynnol hon ddod o dan bedwar categori: clwyfau, toriadau, meinwe meddal ac anafiadau i'r pen/gwddf. Dylai'r hyfforddwr fod yn ymwybodol, o safbwynt rheoli clwyf, mai'r nod allweddol yw lleihau halogiad ac atal unrhyw golli gwaed. Yn aml, gwneir hyn drwy roi gorchudd ar y clwyf. Caiff toriadau eu trin i ddechrau drwy lonyddu'r cymal, o bosib drwy ddefnyddio sblint o ryw fath. Gydag anafiadau meinwe meddal, y nod yw lleihau neu reoli'r chwydd, a'r ffordd fwyaf effeithiol o wneud hyn yw drwy ddilyn yr acronym R.I.C.E. [Rest-Ice-Compression-Elevation]. Yn gyffredinol, dylid rhoi iâ ar y chwydd am 15 munud bob awr neu ddwyawr am y 24 awr yn union wedi'r anaf, a dylai'r cywasgu fod yn ddigonol heb achosi poen. Yn aml bydd angen llonyddu anafiadau i'r pen ac i'r gwddf drwy ddefnyddio brês gwddf neu fwrdd sbinol.

Yn ystod cyfnod y diagnosis manwl mae'n bosib y bydd yn rhaid gofyn am gymorth arbenigwr, fydd yn aml yn dibynnu ar ystyriaethau ariannol yn hytrach nag ar ba mor ddifrifol yw'r anaf. Gallai'r diagnosis ei hun olygu pelydr-X neu sgan MRI, ac mae'n bosib y bydd angen sawl barn os bydd yr anafiadau'n ddifrifol neu'n gymhleth. Gallai'r driniaeth olygu llawdriniaeth, defnyddio cyffuriau therapiwtig megis steroidau cortison a chyffuriau gwrthlidiol eraill, cyffroad uwchsain, trin â'r llaw neu dylino.

Mae'n bosib y caiff gwasanaeth biomecanyddion, maethegwyr, podiatregwyr ac arbenigwyr eraill ei ddefnyddio yn ystod y cyfnod hwn i gyfrannu i asesiad cyffredinol ac i'r gwaith o reoli unrhyw anafiadau difrifol. Bydd y math yma o bobl yn ddefnyddiol er mwyn cael gwybod pam y digwyddodd yr anafiadau ac yn aml gallant gynnig cyngor neu ymyriadau a allai helpu i sicrhau na fydd yr anaf yn digwydd eto. Er enghraifft, mae cryn nifer o anafiadau i ben-glin, glun a gweyllen ffêr rhedwyr yn digwydd oherwydd eu bod yn gwisgo'r math anghywir o esgid rhedeg. Gall podiatregydd/biomecanydd ddadansoddi'r modd y mae rhedwr yn rhedeg i ganfod unrhyw broblemau mecanyddol y mae angen mynd i'r afael â hwy a, thrwy wneud hynny, gall ragnodi defnyddio orthoteg neu esgidiau rhedeg fydd wedi'u cynllunio'n arbennig ar gyfer yr athletwr penodol hwnnw. Trafodir y cyfnod olaf, sef adferiad ac ailddechrau chwarae, yn fanylach yn yr adran nesaf. Yn y bôn, bydd yn cynnwys cyfuniad o driniaethau ac ymyriadau fel y'u hamlinellwyd yng nghyfnod y diagnosis manwl, ynghyd ag ymarferion i gryfhau ac adennill hyblygrwydd yn y mannau a anafwyd.

ADFER WEDI ANAF

Bydd yr adran hon yn archwilio'r pethau allweddol sy'n gysylltiedig ag adfer wedi anaf ac yn edrych ar y broses o adennill defnydd llawn i'r rhan o'r corff a anafwyd. Er mwyn i'r athletwr gael adferiad llawn, bydd angen i'r hyfforddwr werthfawrogi y dylai'r athletwr hwnnw allu ailddechrau cystadlu heb fod mwy o risg y gallai'r anaf ddigwydd eto. Er mwyn gwneud hyn, bydd angen i bob rhaglen adfer gadw at egwyddorion cyffredinol ymarfer gan ganolbwyntio'n benodol ar gynnydd ac ar bob athletwr fel unigolyn. Er mwyn addasu'r egwyddorion ymarfer allweddol ar gyfer athletwyr sydd wedi'u hanafu rhaid rhoi sylw arbennig i gynnydd diogel pob athletwr o safbwynt amlder, dwyster, gorlwytho ac amser. Yn anffodus, nid oes un ffordd hawdd o wneud hyn. Felly, bydd yr egwyddorion hyn yn amrywio o'r naill achos i'r llall gan fod pob anaf yn unigryw ac chan y bydd gan bob unigolyn ei anghenion penodol ei hun er mwyn sicrhau gwellhad llwyddiannus. Fodd bynnag, yr un yw nod pob rhaglen adfer, sef caniatáu i bob athletwr adennill ei allu i weithredu'n llawn cyn gynted ag sy'n bosib, heb orfod poeni'n ormodol y bydd yr anaf gwreiddiol yn codi ei ben unwaith eto. Yn ôl Brukner a Kahn (2006), ymhlith y ffactorau a fydd yn dylanwadu ar y broses adfer bydd:

- math a difrifoldeb yr anaf;

- yr amgylchiadau sy'n gysylltiedig â'r anaf;

- pwysau allanol (pwysau gan yr hyfforddwr/cyfryngau/tîm i ailddechrau chwarae);

- goddefedd poen yr athletwr;

- priodoleddau seicolegol yr athletwr;

- system gefnogi'r hyfforddwr-athletwr.

O safbwynt y pwynt olaf hwn, rhaid deall pa mor allweddol bwysig yw rôl yr hyfforddwr o ran cynnig cefnogaeth i'r athletwr sydd wedi'i anafu. Yn y cyswllt hwn, mae gwybodaeth yr hyfforddwr ynglŷn â hunan-barch yr athletwr ynghyd ag agwedd yr athletwr ei hun tuag at ddyfalbarhau â'i ymarfer yn hanfodol, gan y bydd pob athletwr yn ymateb yn wahanol i'r ffaith ei fod wedi'i anafu. Bydd yr athletwyr hynny sydd â llawer o hunan-barch a symbyliad uchel yn aml yn ymateb yn well i'r gwaith adfer drwy droi eu meddwl at eu hawydd i chwarae unwaith eto. Fel arfer bydd yr unigolion hyn yn dilyn unrhyw raglen adfer yn selog, er y gallent hwy hefyd geisio symud ymlaen yn rhy gyflym a gorymestyn pan fyddant yn dechrau gwella. Ar y llaw arall, ni fydd athletwyr nad oes ganddynt fawr o hunan-barch ac nad ydynt yn cadw at y gwaith ymarfer yn dda yn llwyddo i ddilyn patrwm ymarfer llym ac

122

felly bydd eu cyfnod adfer yn parhau am fwy o amser. Bydd yr athletwyr sydd ag anaf fydd yn deall beth y maent yn ei wneud a pham, ac sydd â mynediad hawdd i gyfleusterau a chymorth, yn fwy tebygol o gadw at raglen adfer. Yn ogystal, bydd y ffaith bod hyfforddwyr yn gosod targedau realistig a chyraeddadwy yn helpu athletwyr i gydymffurfio a chadw at y camau sydd wedi'u pennu. Gall defnyddio gweithgareddau penodol i'r gamp hefyd helpu i gynnal diddordeb a symbyliad ac, felly, brysuro gwellhad yr athletwr sydd wedi'i anafu.

Gellir rhannu rhaglen adfer yn bedwar cyfnod: cychwynnol, canol, uwch a chyfnod ailddechrau cystadlu. Bydd angen i hyfforddwr ddeall y cyfnodau hyn er mwyn iddo allu cynorthwyo pob athletwr i ddod yn holliach. Bydd y cyfnod cychwynnol yn canolbwyntio ar gael yr athletwr i fod yn ddi-boen ac i fod ag ystod lawn o symudiadau. Yn aml bydd y cyfnod hwn yn un rhwystredig iawn i athletwyr sydd wedi'u hanafu gan fod yr ymarferion adfer gofynnol yn aml yn rhai ailadroddus dros ben a heb fod yn ymwneud yn benodol ag unrhyw gamp. Felly, gyda champau tîm, mae'n ddefnyddiol weithiau caniatáu i athletwyr sydd wedi'u hanafu ymgyfrannu mewn ffyrdd eraill er mwyn sicrhau eu bod yn parhau i deimlo eu bod yn rhan o'u tîm. Er enghraifft, gallent helpu i hyfforddi'r athletwyr/chwaraewyr llai medrus neu weithio gyda'r carfanau datblygu. Ar y llaw arall, bydd rhai chwaraewyr yn adfer yn well pan na fydd dim i wrthdynnu eu sylw. Felly, gallent elwa drwy fynd i ganolfannau ymarfer/adfer arbenigol nad ydynt yn rhan o'u clwb cartref.

Prif ddiben y cyfnod canol yw galluogi'r athletwr i adennill unrhyw ddiffyg cryfder/anghydbwysedd cyhyrol o ganlyniad i'r disymudrwydd. Yn y cyswllt hwn, mae'n aml yn ddefnyddiol bod athletwyr sydd wedi'u hanafu yn ymuno â grwpiau ymarfer arbenigol. Er enghraifft, bydd chwaraewyr pêl-droed a rygbi proffesiynol yn aml yn cwblhau'r cyfnod hwn ar y cyd â chwaraewyr campau sy'n dibynnu ar gryfder ac a fydd felly'n canolbwyntio'n gyfan gwbl yn aml ar fagu nerth yn hytrach na sgiliau neu dechneg. Ar y llaw arall, yn ystod y cyfnod adfer uwch dylai'r athletwr sydd wedi'i anafu fod yn perfformio ymarferion cyflyru sy'n perthyn yn benodol i weithgaredd arbennig neu i'r gamp y mae'n cystadlu ynddi. Mae rôl yr hyfforddwr yn bwysig yn y fan yma i sicrhau bod yr ymarferion adfer yn rhai penodol i'r gamp, a fydd felly'n gosod straen ar y rhannau anafiedig o'r corff a fydd yn debyg i'r straen y bydd athletwyr yn dod ar ei draws pan fyddant yn cystadlu. Yn olaf, mae gan yr hyfforddwr rôl bwysig yng nghyfnod ailddechrau cystadlu'r rhaglen adfer, sef sicrhau bod y chwaraewr neu'r athletwr sydd wedi'i anafu yn barod i wneud hynny. Gallai hyn olygu cynllunio gêm ymarfer ffug neu gael yr athletwr penodol i ddechrau cystadlu ar lefel yn is na'i lefel arferol. Er enghraifft, bydd chwaraewyr gemau yn dechrau'r cyfnod ailddechrau cystadlu fel arfer drwy chwarae i'r ail dîm, a byddant yn symud yn raddol i chwarae gêm lawn i'r tîm cyntaf. Yn yr un modd, bydd athletwyr rhyngwladol yn aml yn cystadlu mewn cystadlaethau i glybiau lleol cyn dychwelyd i ddwyster chwaraeon elît.

CRYNODEB

Yr ydym ni o'r farn y gellir osgoi llawer o'r anafiadau y mae pobl yn eu cael pan fyddant yn cymryd rhan mewn chwaraeon. Gall hyfforddwr helpu i'w hosgoi drwy ddatblygu dealltwriaeth dda o'r mathau gwahanol o anafiadau sy'n digwydd yn ei gamp ef a'r gwahanol resymau pam y maent yn digwydd. Bydd y ddealltwriaeth hon yn helpu hyfforddwyr i ddatblygu gallu corfforol, seicolegol a thechnegol athletwyr, ac yn galluogi'r athletwyr hynny, felly, i gwrdd â'r galwadau gofynnol yn well. Fodd bynnag, ar brydiau bydd athletwyr yn dal i gael eu hanafu. Pan fydd hynny'n digwydd, dylai hyfforddwyr wybod pa gamau sy'n angenrheidiol i sicrhau y bydd yr anafiadau hyn yn llai difrifol ac i brysuro'r broses o wella. Bydd rheoli anaf yn ofalus yn helpu athletwr i wella ac yna i ailddechrau ymarfer a chystadlu. Unwaith y bydd yr athletwr ar y ffordd i wella, dylai'r hyfforddwr ystyried sut a phryd y bydd yn ailddechrau gwneud yr ymarferion arferol. Yn ogystal, dylid myfyrio ar y rhesymau posib pam y digwyddodd yr anaf yn y lle cyntaf er mwyn sicrhau na fydd yr un anaf yn digwydd eto. Bydd datblygu'r math yma o wybodaeth sy'n perthyn i feddygaeth chwaraeon, fel y mae'n ymwneud ag atal, trin a rheoli anafiadau, yn galluogi'r hyfforddwr i ddiogelu iechyd, lles a ffitrwydd athletwyr yn well ac, felly hefyd, yn y pen draw, eu perfformiad.

PENNOD 11

FFISIOLEG AR GYFER HYFFORDDWYR

Michael G. Hughes

Mae gwybodaeth weithredol o ffisioleg yn hanfodol i bob hyfforddwr da. Mae'n rhaid i chi wybod sut y bydd mathau gwahanol o ymarfer yn effeithio ar y corff er mwyn i chi ddatblygu'r rhaglen baratoi orau bosib ar gyfer chwaraewyr.

Julia Longville
Hyfforddwr Cenedlaethol Pêl-rwyd Cymru (2002-6)

RHAGARWEINIAD

Mae a wnelo ffisioleg chwaraeon â'r modd y mae'r corff yn adweithio i ymarfer corfforol ac i gystadlu. Mae llawer o nodweddion ffisiolegol yn effeithio ar berfformiad athletwr, yn amrywio o ffactorau gweledol megis rhyw a maint y corff hyd at y prosesau biocemegol cymhleth sy'n achosi cyfangiadau cyhyrol ar y lefel foleciwlaidd. Er nad oes rhaid i hyfforddwr fod â gwybodaeth dreiddgar o'r holl brosesau a'r adweithiau hyn, mae bod â rhyw amgyffred ynglŷn ag agweddau allweddol ffisioleg a beth yw eu cysylltiad â pherfformiad mewn chwaraeon yn hanfodol er mwyn paratoi athletwyr yn y ffordd orau bosib. Nod y bennod hon yw archwilio nifer o'r agweddau hyn, a thrwy hynny gael hyfforddwyr i ddeall sut i godi lefelau ffitrwydd athletwyr gymaint â phosib. O safbwynt strwythur, amlinellir yn gyntaf y prosesau ffisiolegol sy'n pennu perfformiadau dynol dros ystod o gyfnodau amser. Yna ceir trafodaeth ar werth asesu galwadau camp benodol ar y corff ac anghenion unigol athletwyr er mwyn gwella eu perfformiad gymaint â phosib. Yn rhan olaf ond un y bennod trafodir technegau ac ystyriaethau ymarfer sydd wedi'u hanelu at wella elfennau penodol a chyffredinol ffitrwydd, ac yna ceir casgliadau i grynhoi'r prif bwyntiau a wnaed.

AGWEDDAU FFISIOLEGOL PERFFORMIADAU CHWARAEON

Mae cyfangiadau'r cyhyrau yn sylfaenol i gyflawni pob math o ymarfer. Caiff y broses ei rhoi ar waith gan signalau nerfau sy'n hyrwyddo symud, cyhyd ag y bydd digon o egni cemegol ar gael gan ffibrau'r cyhyrau. Yn wir, mae ymarfer yn her i stôr y cyhyrau o egni, ac mae llawer o adweithiau ffisiolegol yn cael eu cyflyru i ailgyflenwi'r stôr fel y gall yr ymarfer barhau. Bydd yr adweithiau rhyddhau egni hyn yn amrywio o ran eu cymhlethdod o fod yn rhai syml iawn o fewn y cyhyr gweithredol hyd at rai cymhleth dros ben a fydd yn gofyn

Tabl 11.1. Y ffactorau ffisiolegol sy'n cyfyngu ar y perfformio mewn digwyddiadau chwaraeon

Cyfnod yr ymarfer	Enghreifftiau o gampau/gweithgareddau	Prif ffactorau ffisiolegol sy'n pennu perfformiad
Hyd at 2 eiliad	Gwthio'r pwysau, disgen, codi pwysau	Maint, cryfder a nerth cyhyrau
Hyd at ~ 15 eiliad	Gwibio 60m a 100m, bobsled	Cynhyrchu egni anaerobig
~ 15 – 60 eiliad	Gymnasteg, rhedeg 200m a 400m, nofio 50 a 100m	
1 – 10 munud	rhedeg 1500m, sgïo Alpaidd, sglefrio, rhwyfo (2000m)	Cynhyrchu egni aerobig Ffitrwydd cardio-resbiradol
Mwy na ~ 10 munud	Rhedeg 5000+m, triathlon, rasys seiclo fesul cymalau	

ymatebion cydgysylltiedig gan y systemau resbiradol, metabolig, cardiofasgwlaidd, hormonaidd a chyhyrol. Mae'n hanfodol bod hyfforddwyr sydd eisiau gwella lefelau ffitrwydd athletwyr yn deall y systemau hyn a'r modd y maent yn effeithio ar wahanol fathau o weithgaredd wrth gystadlu ac wrth ymarfer. Felly, bydd gweddill yr adran hon yn amlinellu'r ffactorau ffisiolegol sy'n cael yr effaith fwyaf ar berfformiad corfforol.

Cyfangiadau cyhyrol a ffisioleg ymarfer am gyfnod byr iawn

Y prosesau ffisiolegol lleiaf cymhleth yw'r rhai a ddefnyddir er mwyn perfformio gweithgaredd dros gyfnod byr iawn. Yma, bydd signal nerf yn ysgogi cyfres o adweithiau a fydd yn peri i gyhyr gyfangu, ac yna caiff grymoedd eu cynhyrchu a bydd symud yn digwydd. Os bydd yr ymarfer yn parhau am lai nag ychydig eiliadau, yna bydd y stôr o egni o fewn y cyhyrau sydd ar waith yn ddigonol i gwrdd ag anghenion y gweithgaredd. Gan fod yr ymarfer yn parhau am gyfnod byr iawn, ni fydd angen rhoi ar waith unrhyw brosesau cynhyrchu egni mwy cymhleth. Felly, bydd y cyhyr yn cynhyrchu ei rym a'i nerth mwyaf posib pan fydd yr ymarfer yn fyr iawn. Mae Tabl 11.1 yn rhestru cyfres o ddigwyddiadau chwaraeon sy'n cyferbynnu o ran hyd yr ymarfer. Dylid gwerthfawrogi mai'r gweithgareddau sy'n parhau dros y cyfnod lleiaf o amser yw'r rhai lle y bydd angen yr ymdrech fwyaf hefyd. Y ffactorau cyfyngol o safbwynt ymarferion cyfnod byr iawn yw, yn bennaf, cryfder, maint a nerth mwyaf y cyhyr. Felly, y peth mwyaf effeithiol i'w wneud er mwyn gwella perfformiadau cyfnod byr yw hyfforddi i wella cryfder, nerth a maint y cyhyr.

Ffisioleg perfformiadau cyfnodau hwy

Unwaith y bydd yr ymarfer yn parhau am fwy nag ychydig eiliadau, bydd yr angen i gyflenwi'r cyhyr sydd ar waith ag egni'n barhaus yn dechrau cyfyngu ar y lefelau perfformio. Yn Ffigur 11.1 ceir yr allbwn pŵer yn ystod rhedeg yn gyflym (gwibio), sy'n dangos y bydd lefel perfformiad y cyhyr yn gwanhau unwaith y bydd yr ymarfer yn parhau am fwy nag

126

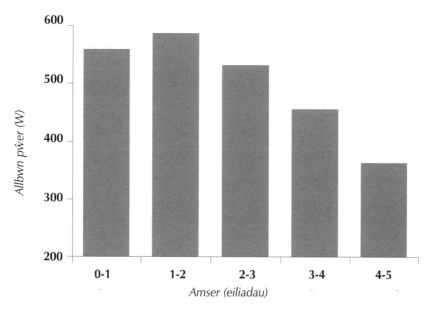

Ffigur 11.1. Allbwn pŵer yn ystod gwibiad pum eiliad (*mesuriadau heb eu cyhoeddi a ddarparwyd gan yr awdur*)

ychydig eiliadau. Mewn gwirionedd, bydd y cyhyrau eisoes yn dechrau blino ar ôl tair eiliad o ymarfer gwibio. Mae hyn yn digwydd oherwydd bod cyflenwad egni mwyaf parod y cyhyrau'n dechrau mynd yn brin, gan beri i'r perfformiad wanhau.

Mae'r prosesau y mae'r corff yn eu defnyddio i gyflenwi anghenion egni ymarfer yn cael eu categoreiddio yn ddau gategori eang fel arfer, sef aerobig ac anaerobig. Mae prosesau anaerobig yn cyfeirio at adweithiau cynhyrchu egni sy'n digwydd heb fod angen i'r cyhyr gael ocsigen. Ar y llaw arall, mae metabolaeth aerobig yn cyfeirio at adweithiau cynhyrchu egni lle y bydd angen ocsigen. Fel y nodwyd eisoes, bydd y cyhyr yn perfformio ar ei lefelau uchaf posib pan fydd y gweithgaredd yn digwydd mewn cyfnodau byr iawn, ond unwaith y bydd yr ymarfer yn parhau am ryw ddwy eiliad, bydd rhaid i'r cyhyr gael ei egni naill ai gan y prosesau aerobig neu'r prosesau anaerobig.

Mae adweithiau anaerobig yn newid egni o fewn y cyhyr sydd ar waith ac felly'n caniatáu i'r symud barhau. Mae'r adweithiau hyn yn rhai cymharol syml, felly gallant ddigwydd yn gyflym iawn. Fodd bynnag, gan fod y stôr hon o egni yn gyfyngedig, ni all ymarfer anaerobig barhau'n hir iawn tra y bydd yn cynhyrchu adweithiau o fewn y cyhyrau sy'n peri iddynt flino hefyd. Dim ond ar gyfer cynnal ymarfer caled dros gyfnod byr o amser y mae'r prosesau anaerobig yn addas, felly. Ar y llaw arall, mae angen ymateb integredig yr ysgyfaint, y galon a chylchrediad y gwaed (h.y. y system gardioresbiradol) ar brosesau aerobig i gario'r ocsigen i'r cyhyr sydd ar waith. Dim ond rhagflaenydd fydd y cyflenwad hwn o ocsigen o'r ysgyfaint, fodd bynnag, i'r adweithiau cynhyrchu egni yn y cyhyr a fydd, yn eu tro, yn cynnal gweithgaredd aerobig. O ganlyniad i'r gofynion cymhleth hyn, ni all prosesau aerobig gyflenwi egni yr un mor gyflym â phrosesau anaerobig, er y bydd yn haws o lawer cael hyd

127

i stôr o egni drwyddynt. Mae hyn yn wir oherwydd bod metabolaeth aerobig yn gysylltiedig â rhyddhau egni (a fydd ar ffurf braster a charbohydradau) o bob rhan o'r corff yn hytrach nag o'r cyhyr yn unig. Felly, bydd metabolaeth aerobig yn rhoi mynediad i stôr fwy o egni i'w defnyddio ar gyfer ymarfer dros gyfnod hwy. Gall gweithgaredd aerobig, felly, barhau am gyfnodau meithion. Fodd bynnag, mae'r cyfaddawd o ddefnyddio metabolaeth aerobig yn hytrach na metabolaeth anaerobig yn golygu mai dim ond ymarfer dwyster isel cymharol ysgafn fydd yn bosib. Y ffactorau pennaf sy'n cyfyngu ar gyflawni gweithgaredd aerobig, felly, yw gallu'r system gardioresbiradol a chyflymder yr adweithiau egni aerobig yn y cyhyr.

Chwaraeon amlwibiadau

Mae'r galwadau ffisiolegol a ddisgrifiwyd hyd yma wedi canolbwyntio ar sefyllfa lle y gwneir un tro o ymarfer sydd o hyd penodol yn unig. Fodd bynnag, mae llawer o chwaraeon yn gofyn bod athletwyr yn cyflawni sawl tro o ymarfer, byr ei hyd, uchel ei ddwyster ynghyd â chyfnodau lle y ceir cyfle i gael rhywfaint o adferiad rhwng pob tro. Ymhlith y chwaraeon a elwir yn chwaraeon amlwibiadau ceir pêl-droed, hoci, rygbi, pêl-fasged, pêl-foli a'r chwaraeon racedi. Buom yn trafod eisoes sut y caiff perfformio un tro o ymarfer byr ei hyd, uchel ei ddwyster, ei bennu gan fwyaf gan gryfder, nerth a system egni anaerobig y cyhyr. Felly, mae'r rhain yn hanfodol er mwyn llwyddo mewn chwaraeon. Fodd bynnag, mae cyflymder yr adferiad wedi troeon dwyster uchel yn dibynnu ar y ffitrwydd aerobig (Glaister 2005). Felly mae angen cryfder, cyflymder a ffitrwydd anaerobig ar y chwaraeon hyn ar gyfer gweithgaredd byr ei hyd, ond mae angen lefelau uchel o ffitrwydd aerobig arnynt hefyd er mwyn hwyluso adferiad. Oherwydd bod gan y chwaraeon hyn ofynion ffisiolegol cymysg, mae'n bwysig darparu sesiynau hyfforddi lle y ceir ystod eang o weithgareddau ar gyfer yr athletwyr a fydd yn cymryd rhan ynddynt.

I grynhoi'r adran hon, mae'n hanfodol bod hyfforddwr yn deall y cysylltiad rhwng dwyster yr ymarfer a'i hyd. Yn achos ymarfer am gyfnod byr iawn, gall y corff berfformio ar ei lefelau uchaf yn ffisiolegol. Mae a wnelo hyn â'r ffaith mai adweithiau egni cymharol syml sydd eu hangen ar gyfer troeon o weithgaredd sydd mor fyr o ran eu hyd. Wrth i hyd cyfnod yr ymarfer fynd yn hwy, bydd cyflenwi a chynnal yr egni ar gyfer y cyhyrau sydd ar waith yn tueddu i gyfyngu ar y perfformiad. Mae gweithgaredd aerobig yn tueddu i gael ei gysylltu â'r ymarferion lleiaf eu dwyster ond â'r ymarferion hwyaf eu hyd. Os ceir ymarfer dwyster isel rhwng cyfnodau o weithgaredd dwyster uchel, bydd angen cyfuniad o egni fydd wedi'i ddarparu gan y system anaerobig a'r system aerobig, ar y cyd â chryfder, nerth a ffitrwydd cardioresbiradol, er mwyn sicrhau'r perfformiad gorau posib. Mae'n bwysig i hyfforddwyr ddeall y pethau hyn i'w galluogi i gynllunio sesiynau ymarfer sy'n sicrhau'r datblygiad mwyaf posibl yn ffitrwydd yr athletwr.

ASESU GOFYNION FFISIOLEGOL CHWARAEON

Pan fydd camp yn golygu un tro o ymarfer caled, gwaith cymharol hawdd fydd amcangyfrif y galwadau ffisiolegol drwy ddefnyddio'r egwyddorion a amlinellwyd yn gynharach. Fodd bynnag, yn y rhan fwyaf o gampau, bydd angen amrywiaeth fawr o nodweddion er mwyn cystadlu ar lefel uchel. Mae dod i wybod beth yw anghenion y gystadleuaeth er mwyn paratoi athletwyr yn unol â hynny yn her i hyfforddwyr. Ymhlith y ffynonellau gwerthfawr y gellir cyfeirio atynt yn y fan yma mae gwerslyfrau, cylchgronau a chyhoeddiadau cyrff llywodraethu. Yn ogystal, gellir cael mwy o wybodaeth benodol drwy ddefnyddio dadansoddi nodiannol neu drwy asesu'r ymateb ffisiolegol i ymarfer a chystadlu. Ceir ymdriniaeth fanylach ar ddadansoddi perfformiadau chwaraeon yn nodiannol mewn man arall yn y llyfr hwn (gweler Pennod 9), ond bydd canlyniadau'r gwaith hwn yn arwain yn uniongyrchol at ddeall beth fydd canlyniadau ffisiolegol tebygol cyfranogiad. Er enghraifft, o safbwynt rygbi dangoswyd galwadau cyferbyniol safleoedd chwarae gwahanol a gellir defnyddio'r wybodaeth hon i gynllunio rhaglenni hyfforddi penodol ar gyfer safleoedd chwarae gwahanol (Deutsch et al. 2007).

Gellir defnyddio mynegeion neu fesuriadau ffisiolegol i bennu galwadau perfformiadau chwaraeon. Y ffactor ffisiolegol hawsaf i'w asesu gan hyfforddwr yw cyfradd curiad calon athletwr, a gellir gwneud hyn drwy ddefnyddio monitor cyfradd calon sydd ar gael yn fasnachol. Er bod gwybod cyfradd y galon yn beth defnyddiol, fel arfer bydd cysylltiad rhwng y gyfradd hon a dwyster yr ymarfer ac nid yw'n gwneud mwy na dangos yn fras raddau'r straen cardioresbiradol. Gwelir hyn yn Ffigur 11.2, lle y ceir graff o gyfradd curiad calon athletwr sy'n gwneud ymarfer ffrwydrol, uchel iawn ei ddwyster. Yn y cyswllt hwn, er y dwyster, cofnodir cyfradd curiad calon cyfartalog isel (103 curiad y funud).

Ar y llaw arall, pan fydd yr ymarfer yn weddol faith (mwy na munud o weithgaredd parhaus), bydd cyfradd curiad y galon yn fwy defnyddiol er mwyn dangos dwyster yr ymarfer. Yn wir, un o werthoedd mwyaf monitro cyfradd curiad calon athletwyr yw ei allu i ddangos dwyster ymarfer sesiynau hyfforddi dygnwch hirfaith (gweler Ffigur 11.3). Drwy fonitro perfformiad yr athletwr yn ofalus wrth iddo ymarfer, gall hyfforddwr dygnwch gynnal sesiynau lle y bydd yr ymarfer ar ddwyster priodol. Fel arfer, bydd yn bosib cael rhagor o fanylion gan wyddonwyr chwaraeon, a fydd yn gallu asesu crynodiad yr asid lactig yn y gwaed neu pa mor gyflym y defnyddir yr ocsigen i bennu cyfraniad systemau anaerobig ac aerobig yr athletwr i'r ymarfer a wneir.

ASESU FFITRWYDD

Yn yr adran flaenorol, buom yn trafod sut y gall mesur yr ymateb ffisiolegol i gystadlu ac ymarfer roi gwybodaeth i hyfforddwr ynglŷn â gofynion camp arbennig. Bydd yr adran hon yn cyfeirio at y modd y gellir paru gwybodaeth am athletwyr unigol gyda'r gofynion hyn. Gellir taflu goleuni ar ffisioleg athletwyr unigol drwy asesu lefelau eu ffitrwydd. Unwaith y bydd hyfforddwr yn gwerthfawrogi cymaint y bydd camp yn ei ofyn, dylai fod yn bosib nodi elfennau allweddol y gweithgaredd hwnnw a'u neilltuo at ddibenion asesu ffitrwydd. Er enghraifft, mewn camp megis pêl-droed, bydd angen lefelau nerth uchel ar chwaraewr yn ogystal â chyflymder, ffitrwydd aerobig a'r gallu i berfformio gweithgaredd amlwibiadau. Yn unol â hyn, mae Tabl 11.2 yn dangos profion ffitrwydd a allai fod yn addas ar gyfer asesu ffitrwydd chwaraewyr pêl-droed (Tumilty 2000).

Mae gan brofion ffitrwydd ystod eang o ddefnyddiau a dylid eu defnyddio yn rhan o gynllun ymarfer rheolaidd. Ym mhob camp, defnyddir profi ffitrwydd yn fodd o gymharu

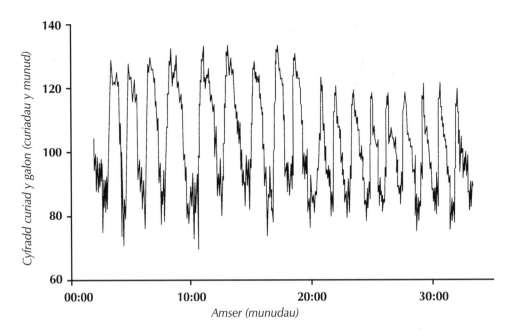

Ffigur 11.2. Sut mae cyfradd curiad y galon yn newid yn ystod sesiwn hyfforddi cyfnod byr o ddwyster uchel iawn (cyfradd cyfartalog curiad y galon: 103 curiad y funud)

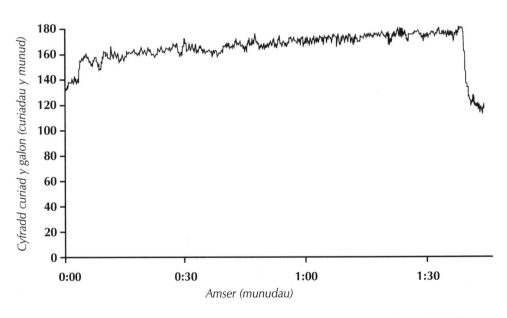

Ffigur 11.3. Sut mae cyfradd curiad y galon yn newid yn ystod sesiwn hyfforddi dygnwch hirfaith

ffisioleg ar gyfer hyfforddwyr

canlyniadau athletwr â'i berfformiadau blaenorol neu yn erbyn safonau normadol sydd wedi'u derbyn yn y gamp. Felly, gellir defnyddio profi ffitrwydd i addasu hyfforddiant yn y dyfodol fel y bydd hynny'n briodol. Unwaith y bydd cyfres o brofion ffitrwydd addas wedi'u pennu, dylid eu cynnal yn rheolaidd gan ddefnyddio'r un gweithdrefnau er mwyn i'r casgliadau fod yn ddilys ac yn ystyrlon. Fel arfer, caiff ffitrwydd athletwyr ei asesu tua phedair gwaith y flwyddyn.

Unwaith y bydd digon o brofion wedi'u cynnal ar ddigon o athletwyr, mae'n bosib llunio proffil ffitrwydd cystadleuwyr mewn camp benodol. Yn Nhabl 11.3, ceir set o ganlyniadau profion ffitrwydd a wnaed ar athletwyr carfan badminton genedlaethol. Mae pob canlyniad yn y tabl yn cynrychioli sgôr gymedrig sydd wedi'i deillio oddi wrth o leiaf 20 o chwaraewyr. Gan fod y data hyn yn cynrychioli nifer sylweddol o gystadleuwyr lefel uchel, mae'n bosib eu cymharu â chanlyniadau unigolion eraill yn yr un grwpiau oedran er mwyn barnu lefel ffitrwydd chwaraewr. Yn wir, mae'n hawdd canfod cryfderau a gwendidau cymharol unigolion a brofwyd unwaith y bydd proffil o athletwyr wedi'i lunio ar gyfer camp.

Ymarfer er mwyn gwella perfformiad corfforol: Ystyriaethau cyffredinol

Un o swyddogaethau hollbwysig hyfforddwr yw hwyluso datblygiad lefelau ffitrwydd fel y gall athletwyr gystadlu'n effeithiol. Mewn rhai campau, gallai datblygu athletwr yn gorfforol fod yn brif swyddogaeth hyfforddwr. Mae hyn yn arbennig o wir lle y bydd gofynion technegol neu dactegol camp yn gymharol isel a lle y caiff llwyddiant ei farnu yn ôl amser neu bellter (e.e. athletau). Yn achos enghreifftiau eraill, gallai gofynion anghorfforol camp fod mor uchel fel y bydd hyfforddwr yn neilltuo canran lai o amser i hyfforddiant corfforol athletwr. Ni waeth pa un yw'r gamp, fodd bynnag, mae'n rhaid i hyfforddwr allu deall a defnyddio nifer o gydrannau allweddol o ran hyfforddi ffitrwydd, a bydd y rhain yn cynnwys gorlwytho ac amrywio.

Mae corff dyn yn hyblyg iawn ac, ar yr amod ei fod yn cael digon o ymarfer, gellir ei drawsnewid o ran ei berfformiad. Un allwedd er mwyn sicrhau gwelliannau yw bod yn rhaid i'r rhaglen ymarfer orlwytho'r prosesau ffisiolegol sydd eu hangen er mwyn cystadlu. Bydd rhaglen ymarfer sy'n cynnwys egwyddor gorlwytho yn cynnwys ymdrechion sydd wedi'u cynllunio i gynyddu un neu bob un o'r newidynnau ymarfer allweddol (h.y. dwyster, hyd ac amlder). Er enghraifft, bydd rhaglen ymarfer ar gyfer athletwr sydd ddim ond yn gallu rhedeg am 30 munud yn araf ac sydd yn awyddus i wneud dim mwy na chwblhau ras farathon yn golygu'n bennaf orlwytho o safbwynt hyd y sesiynau ymarfer. Os bydd yr un rhedwr eisiau rhedeg y marathon o fewn llai na tair awr, yna bydd yn rhaid iddo gael ymarfer ychwanegol er mwyn cynnal y cyflymder sylweddol uwch sy'n ofynnol. Bryd hynny, bydd angen gosod y gorlwytho i gyfateb i ddwyster yr ymarfer yn ogystal â'i hyd. Yn yr un modd, gallai fod yn bosib cynyddu amlder yr ymarfer i sicrhau gorlwytho, e.e. o dair sesiwn yr wythnos hyd at darged o bump dros gyfnod o ychydig fisoedd.

Er y gall mân newidiadau ddigwydd dros gyfnod cymharol fyr, gall gymryd llawer o flynyddoedd i ddatblygu lefelau ffitrwydd uchel. Os yw ymarfer ddim ond yn cynnwys perfformio gweithgaredd sydd yr un fath â champ yr athletwr, gallai'r straen cyson fyddai'n gysylltiedig â'r gweithgaredd hwn arwain at fwy o berygl y byddai'r athletwr yn cael ei anafu,

Tabl 11.2. Trefn addas ar gyfer asesu ffitrwydd chwaraewyr pêl-droed

Cydran ffitrwydd	Prawf ffitrwydd
Nerth	Prawf naid fertigol
Cyflymder	Gwibiad 20m wedi'i amseru
Gallu i aml-wibio	10 gwibiad 40m yn dechrau bob 30 eiliad
Ffitrwydd aerobig	Prawf rhedeg 20m nôl ac ymlaen

Tabl 11.3. Canlyniadau prawf ffitrwydd cymedrig chwaraewyr badminton (menywod) y garfan genedlaethol (data heb eu cyhoeddi, wedi'u rhoi gan yr awdur, â chaniatâd Badminton England)

	14 oed	16 oed	18 oed	Chwaraewyr hŷn
Uchder naid fertigol (cm)	47.8	45.7	48.8	50.0
Naid hir stond (cm)	196	193	201	208
Taflu pêl ymarfer (cm)	526	597	650	612
Prawf sioncrwydd ar-gwrt (eiliadau)	14.1	13.7	13.1	13.3
Prawf aerobig badminton (lefel a gyrhaeddwyd)	11.4	11.9	12.9	14.3

a gallai'r athletwr ddechrau colli diddordeb a theimlo nad yw'r amserlen ymarfer yn cynnig unrhyw her iddo. Mae'n hanfodol, felly, fod athletwr yn profi amrywiaeth pan fydd yn ymarfer. Gellir sicrhau amrywiaeth drwy ddefnyddio gweithgareddau eraill yn ogystal â thrwy gynllunio ar gyfer cyfnodau o ymarfer a fydd yn amrywio o ran eu dwyster, eu hamlder a'u hyd.

YMARFER ER MWYN GWELLA PERFFORMIAD CORFFOROL: YSTYRIAETHAU PENODOL

Yn ogystal â'r ystyriaethau cyffredinol, sef gorlwytho ac amrywio, dylai hyfforddwr fod yn ymwybodol hefyd o rai pethau penodol, neu egwyddor penodoldeb, wrth iddo baratoi athletwyr yn gorfforol ar gyfer cystadleuaeth. Mae egwyddor penodoldeb yn mynnu y dylai'r ymarfer fod yn berthnasol i ofynion y gamp ac i'r athletwr dan sylw. Unwaith y bydd hyn wedi'i bennu, er mwyn sicrhau'r lefel ffitrwydd uchaf bosib, dylid ystyried ac ymarfer pob elfen o'r perfformiad corfforol ar wahân. Mae penodoldeb yn mynnu hefyd fod rhaid i ofynion ffisiolegol camp gael eu dyblygu yn y gwaith ymarfer. Er enghraifft, os bydd camp yn gofyn am gyfnodau byr, dwyster uchel, dylid cynllunio'r ymarfer i gynnwys y gweithgaredd hwn. Ychwanegir at y penodoldeb pan fydd nodweddion symud camp yn cael eu dyblygu yn yr ymarfer. Er enghraifft, mae newid cyfeiriad yn gyson yn elfen o lawer o gampau (e.e. tennis, rygbi, sboncen), felly dylai ymarfer cryfder a chyflymder ar gyfer y campau hyn gynnwys gweithgareddau sy'n hybu'r grymoedd brecio a ffrwydroldeb cyhyrau'r coesau sy'n caniatáu newid cyfeiriad yn gyflym. Bydd gweddill yr adran hon yn archwilio datblygu cryfder a chyflymder yn fwy manwl cyn symud ymlaen i drafod gwerth teilwra'r ymarfer i ofynion anaerobig ac aerobig cystadlu.

Ceir cysylltiad rhwng cyflymder y symud (e.e. pa mor gyflym y gall person redeg) a'r math o ffibrau cyhyrol sydd gan berson. Gellir categoreiddio cyhyrau yn ddau fath: y rhai sy'n cyfangu'n gyflym a'r rhai sy'n cyfangu'n araf. Mae cyfran y ffibrau cyflym ac araf o fewn cyhyr yn cael ei phennu'n rhannol gan y genynnau. Fodd bynnag, mae'r ffaith bod ffactorau dylanwadol eraill yn bresennol yn golygu ei bod hi'n hawdd hyfforddi ar gyfer cyflymder. Ar lefel y corff cyfan, gellir gwella cyflymder fel arfer drwy gynyddu nerth y cyhyrau a thechneg symud yn ogystal â thrwy leihau màs y corff. Fel y trafodwyd eisoes, yr unig bryd y gellir byth gyrraedd y cyflymder uchaf posib yw dros hydoedd hynod o fyr (gweler Ffigur 11.1 yn gynharach). Felly, os defnyddir egwyddor penodoldeb wrth hyfforddi cyflymder, dylai'r hyfforddiant hwnnw gynnwys cyfnodau byr iawn o ailadrodd gweithgaredd sy'n gofyn yr ymdrech fwyaf bosib gyda chyfnodau adfer hir rhyngddynt. Felly, dylai gwibwyr mewn athletau gael o leiaf bum munud o orffwys er mwyn iddynt adennill eu nerth yn gyfan gwbl ar ôl pob tro o ymarfer. Yn yr un modd, o safbwynt y rhan fwyaf o chwaraewyr, dylai hyfforddi'r cyflymder mwyaf posib gynnwys gwibiadau fydd yn para tua phum eiliad ac a ddilynir gan funud ar gyfer adfer cyn gwibio unwaith eto. Mae'r ffaith bod cyflymder yn hanfodol i lawer o gampau'n golygu bod y math yma o hyfforddi'n elfen bwysig o'r broses o ddatblygu ffitrwydd llawer o athletwyr.

Os bydd athletwr yn ceisio ymarfer i wella'i gyflymder uchaf posib a'i fod yn gweld bod lefel ei berfformiad yn mynd tuag i lawr, yna efallai fod angen newid y cyfnod gorffwys (ymestyn) neu'r cyfnod ymarfer (byrhau) fel y bydd hynny'n addas ar gyfer yr athletwr. Yn yr un modd, os bydd cyfraddau curiad calon athletwr yn codi a'i fod yn anadlu'n drwm yn ystod y sesiynau cyflymder, mae'n debygol bod y sesiwn yn gwneud i'r system gardioresbiradol wneud gormod o waith. Mae'r modd y mae'r system gardioresbiradol yn gweithio yn y cyswllt hwn yn adlewyrchu'r defnydd ar adweithiau egni aerobig yn hytrach na'r rhai anaerobig sydd yn ddymunol. Yn y ddwy enghraifft, bydd angen i'r athletwr gael cyfnod adfer hwy ynghyd â chyfnod o wibio llai o ran hyd er mwyn galluogi i'r sesiwn gyflawni'r nod o ddatblygu'r cyflymder uchaf posib. Mae'r enghraifft a roddwyd eisoes o sesiwn hyfforddi ffrwydroldeb yn dangos ymgais lwyddiannus i leihau'r defnydd o'r system gardioresbiradol gymaint â phosib yn y sesiwn.

Mae'r cryfder mwyaf posib yn debyg i raddau i gyflymder, o ran bod galwadau mawr iawn yn cael eu rhoi ar y cyhyrau sydd ar waith am gyfnodau byr iawn o amser. Hefyd, yn debyg i hyfforddi cyflymder, bydd hyfforddi cryfder yn gofyn am droeon byr iawn o weithgaredd a ddilynir gan gyfnodau hwy o orffwys fydd yn galluogi i stôr egni y cyhyrau gael ei hailgyflenwi. Pan fydd y cyhyr yn gallu cynhyrchu grymoedd cymharol fawr wrth hyfforddi, bryd hynny – a bryd hynny'n unig – y gall addasu i ddod yn gryfach yn y tymor hir. Mae datblygu cryfder yn debygol o fod o fudd i athletwyr ym mhob camp oherwydd bod cryfder cyhyrau yn diogelu athletwyr rhag anafiadau ac yn sicrhau bod y gwaith o reoli'r cyhyrau'n gwella, a gellir trosglwyddo hyn i bob gweithgaredd. Yr addasiadau mwyaf a all ddigwydd drwy hyfforddi fel hyn yw bod y cyhyrau'n mynd yn fwy (gelwir hyn yn hypertroffedd) a'u bod yn gallu cynhyrchu'r cryfder mwyaf posib. Er y bydd y ddau beth hyn yn aml yn mynd law yn llaw, mae'n ddymunol fel arfer eu bod yn cael eu cadw ar wahân o safbwynt nodau hyfforddi. Er enghraifft, mewn athletau bydd angen i gystadleuwyr mewn cystadlaethau neidio fod yn gryf dros ben ond efallai y byddant hefyd eisiau gostwng màs eu corff gymaint â phosib (ac felly eu màs cyhyrol). Felly, dylai eu hymarfer ganolbwyntio ar ddatblygu'r cryfder mwyaf posib ac ar yr un pryd leihau hypertroffedd y cyhyr gymaint â phosib. Ar y llaw arall, efallai y bydd blaenwyr rygbi eisiau datblygu'r cryfder mwyaf posib a datblygu eu màs cyhyrol. Er mwyn canolbwyntio ar ddatblygu'r cryfder mwyaf, dylai athletwr ymarfer gyda phwysau trwm fydd yn cael ei ddilyn gan gyfnod hir o orffwys er mwyn caniatáu adferiad i'r cyhyrau fu ar waith. Ar y llaw arall, y ffordd orau o sicrhau hypertroffedd y cyhyrau yw drwy ymarfer â phwysau ysgafnach a chael cyfnodau adfer sydd fymryn yn fyrrach (Kraemer et al. 1990).

Mae ymarfer a ystyrir yn anaerobig yn gysylltiedig yn naturiol â chryfder a chyflymder. Bydd hyfforddi'r system egni anaerobig, felly, yn mabwysiadu egwyddorion tebyg i'r rhai a ddefnyddir i ddatblygu cryfder a chyflymder. Felly, bydd sesiwn hyfforddi i wella ffitrwydd anaerobig yn seiliedig ar droeon o ymarfer byr fydd yn cael eu hailadrodd (e.e. yn para pum eiliad hyd at ryw 30 eiliad) a bydd y saib rhwng y rhain yn para tua phum i ddeg gwaith hyd pob tro (gweler Tabl 11.4).

Pan fydd athletwr yn gwneud ymarferion i wella'i ffitrwydd anaerobig, dylai ei ddefnydd o'i system egni aerobig fod yn isel. Drwy roi cyfnodau o waith am yn ail â chyfnodau hir o orffwys, bydd y system aerobig yn cyfrannu llai a bydd hyn yn ei dro yn caniatáu i'r egni gael ei gyflenwi'n bennaf gan y prosesau anaerobig. Mae'n hollbwysig gwneud yr ymarfer anaerobig ar ddwyster uchel iawn, felly bydd yn rhaid i'r athletwr weithio mor galed ag sy'n bosib yn ystod y cyfnodau ymarfer.

Tabl 11.4. Sesiynau hyfforddiant seibiannol (rhedeg) i wella ffitrwydd anaerobig

	Nod bwriedig y sesiwn	Hyd y gwibio	Saib rhwng y gwibio	Nifer
Gwibio cyfnod byr	i) Ailadrodd gwibio o ansawdd uchel iawn	5 eiliad	50 eiliad	10-15
	ii) Cadw rhag blino a chynnal cyflymder	5 eiliad	30 eiliad	15
Gwibio cyfnod hir	i) Ailadrodd perfformiad parhaus o safon uchel	30 eiliad	150 eiliad	6
	ii) Cadw rhag blino mewn perfformiad parhaus	30 eiliad	90 eiliad	10

134

Mae defnyddio cyfnodau o orffwys rhwng y troeon ymarfer yn cael ei alw'n hyfforddiant seibiannol. Ceir detholiad o sesiynau hyfforddiant seibiannol a gynlluniwyd i wella ffitrwydd anaerobig yn Nhabl 11.4. Os bydd yr athletwyr yn gweld bod y sesiynau hyn yn rhy hawdd neu'n rhy anodd, dylai'r hyfforddwr newid y cyfnodau saib i sicrhau bod y sesiwn yn cynnig y sbardun priodol ar gyfer addasiadau hyfforddi. Nod pennaf hyfforddiant anaerobig yw gwella gallu athletwr i berfformio gweithgaredd dwyster uchel parhaus ar gyfer cystadlaethau megis rhedeg 200m, nofio 50m neu gampau megis rygbi a phêl-droed, hyd yn oed, lle y bydd troeon dwyster uchel byr yn dod am yn ail a chyfnodau hwy o weithgaredd dwyster isel. Mae ffitrwydd anaerobig hefyd yn elfen hanfodol o gystadlaethau hwy megis rhwyfo Olympaidd, rhedeg pellter canolig neu hir a seiclo lle y gallai gwibio i'r llinell derfyn fod yn angenrheidiol tuag at ddiwedd ras.

Mae ffitrwydd aerobig hefyd yn angenrheidiol ar gyfer y rhan fwyaf o gampau. Er enghraifft, bydd digwyddiadau maith lle y caiff y gweithgaredd ei gynnal ar ddwyster isel gweddol gyson (megis triathlon, rhedeg 10,000m neu nofio 1,500m) bron â bod yn gyfan gwbl aerobig. Fodd bynnag, mae'r gofynion aerobig yn uchel mewn campau amlwibiadau hefyd. Mae hyn yn wir oherwydd bod ffitrwydd aerobig yn hwyluso'r adferiad rhwng y troeon ymarfer dwyster uchel. O'r herwydd, bydd y rhan fwyaf o ymarfer, gan gynnwys ymarfer ar gyfer cryfder a gwibio, yn gwella ffitrwydd aerobig (Dawson et al. 1998, Kraemer et al. 1995). Felly, er mai'r ffordd o wella ffitrwydd aerobig yn y gorffennol fu drwy wneud ymarfer dwyster isel dros gyfnodau hir, mae'n bosib defnyddio pob math o weithgareddau i'w ddatblygu. Un peth sydd yn gyffredin i'r mathau hyn o weithgareddau, fodd bynnag, yw ei bod hi'n angenrheidiol bod yr ymarfer wedi'i orlwytho o ran ei hyd a'i ddwyster. Felly, yn hytrach na gwneud dim mwy nag ymarfer ar ddwyster isel am fwy o amser er mwyn datblygu ffitrwydd aerobig, mae'n ofynnol hefyd cael sesiynau seibiannol lle y bydd gwaith dwyster uchel yn cael ei wneud bob yn ail â chyfnodau o orffwys. Drwy wneud hyn, gellir gwneud mwy o ddefnydd ar ffibrau cyhyrol sy'n cyfangu'n gyflym (Dudley et al. 1982) a rhoi mwy o straen ar y system gardiofasgwlaidd (Billat et al. 2001). Yn eu tro bydd y systemau ffibrau cyflym a chardioresbiradol yn addasu i'r hyfforddiant a bydd y ffitrwydd aerobig yn gwella maes o law. Y gwahaniaethau rhwng sesiynau hyfforddiant seibiannol o safbwynt ffitrwydd aerobig a ffitrwydd anaerobig yw na fydd sesiynau seibiannol aerobig yn cael eu cynnal ar y dwyster uchaf posib, a bydd y cyfnodau o orffwys rhwng y troeon ymarfer ychydig yn fyrrach fel arfer. Mae Tabl 11.5 yn dangos detholiad o sesiynau hyfforddi a fyddai'n addas ar gyfer datblygu ffitrwydd aerobig.

CASGLIADAU

Nod y bennod hon oedd amlygu sut y gall dealltwriaeth o ffisioleg chwaraeon helpu i lywio ymarfer hyfforddi. Felly, cafodd cyfres o egwyddorion eu cyflwyno a'u trafod a ddylai alluogi hyfforddwr i wneud penderfyniadau ynglŷn â'r strategaethau gorau ar gyfer gwella ffitrwydd athletwyr er mwyn sicrhau eu bod yn perfformio ar y lefel uchaf bosib mewn cystadlaethau. Er bod cynnig atebion diffiniol o safbwynt cwestiynau ffitrwydd pendant a gofynion athletwyr unigol a'r campau y maent yn cymryd rhan ynddynt y tu allan i gwmpas y bennod hon, drwy ddefnyddio'r egwyddorion a drafodwyd y gobaith yw y bydd pob hyfforddwr yn gallu mynd ati i ddatblygu ffitrwydd ei athletwyr â mwy o wybodaeth a hyder.

Tabl 11.5. Detholiad o sesiynau hyfforddiant (rhedeg) er mwyn gwella ffitrwydd aerobig

	Nod bwriedig y sesiwn	Manylion y sesiwn
Saib cyfnod byr	Gwella ffitrwydd aerobig wrth symud ar gyflymder uchel iawn	5 set o ailadrodd 10 gwaith [rhedeg caled am 10 eiliad, 20 eiliad o gerdded adferol] 2 funud rhwng pob set
Saib cyfnod canol	Gwella ffitrwydd aerobig ar gyflymder rhedeg uchel parhaus	Ailadrodd 6 gwaith [3 munud o redeg caled, 2 funud o gerdded adferol]
Ymarfer parhaus	Gwella dygnwch a ffitrwydd aerobig cyffredinol	45 munud o ymarfer dwyster-isel, parhaus

PENNOD 12

CASGLIADAU I GLOI: DOD A PHOPETH YNGHYD

Robyn L. Jones, Kieran Kingston a Mike Hughes

RHAGARWEINIAD

Yn y llyfr hwn, yr ydym wedi cyflwyno'r darllenwyr i'r gwyddorau chwaraeon sy'n sail i hyfforddi. Nid oes dwywaith bod y llyfr yn anghytuno i raddau â llyfrau rhagarweiniol yn y gorffennol, oedd yn tueddu i bortreadu hyfforddi yn weithgaredd cyfresol digon syml. O'r safbwynt hwn, gallai beri anhawster i rai pobl gan y bydd y cysyniadau oedd yn gyfarwydd iddynt bellach yn ymddangos yn hynod o gymhleth (Perkins 1999). Nid ydym yn ymddiheuro am hyn gan fod gan waith hyfforddi ei broblemau yn aml ac y gall fod yn anodd i'w reoli. Byddai ei bortreadu fel arall yn annheg â'r pwnc ac â'r rheini sy'n ei astudio. Nid bwriad y llyfr hwn yw bod yn air terfynol ond yn hytrach yn ddechreuad, yn basbort cyntaf i faes hyfforddi – maes sydd i raddau helaeth heb ei ddiffinio – lle y bydd ymarferwyr yn galw ar gryn nifer o fathau o wybodaeth mewn ymgais i wella profiad a pherfformiadau athletwyr. Yr ydym ni wedi ceisio gwneud y mathau hyn o wybodaeth yn hollol glir, yn enwedig o ran y modd y byddant yn effeithio ar hyfforddi.

O ran y cyflwyno, yr ydym wedi rhannu'r mathau o wybodaeth sy'n sail i hyfforddi i gyfateb i wahanol rannau gwyddorau chwaraeon. Gwnaed hyn er eglurder ac nid oherwydd ein bod yn gweld y pwnc yn un darniog ac amlddisgyblaethol (h.y. yn cynnwys disgyblaethau ar wahân nad ydynt yn croestorri). I'r gwrthwyneb, yr ydym ni'n ystyried bod hyfforddi ar y cyfan yn rhyngddisgyblaethol ei natur, ac y bydd angen i ymarferwyr ddefnyddio sawl ffynhonnell wybodaeth ar yr un pryd er mwyn mynd i'r afael â materion y maent wedi'u rhagweld neu faterion nad oeddent wedi'u rhagweld. Hefyd yr ydym ni'n ystyried bod hyfforddi'n weithgaredd personol lle y bydd gan bob hyfforddwr ei syniadau ei hunan ynglŷn â'r hyn fydd yn gweithio orau. Nid yw hyn yn golygu, fodd bynnag, ein bod ni'n cefnogi agwedd 'fe wna rhywbeth y tro', gan fod digon o enghreifftiau o ymarfer sydd wedi'i archwilio'n dda yn y penodau blaenorol. Fodd bynnag, dylai'r wybodaeth hon helpu'r hyfforddwr i feddwl yn hytrach na'i bod yn cael ei defnyddio ym mhob sefyllfa'n

137

ddigwestiwn neu heb boeni dim am y canlyniadau. Yn y cyswllt hwn, yr ydym yn gobeithio y bydd darllenwyr yn ymgysylltu'n rhagweithiol â'r mathau o wybodaeth a gyflwynwyd ac y bydd hynny'n help i daflu rhywfaint o oleuni ar fywyd niwlog hyfforddi a, thrwy wneud hyn, yn helpu i chwalu'r myth bod person yn cael ei eni'n hyfforddwr yn hytrach na'i feithrin. Yn wir, er ei bod hi'n wir bod gan rai ymarferwyr fwy o ddawn na'i gilydd o ran cyflawni'r swydd, yn ein barn ni, drwy weithio'n galed a bod â meddwl ymholgar gall y rhan fwyaf ddod yn hyfforddwyr digonol, ac yn rhai da hyd yn oed.

Er i ni amlygu syniadau penodol yn y llyfr a fydd, yn ein barn ni, yn gallu helpu hyfforddwyr i ddatblygu, cawsom ein taro gan natur bersonol hyfforddi wrth i ni ysgrifennu'r bennod olaf hon a'i chael hi mor anodd gwneud hynny. Yn naturiol, yr ydym ni'n cytuno ar lawer o bethau sy'n ymwneud â hyfforddi (fel arall ni allem fyth fod wedi ysgrifennu'r llyfr hwn!), ond pan ddaeth hi'n fater o benderfynu beth i'w bwysleisio yn ein casgliadau, daeth ein gwahaniaethau a'n persbectifau unigol i'r amlwg yn ddigon buan. Er enghraifft, er bod un ohonom am amlygu pwysigrwydd y mathau o wybodaeth y gellir cael mynediad iddynt yn fwy uniongyrchol ac, o'r herwydd, eu defnyddio'n fwy uniongyrchol, yr oedd un arall yn ystyried bod gwybodaethau'r gwyddorau cymdeithasol yn haeddu cael lle amlycach. Yn y cyfamser yr oedd y trydydd yn ystyried, er ei bod yn dal yn werthfawr bod hyfforddwyr yn tueddu i ddewis rhai mathau o wybodaeth yn naturiol ac y dylid gadael llonydd iddynt wneud hynny, ei bod hi'n bosib cael mynediad i wybodaethau eraill yn uniongyrchol fel adnoddau penodol, ac y dylid gwneud hynny hefyd. Mae'r senario hyfforddi trafferthus isod a'r modd yr aeth pob un ohonom ati i ddelio ag ef yn rhoi enghraifft sy'n profi ein pwynt:

BOD A BARN WAHANOL O RAN GWYBODAETH HYFFORDDI

Chi yw hyfforddwr cymharol newydd James (chwaraewr tennis iau, 16 oed, dawnus dros ben) sy'n bwriadu pontio'n llwyddiannus i chwarae tennis oed agored yn y dyfodol agos. Wrth ei arfarnu, yr ydych chi'n sylwi bod ganddo gêm serf-a-foli gryf sydd wedi gweithio'n llwyddiannus mewn cystadlaethau iau. Yr ydych chi'n sylwi hefyd fod James wedi esgeuluso'i gêm yng nghefn y cwrt oherwydd ei fod wedi'i chael hi'n hawdd llwyddo hyd yma drwy ddefnyddio'r dechneg serf-a-foli a grybwyllwyd uchod. Er mwyn datblygu ei gêm ymhellach, yr ydych chi'n canolbwyntio ar wella ei strociau llawr gan ei annog ar yr un pryd i saernïo pwyntiau'n ofalus yn ystod rali. Er iddo roi'r argraff ei fod yn cydnabod y strategaeth, mae James wedi bod yn cael mwy o anhawster yn ystod cystadlaethau yn ddiweddar. Mae hyn wedi gwneud iddo deimlo'n rhwystredig. Yr wythnos diwethaf, pan oedd yn ymarfer gyda chwaraewr llinell gefn a gadwodd y bêl yn ddwfn yn y cwrt drwy'r amser, dangosodd James ei fod yn teimlo'n rhwystredig ac yn ddiamynedd drwy fynd at y rhwyd mewn ffordd ymosodol fwy nag unwaith, hyd yn oed pan nad oedd yn briodol iddo wneud hynny. Roedd yn amlwg ei fod yn anhapus. Yn dilyn y sesiwn, cwynodd James wrthych, ac unrhyw un arall oedd yn fodlon gwrando, bod ganddo gynllun gêm llwyddiannus eisoes ac nad oedd eisiau newid pethau er mwyn iddo lwyddo. Wedi iddo golli gêm rownd gyntaf arall yn gynharach yr wythnos hon, ffoniodd tad James i ddweud bod James yn bygwth rhoi'r gorau i'r gamp. Mae'n debyg ei fod wedi'i ddadrithio ac yn colli ei awydd i gystadlu. Nid oedd yn mwynhau chwarae tennis mwyach ac yr oedd yn rhoi'r bai arnoch chi am ei gyflwr diflas. Fe wnaeth tad James eich atgoffa bod James, cyn i chi ddod yn hyfforddwr arno, yn chwaraewr iau oedd yn uchel ei safle ac yn angerddol iawn ynglŷn â'i gamp. Mae'n ymddangos yn awr ei fod wedi colli'r angerdd hwn. Mae'r feirniadaeth hon, yn ddigon naturiol, yn eich clwyfo'n fawr ac yr ydych chi'n ei hystyried yn annheg. Eto, mae'n amhosib anwybyddu'r ffeithiau. Sut y dylech chi ymateb? I ble yr ydych chi'n mynd nesaf?

Dehongliad Kieran

Yr wyf yn siŵr na fydd y ffordd y byddaf i'n ei chynnig i fynd i'r afael â'r senario a amlinellwyd yn synnu fawr o neb (o fod wedi darllen y penodau blaenorol y bues i'n cyfrannu iddynt). A minnau'n ymwneud â dwy o'r gwyddorau chwaraeon mwy traddodiadol (h.y. seicoleg chwaraeon a chaffael sgiliau), nid yw'n syndod fy mod i'n tueddu i ffafrio'r meysydd hyn. Felly, pe bawn i'n hyfforddi James, mae'n ymddangos y byddai mantais amlwg o gael mynediad i wybodaeth am seicoleg chwaraeon (o safbwynt symbyliad) a chaffael sgiliau (e.e. amserlenni ymarfer a bod â ffocws sylw priodol), a'r rheswm yw fy mod i'n credu y gallant effeithio'n uniongyrchol ar ragflaenwyr cyflwr emosiynol James (a dehongliad ei dad o'r sefyllfa). Yn ogystal, gallwn gael cymorth dadansoddwyr perfformiad (e.e. biomecanyddion a/neu ddadansoddwyr nodiannol) i werthuso unrhyw ddiffygion technegol neu strategol a allai fod yn bresennol yng ngêm James. O dderbyn hyn, gallaf weld mantais fawr o fod â neu o ddatblygu dealltwriaeth fwy treiddgar o'r cyd-destun cymdeithasol/hanesyddol y mae James y perfformiwr a'r chwaraewr yn bodoli ynddo, yn ogystal â phwyso a mesur sut y bydd fy athroniaeth bersonol i, a minnau'n hyfforddwr ac yn fod dynol, yn dylanwadu ar y penderfyniadau y byddaf yn eu gwneud.

Ar yr olwg gyntaf, gallai fy ffocws (fel hyfforddwr) roi'r argraff o fod yn rhy gyfyng. Fy ymateb i fyddai dadlau ein bod ni'n byw yn y byd real lle y caiff penderfyniadau hyfforddi eu seilio ar argaeledd a defnyddioldeb yr adnoddau sydd gennym eisoes. Felly, er mai amcan y testun hwn yw dangos y mathau gwahanol o wybodaeth a allai, ac a ddylai, gael eu defnyddio wrth hyfforddi, y gwir amdani yw y bydd hyfforddwyr yn penderfynu ar sail barn (bersonol) pa mor fuddiol ac ymarferol fyddai cael arweiniad 'arbenigol' (yn bersonol ac oddi wrth adnoddau ysgrifenedig). Yn y sefyllfa hon, felly, byddwn i'n dadlau y byddai hyfforddwr yn fwy tebygol o ddewis cael mynediad i'r wybodaeth a fydd, yn ei farn ef, yn fwy diriaethol, gan wneud hynny ar sail uniongyrchol yr hyn y mae'n ei gredu sydd ei angen ar y pryd ac a allai effeithio ar y sefyllfa. Yn naturiol, yr wyf yn cymryd y byddai'r wybodaeth hon yn cael ei chyfleu yn rhan o athroniaeth hyfforddi sensitif ond realistig. Dylai'r athroniaeth honno fod yn seiliedig ar god moesegol a moesol sicr, dealltwriaeth o arddulliau hyfforddi effeithiol ac empathi â'r ffactorau cymdeithasegol a hanesyddol sy'n effeithio ar yr athletwr a'r cyd-destun. Yn ogystal, dylai'r hyfforddwr fod yn ymwybodol o'r materion iechyd a diogelwch perthnasol sy'n gysylltiedig â'r sefyllfa.

Gallai ystyried cael mynediad i fathau arbennig o wybodaeth awgrymu hierarchaeth statws ac iddi ddwy haen o wybodaeth. Yn sicr, nid dyma fy mwriad, ac er bod modd gweld haenau, ni chaiff unrhyw farn ei ffurfio ynglŷn â'u pwysigrwydd gan fod angen y naill ar y llall os yw'r hyfforddi'n mynd i fod yn gywir, yn llawn gwybodaeth, yn ddynamig, yn empathetig ac yn gymdeithasol briodol. Yn hytrach, mae'r strwythur a roddir yn seiliedig ar ystyriaethau mynediad gan fod hyfforddwyr yn fwy cyfarwydd ac, felly, yn fwy cyffyrddus gyda'r pethau y maent yn eu gwybod eisoes ac yn gallu cael gafael arnynt yn uniongyrchol. Byddai hyn yn cynnwys gwybodaeth sy'n perthyn i ffisioleg, dadansoddi perfformiad (nodiannu a biomecaneg), seicoleg a chaffael sgiliau. Yna gallai'r ail haen fod wedi'i llunio o ddisgyblaethau sy'n cyfrannu'n anuniongyrchol i'r hyfforddiant neu sy'n treiddio i ymarfer hyfforddi da. Gallai'r rhain gynnwys athroniaeth hyfforddi bersonol (athroniaeth a moeseg), deallwtriaeth o gyd-destun hanesyddol a chymdeithasol y gamp berthnasol (hanes a chymdeithaseg), strwythur trefniadol y gamp (datblygu chwaraeon) a meddygaeth chwaraeon o ran rheoli risgiau anafiadau.

Barn Robyn

Mewn llawer ffordd, yr wyf yn cytuno â'r dehongliad uchod. Yr wyf yn cydnabod bod angen galw ar nifer o ffynonellau gwybodaeth yn y fan yma er mwyn delio â'r sefyllfa anodd hon. Mae'r rhain yn cynnwys meysydd seicoleg (o ran symbyliad mewnol ac allanol), biomecaneg a dadansoddi nodiannol (archwilio techneg James yn ofalus), caffael sgiliau a phedagogeg (o ran dysgu ac adborth) a datblygu chwaraeon (o ran lleoli ymarfer hyfforddi o fewn cynlluniau gwleidyddol ehangach) ymhlith eraill. Fodd bynnag, o'm safbwynt i byddai hefyd yn golygu galw ar wybodaeth gymdeithasegol a hanesyddol i raddau mwy o lawer, yn enwedig o ran yr hyn yr oedd James wedi'i fuddsoddi yn ei hunaniaeth tennis a sut y bydd yn teimlo'n awr â'r hunaniaeth hon o dan fygythiad. Fel y mae Kieran yn cydnabod uchod, mae hyn yn datgelu fy ngwreiddiau cymdeithasegol innau mewn perthynas â'r hyn yr wyf i yn ei ystyried sy'n bwysig mewn hyfforddi. Mae'r gwahaniaeth rhwng Kieran a minnau i'w weld yn y ffaith fy mod i'n credu y gallai, ac y dylai, gwybodaeth o'r hyn a elwir yn wyddorau mwy meddal neu'r gwyddorau cymdeithasol fod ar gael yn benodol i hyfforddwyr a'u bod yn gallu cael mynediad uniongyrchol i'r wybodaeth hon. Mae hyn oherwydd bod gan y wybodaeth hon y gallu i ddylanwadu'n uniongyrchol ar y rhyngweithio rhwng hyfforddwr ac athletwr yn hytrach na'i bod yn bodoli ar ffurf rhyw gelfyddyd hyfforddi neu ryw synnwyr cyffredin tybiedig. Yn wir, mae'n allweddol bod hyfforddwyr yn cael eu haddysgu i feddwl gydag arfau cymdeithasol, hanesyddol ac athronyddol os oes perthynas yn mynd i gael ei sefydlu rhwng hyfforddwr ac athletwr a bod y berthynas honno'n mynd i ddwyn ffrwyth. Mae hyn yn angenrheidiol er mwyn i wybodaeth a sgyrsiau ynglŷn â pha mor galed i redeg (ffisioleg), ar beth i ganolbwyntio'r meddwl (seicoleg) ac o ran y symud (biomecaneg) gael eu geirio'n briodol a, thrwy hynny, alluogi'r neges a roddir i gael ei derbyn yn y ffordd ddisgwyliedig. Yn wir, mae gwaith ymchwil diweddar wedi amlygu'r ffaith mai agwedd fwyaf allweddol ymarfer hyfforddi ym marn hyfforddwyr yw'r modd y maent yn rhyngweithio ac yn cytuno'n gyffredinol ag athletwyr er mwyn ennill eu parch. Wedi'r cyfan, os yw'r berthynas rhwng yr hyfforddwr a'r athletwr yn un gamweithredol, yna nid yw o'r pwys lleiaf yn y byd beth fydd y wybodaeth y bydd yr hyfforddwr yn ei rhoi, gan y bydd yn debygol y bydd yr athletwr yn ei hanwybyddu. Fel y dywedais, yr wyf yn anghytuno yn bennaf â Kieran oherwydd fy mod i o'r farn bod y rhyngweithio sy'n gyfrifol am adeiladu perthynas yn sgìl ac yn wybodaeth a allai, ac a ddylai, gael ei haddysgu, ei dysgu a'i datblygu.

140

Dadansoddiad Mike

Fel hyfforddwr yn y sefyllfa hon, yr wyf wedi gwneud dau gamgymeriad. Y cyntaf oedd ceisio newid techneg James ac, felly, ei dactegau ar ganol tymor. Yn ail, ac yn fwy pwysig, nid oeddwn wedi trafod yn ddigon da gydag ef a'i rieni. Felly, sut ydw i'n ymateb, i ble ydw i'n mynd nesaf? Y cam cyntaf fyddai edrych gyda James ar y nodau tymor byr a ddiffiniwyd eisoes (y twrnamaint nesaf, y garfan genedlaethol nesaf ac ati), a thrafod gydag ef pa mor bwysig fyddai ennill y twrnamaint nesaf. Os ydyw eisiau ei ennill – ac fel arfer bydd pob person 16 oed eisiau ennill pob twrnamaint – yna byddaf yn ei baratoi orau y gallaf er mwyn iddo wneud hynny. Bydd hynny, siŵr o fod, yn golygu troi yn ôl at yr hen dacteg serf-a-foli ddibynadwy. Bwriad y strategaeth yw codi lefelau ei hyder a'i symbyliad unwaith eto. Yn y fan yma, felly, yr wyf yn cytuno â Kieran a Robyn fod gan seicoleg ei rhan i'w chwarae. Byddwn i'n canolbwyntio ar gael James yn iawn yn feddyliol, a fyddai'n golygu, siŵr o fod, ymgynghori rhywfaint yn fwy â'i rieni a phobl eraill er mwyn deall i raddau mwy sut un yw James yn y bôn. Byddai hyn yn golygu galw ar ei hanes a'i gymdeithaseg bersonol i gael dod i'w adnabod ychydig yn well fel person (hanes a chymdeithaseg). Er mwyn sicrhau bod James a'i rieni'n deall yn iawn mor bwysig ac mor angenrheidiol yw'r newidiadau arfaethedig, byddwn yn ymgynghori hefyd â nifer o arbenigwyr i gefnogi fy achos. Gallai'r rhain gynnwys dadansoddwyr perfformiad i ddangos sut y gallai'r newid o ran arddull a thactegau helpu James i lwyddo ar y lefelau uchaf (dadansoddi nodiannol), a ffisiolegydd (ffisioleg) i amlinellu'r galwadau newydd ar ei gorff ymhlith pethau eraill. Os bydd James a'i deulu'n cytuno, yna gallwn lunio cynllun tymor hir newydd gyda nodau tymor byr realistig fydd yn ei helpu i bontio mewn ffordd gystadleuol ond pleserus. I grynhoi felly, nid wyf yn meddwl bod gorchmynion neu syniadau y bydd disgwyl ufudd-dod haearnaidd iddynt yn gweithio. Mae angen dwyn perswâd ar athletwyr a'u timau cefnogol (h.y. rhieni fynychaf) ynglŷn â newidiadau arfaethedig, yn enwedig os yw'r newidiadau hyn yn rhai pellgyrhaeddol eu natur. Os nad yw'r athletwyr wedi'u darbwyllo, yna â'r ewyllys gorau yn y byd, ni fydd diben bod ag unrhyw gynlluniau (ac yr wyf yn cytuno yma â'r prif bwyslais ym mhwynt Robyn). Fodd bynnag, er mwyn dwyn perswâd ar athletwyr, bydd angen i hyfforddwyr ddibynnu ar lawer o ffynonellau gwybodaeth penodol i roi'r dystiolaeth bendant (oddi wrth, er enghraifft, fiomecaneg, dadansoddi nodiannol, seicoleg, datblygu chwaraeon) eu bod yn deall eu pethau. Eto, nid yw gosod yr achos gerbron yn ddigon, gan fod angen ei gyflwyno drwy ryngweithio digonol hefyd (cymdeithaseg), er mwyn i'r athletwr gydnabod ei werth a gallu'r hyfforddwr i'w weithredu. Felly, yn fy marn i, yr hyfforddwr wrth ei waith yw'r gwyddonydd chwaraeon cymhwysol pwysicaf, a bydd angen iddo wybod elfennau o'r rhan fwyaf, os nad pob un, o'r canghennau gwybodaeth y buom yn ymdrin â hwy yn y llyfr hwn. Erbyn meddwl, mae fy nadansoddiad cyffredinol yn tueddu i ochri gyda Kieran, â gwybodaeth fwy diriaethol yn cynnig y cymorth mwyaf i hyfforddwyr er bod angen ei dilladu mewn ffordd sy'n sensitif i'r cyd-destun.

CANFOD CYTUNDEB: SYLWADAU I GLOI

Mae cyflwyno'r dehongliadau gwahanol hyn yn dangos gweithgaredd mor unigol yw hyfforddi, ac nad oes un ateb yn unig i bob senario y bydd hyfforddwr yn ei wynebu. Wrth i ni siarad drwy'r gwahaniaethau hyn, daethom i sylweddoli mai'r hyn oedd yn bwysig, yn hytrach na chytuno'n hollol ar bopeth, oedd profi'r broses o feddwl am sut i ymateb mewn sefyllfaoedd gwahanol, gan gadw ar yr un pryd at ddisgwyliadau cyffredinol ynglŷn â'r hyn y mae gwneud y gwaith o hyfforddi yn ei olygu mewn gwirionedd. Caiff y wybodaeth a'r cysyniadau a roddir yn y penodau eu cyflwyno fel adnoddau y gallwn eu defnyddio i ddelio â'r problemau unigryw sy'n rhan gyson o waith hyfforddi. Yn wir, pan fyddwn yn ystyried yr amryfal ffynonellau gwybodaeth sydd ar gael i hyfforddwyr a'r modd y maent yn rhyngweithio yn y gwaith hyfforddi, gallwn weld bod mwy i hyfforddi na'r hyn y gellir ei gynnwys mewn ymadroddion ffasiynol, bachog, gor-syml. Mae hyn yn cyd-fynd â'n barn nad oes dim un fformwla hyfforddi drwy rifau ar gael, ond bod gofyn, yn hytrach, meddwl mewn ffordd fewnweledol am sut i ddatrys y problemau a fydd yn codi ym mhob cyd-destun penodol. Felly, hyd yn oed pan fydd yr adnoddau sydd wedi'u cynnig yn y llyfr hwn (ac eraill) ar gael, eto i gyd, bydd angen i chi fel myfyrwyr hyfforddi barhau i fynd i'r afael â phob mater y byddwch yn dod ar ei draws gyda dychymyg, creadigrwydd a thrylwyredd (Stones 1998). Yn yr un modd, gan fod gan bob un ohonom ffordd wahanol o reoli'r senario hyfforddi a amlinellwyd, yr ydym yn eich cymell i wneud eich penderfyniadau chi eich hun ynglŷn â sut i ddelio ag unrhyw broblemau anodd. Wedi'r cyfan, gwneud y math yma o benderfyniadau yw hanfod hyfforddi mewn gwirionedd. Ein gobaith yw y bydd y wybodaeth a geir yn y llyfr hwn yn galluogi hyfforddwyr i wneud y penderfyniadau hyn o bersbectif mwy gwybodus.

CYFEIRIADAU

Adonis, A. a Pollard, S. (1997) *A class act: The myth of Britain's classless society,* Llundain: Penguin.

Ames, C. (1992a) 'Classrooms: Goals, structures, and student motivation', *Journal of Educational Psychology*, 84: 261-271.

Ames, C. (1992b) 'Achievement goals and the classroom motivational climate', yn J. Meece a D. Schunck (goln), *Student perceptions in the classroom*, Hillsdale, NJ: Erlbaum.

Ames, C. (1992c) 'Achievement goals, motivational climate, and motivational Processes', yn G.C. Roberts (gol.), *Motivation in sport and exercise*, Champaign, IL: Human Kinetics.

Anderson, B. (2005) *Imagined communities* (3ydd arg.), Llundain: Verso.

Anderson, D. (2001) 'Foreword', yn K. Hylton, P. Bramham, D. Jackson ac M. Nesti (goln), *Sports development: Policy, process and practice*, Llundain: Routledge.

Arampatzis, A. a Brüggemann, G.P. (1999) 'Mechanical energetic processes during the giant swing exercise before dismounts and flight elements on the high bar and the uneven parallel bars', *Journal of Biomechanics*, 32: 811-820.

Arampatzis, A. a Brüggemann, G.P. (2001) 'Mechanical energetic processes during the giant swing before the Tkatchev exercise', *Journal of Biomechanics*, 34: 505-512.

Armour, K.M. (2000) 'We're all middle class now: Sport and social class in contemporary Britain', yn R.L. Jones a K.M. Armour (goln), *Sociology of sport: Theory and practice*, Harlow, Essex: Pearson Education.

Ashworth, S. (1983) *Effects of training in Mosston's spectrum of teaching styles on feedback of teachers*, traethawd doethuriaeth heb ei gyhoeddi, Prifysgol Temple, Philadelphia.

144

Baldwin, J. a Baldwin, J. (1998) *Behaviour principles in everyday life* (3ydd arg.), Upper Saddle River, NJ: Prentice Hall.

Bandura, A. (1977a) *Social learning theory*, Englewood Cliffs, NJ: Prentice Hall.

Bandura, A. (1977b) 'Self-efficacy: Toward a unifying theory of behaviour change', *Psychological Review*, 84: 191-215.

Bandura, A. (1986) *Social foundations of thought and action: A social cognitive theory*, Englewood Cliffs, NJ: Prentice Hall.

Battig, W. F. (1979) 'The flexibility of human movement', yn L.S. Cermak ac F.I.M. Craik (goln), *Levels of processing in human memory*, Hillsdale, NJ: Erlbaum.

Battig, W.F. (1966) 'Facilitation and interference', yn E. A. Bilodeau (gol.), *Acquisition of skill*, Efrog Newydd: Academic Press.

Baumeister, R.F. (1984) 'Choking under pressure: Self-consciousness and paradoxical effects of incentives on skilful performance', *Journal of Personality and Social Psychology*, 46: 610-620.

Baumeister, R.F. a Leary, M.R. (1995) 'The need to belong: Desire for interpersonal attachments as a fundamental human motivation', *Psychological Bulletin*, 117: 497-529.

Bayles, M.D. (1988) 'The professional-client relationship', yn J.C. Callaghan (gol.), *Ethical issues in professional life*, Rhydychen: OUP.

Bennett, S.J. (2000) 'Implicit learning: Should it be used in practice?', *International Journal of Sport Psychology*, 31: 542-546.

Berger, P. (1963) *Invitation to sociology*, Efrog Newydd: Anchor Books.

Bernstein, N. (1967) *The co-ordination and regulation of movement*, Llundain: Pergamon Press.

Best, D. (1978) *Philosophy and human movement*, Llundain: Allen and Unwin.

Billat, V.L., Slawinski, J., Bocquet, V., Chassaing, P., Demarle, A. a Koralsztein, J.P. (2001) 'Very short (15s-15s) interval-training around the critical velocity allows middle-aged runners to maintain VO2 max for 14 minutes', *International Journal of Sports Medicine*, 22: 201-208.

Billig, M. (1995) *Banal nationalism*, Llundain: Sage.

Bjork, R.A. (1988) 'Retrieval practice and the maintenance of knowledge', yn M.M. Gruneberg, P.E. Morris ac R.N. Sykes (goln), *Practical aspects of memory*, Llundain: Wiley.

Borkovec, T.D. (1976) 'Physiological and cognitive processes in regulation of anxiety', yn G. Schwartz a D. Sharpiro (goln), *Consciousness and self regulation: Advances in research*, Efrog Newydd: Phelem Press.

Boutcher, S.H. (1990) 'The role of performance routines in sport', yn G. Jones ac L. Hardy (goln), *Stress and performance in sport*, Chichester: Wiley and Son Ltd.

Brackenridge, C. (2001) *Spoilsports: Understanding and preventing sexual exploitation in sport*, Llundain: Routledge.

Brady, F. (2004) 'Contextual interference: A meta-analytic study', *Perceptual and Motor Skills*, 99(1): 116-126.

Bramham, P., Hylton, K., Jackson, D. a Nesti, M. (2001) 'Introduction', yn K. Hylton, P. Bramham, D. Jackson ac M. Nesti (goln), *Sports development: Policy, process and practice*, Llundain: Routledge.

Bray, K. a Kerwin, D.G. (2003) 'Modelling the flight of a soccer ball in a direct free kick', *Journal of Sports Sciences*, 21: 75–85.

Brewin, M.A. a Kerwin, D.G. (2003) 'Accuracy of scaling and DLT reconstruction techniques for planar motion analyses', *Journal of Applied Biomechanics*, 19: 79-88.

Brown, D. a Hughes, M. (1995) 'The effectiveness of quantitative and qualitative feedback in improving performance in squash', yn T. Reilly, M. Hughes ac A. Lees (goln), *Science and racket sports*, Llundain: E and FN Spon.

Brucker, B.S. a Bulaeva, N.V. (1996) 'Biofeedback effect on electromyography responses in patients with spinal cord injury', *Archives of Physical Medicine and Rehabilitation*, 77(2): 133-137.

Brukner, P. a Khan, K. (2006) *Clinical sports medicine*, Awstralia: McGraw-Hill.

Budgett, R. (1998) 'Fatigue and underperformance in athletes: The overtraining syndrome', *British Journal of Sport Medicine*, 32: 107-110.

Burley, M. a Fleming, S. (1997) 'Racism and regionalism in Welsh soccer', *European Physical Education Review*, 3(2): 183-194.

Burton, D., Naylor, S. a Holliday, B. (2001) 'Goal setting in sport: Investigating the goal effectiveness paradox', yn R.A. Singer, H.A. Hausenblas a C.M. Janelle (goln), *Handbook of sport psychology* (2il arg.), Efrog Newydd: Wiley.

Cain, N. (2004) 'Question time for the coaches: The six men plotting their countries' fortunes on the best and worst of their jobs', *The Sunday Times*, Adran Chwaraeon (2): 19.

Caine, C.G., Caine, D.J. a Lindner, K.J. (1996) 'The epidemiologic approach to sports injuries', yn D.J Caine, C.G. Caine a K.J. Lindner (goln), *The epidemiology of sports injuries*, Champaign, IL: Human Kinetics Publishers.

Capel, S. (2000) *Physical education and sport*, yn S. Capel ac S. Pitrowski (goln), *Issues in PE*, Llundain: Routledge.

Carpenter, P.J. a Morgan, K. (1999) 'Motivational climate, personal goal perspectives, and cognitive and affective responses in physical education classes', *European Journal of Physical Education*, 4: 31-41.

Carrington, B. (1999) 'Cricket, culture and identity: An ethnographic analysis of the significance of sport within black communities', yn S. Roseneil a J. Seymour (goln), *Practising identities: Power and resistance*, Llundain: Macmillan.

Carrington, B. a McDonald, I. (goln) (2001), *Race, sport and British society*, Llundain: Routledge.

Carron, A.V., Hausenblas, H.A., ac Eys, M.A. (2005) *Group dynamics in sport* (3ydd arg.), Morgantown, WV: Fitness Information Technology.

Cashmore, E. (1982) *Black sportsmen*, Llundain: Routledge a Kegan Paul.

Cassidy, T., Jones, R.L. a Potrac, P. (2004) *Understanding sports coaching: The social, cultural and pedagogical foundations of coaching practice*, Llundain: Routledge.

Chandler, T. J. L. (1991) 'Games at Oxbridge and the public schools 1830-1890: Diffusion of an innovation', *International Journal for the History of Sport*, 18(2): 171-204.

Chelladurai, P. (1999) *Human resource management in sport and recreation*, Leeds: Human Kinetics.

146

Chollet, D., Micallef, J.P. a Rabischong, P. (1988) 'Biomechanical signals for external biofeedback to improve swimming techniques', yn B.E. Ungerechts, K. White a K. Reichle (goln), *Swimming science*, Champaign, IL: Human Kinetics.

Clarys, J.P. (2000) 'Electromyography in sports and occupational settings: An update of its limits and possibilities', *Ergonomics,* 43(10): 1750-1762.

Coalter, F. (2001) *Realising the potential for cultural services: The case for sport*, Llundain: Local Government Association.

Collins, M. gyda Kay, T. (2003) *Sport and social exclusion*, Llundain: Routledge.

Collins, T. (1998) *Rugby's great split: Class, culture and the origins of Rugby League Football*, Llundain: Frank Cass.

Connerton, P. (1989) *How societies remember*, Caergrawnt: Gwasg Prifysgol Caergrawnt.

Cooke, G. (1996) 'A strategic approach to performance and excellence', *Supercoach: National Coaching Foundation*, 8: 10.

Côté, J., Salmela, J. a Russell, S. (1995) 'The knowledge of high-performance gymnastic coaches: Competition and training considerations', *The Sport Psychologist*, 9: 76-95.

Cronin, M. (1999) *Sport and nationalism in Ireland: Gaelic games, soccer and Irish identity since 1884*, Dulyn: Four Courts Press.

Cury, F., Biddle, S.H., Sarrazin, P. a Famose, J.P. (1997) 'Achievement goals and perceived ability predict investment in learning in a sport task', *British Journal of Educational Psychology*, 67: 293-309.

Cushion, C. a Jones, R.L. (2006) 'Power, discourse and symbolic violence in professional youth soccer: The case of Albion F.C.', *Sociology of Sport Journal*, 23(2): 142-161.

Daniels, F. S. a Landers, D. M. (1981) 'Biofeedback and shooting performance: A test of disregulation and systems theory', *Journal of Sport Psychology*, 3: 271-282.

Dawson, B., Fitzsimons, M., Green, S., Goodman, C., Carey, M. a Cole, K. (1998) 'Changes in performance, muscle metabolites, enzymes and fibre types after short sprint training', *European Journal of Applied Physiology*, 78: 163-169.

Deci, E., Koestener, R. a Ryan, R. (1999) 'A meta-analytic review of experiments examining the effects of extrinsic rewards on intrinsic motivation', *Psychological Bulletin,* 125: 627-668.

Deci, E.L. a Ryan, R.M. (1985) *Intrinsic motivation and self-determination in human behavior,* Efrog Newydd: Plenum Press.

Deci, E.L. a Ryan, R.M. (2000) 'The "what" and "why" of goal pursuits: Human needs and the self-determination of behavior', *Psychological Inquiry*, 11: 227-268.

Del Rey, P., Whitehurst, M., Wughalter, E. a Barnwell, J. (1983) 'Contextual interference and experience in acquisition and transfer', *Perceptual and Motor Skills*, 57(1): 241-242.

DCMS (Adran Diwylliant, y Cyfryngau a Chwaraeon) (2000) *A sporting future for all*, Llundain: DCMS.

DCMS (Adran Diwylliant, y Cyfryngau a Chwaraeon) (2001) *A sporting future for all: The Government's plan for sport*, Llundain: DCMS.

DCMS (Adran Diwylliant, y Cyfryngau a Chwaraeon) a'r Uned Strategol (2002) *Game plan: A strategy for delivering the Government's sport and physical activity objectives*, Llundain: DCMS.

DMSO/WO (Adran Addysg a Gwyddoniaeth/Y Swyddfa Gymreig) (1991) *NCPE working group interim report,* Llundain: DES.

DeSensi, J.T. a Rosenberg, D. (goln) (2003) *Ethics and morality in sport management* (2il arg.), Morgantown, WV: Fitness Information Technology.

Deutsch, M.U., Kearney, G.A. a Rehrer, N.J. (2007) 'Time-motion analysis of professional rugby union players during match play', *Journal of Sports Sciences.*

Dirix, A., Knuttgen, H.G. a Tittel, K. (goln) (1988) *The Olympic book of sports medicine*, Rhydychen: Blackwell Publishing.

Dishman, R. K. (1983) 'Identity crises in North American sport psychology: Academics in professional issues', *Journal of Sport Psychology*, 5: 123-134.

Drewe, S.B. (2000) 'Coaches, ethics and autonomy', *Sport, education and society* 5(2): 147-162.

Duda, J.L. (2001) 'Achievement goal research in sport: Pushing the boundaries and clarifying some misunderstandings', yn G.C. Roberts (gol.), *Advances in motivation in sport and exercise*, Champaign, IL: Human Kinetics.

Duda, J.L., Fox, K., Biddle, S. ac Armstrong, N. (1992) 'Children's achievement goals and beliefs about success in sport', *British Journal of Educational Psychology*, 62: 309-319.

Dudley, G.A., Abraham, W.M. a Terjung, R.L. (1982) 'Influence of exercise intensity and duration on biochemical adaptations in skeletal muscle', *Journal of Applied Physiology, Respiratory and Environmental Exercise Physiology,* 53: 844-850.

Duffy, P. (2006) *Sports coach UK annual report 2005-06,* Leeds: Sports coach UK.

Dweck, C.S. a Leggett, E.L. (1988) 'A social-cognitive approach to motivation and personality', *Psychological Review*, 95: 256-273.

Eady, J. (1993) *Practical sports development*, Llundain: Hodder and Stoughton.

Ebbeck, V. a Becker, S.L. (1994) 'Psychosocial predictors of goal orientations in Youth soccer', *Research Quarterly for Exercise and Sport,* 65: 355-362.

Epstein, J. (1989) 'Family structures and student motivation: A developmental perspective', yn C. Ames ac R. Ames (goln), *Research on motivation in education,* Efrog Newydd: Academic Press.

Fasting, K. (2001) 'Foreword', yn C. Brackenridge (gol.), *Spoilsports: Understanding and preventing sexual exploitation in sport*, Llundain: Routledge.

Feltz, D.L. (1988) 'Gender differences in causal elements of self-efficacy on a high avoidance motor task', *Journal of Sport and Exercise Psychology*, 10: 151-166.

Feltz, D.L. a Kontos, A.P. (2002) 'The nature of sport psychology', yn T. Horn (gol.), *Advances in sport psychology* (2il arg.), Champagne, IL: Human Kinetics.

Filby, W.C.D., Maynard, I.W. a Graydon, J.K. (1999) 'The effect of multiple-goal strategies on performance outcomes in training and competition', *Journal of Applied Sport Psychology*, 11: 230-246.

Fitts, P.M. (1964) 'Perceptual-motor skill learning', yn A.W. Melton (gol.), *Categories of human learning*, Efrog Newydd: Academic Press.

Fitts, P.M. a Posner, M.I. (1967) *Human performance*, Belmont, CA: Brooks/Cole.

148

Fleming, S. (1995) *'Home and away: Sport and South Asian male youth'*, Aldershot: Avebury.

Fletcher, D. a Hanton, S. (2001) 'The relationship between psychological skills usage and competitive anxiety responses', *Psychology of Sport and Exercise*, 2: 89-101.

Fletcher, D. a Hanton, S. (2003) 'Sources of organizational stress in elite sports performers', *The Sport Psychologist*, 17: 175-195.

Fletcher, D., Hanton, S. a Mellalieu, S.D. (2006) 'An organizational stress review: Conceptual and theoretical issues in competitive sport', yn S. Hanton ac S.D. Mellalieu (goln), *Literature reviews in sport psychology,* Hauppauge, NY: Nova Science.

Fox, K., Goudas, M., Biddle, S., Duda, J.L. ac Armstrong, N. (1994) 'Children's task and ego profiles in sport', *British Journal of Educational Psychology*, 64: 253-261.

Franks, I.M. a Goodman, D. (1984) 'A hierarchical approach to performance analysis', *SPORTS*, Mehefin.

Franks, I.M., Goodman, D. a Miller, G. (1983) 'Analysis of performance: Qualitative or quantitative', *SPORTS*, Mawrth.

Franks, I.M. a Miller, G. (1986) 'Eyewitness testimony in sport', *Journal of Sport Behavior*, 9: 39-45.

Franks, I.M. a Miller, G. (1991) 'Training coaches to observe and remember', *Journal of Sports Sciences*, 9: 285-297.

Gallagher, J.D. a Thomas, J.R. (1980) 'Effects of varying post-KR intervals upon children's motor-performance', *Journal of Motor Behaviour*, 12(1): 41-46.

Gardner, H. (1993) *Multiple intelligences*, Efrog Newydd: Basic Books.

Gentile, A.M. (1972) 'A working model of skill acquisition with application to teaching', *Quest (Monograph XVII)*: 3-23.

Gentile, A.M. (2000) 'Skill acquisition: Action, movement, and neuromotor processes', yn J.H. Carr ac R.B. Shepherd (goln), *Movement science: Foundations for physical therapy* (2il arg.), Rockville, MD: Aspen.

Giddens, A. (1997) *The third way*, Caergrawnt: Polity Press.

Gilbert, W. a Trudel, P. (2001) 'Learning to coach through experience: Reflection in model youth sport coaches', *Journal of Teaching in Physical Education,* 21: 16-34.

Gittoes, M.R.J., Brewin, M.A. a Kerwin, D.G. (2006) 'Soft tissue contributions to impact forces using a four-segment wobbling mass model of forefoot-heel landings', *Human Movement Science*, 25(6): 775-787.

Giulianotti, R. (gol.) (2004), *Sport and modern social theorists*, Basingstoke, Hants.: Palgrave Macmillan.

Glaister, M. (2005) 'Multiple sprint work: Physiological responses, mechanisms of fatigue and the influence of aerobic fitness', *Sports Medicine*, 35: 757-777.

Gleim, G.W. a McHugh, M. (1997) 'Flexibility and its effects on sports injury and performance', *Sports Medicine*, 24: 289-299.

Glynn, J., King, M. a Mitchell, S. (2006) 'Determining subject-specific parameter for a computer simulation model of a one handed tennis backhand', yn H. Schwamsder, G. Strytzenberger, V. Fastenbauer, S. Lindinger ac E. Muller (goln), *Proceedings of XXIV International Symposium on Biomechanics in Sports*, Salzburg, Awstria.

Gould, D., Giannina, J., Krane, V. a Hodge, K. (1990) 'Educational needs of elite U.S. National team, Pan America, and Olympic coaches', *Journal of Teaching in Physical Education,* 9: 332-344.

Gould, D., Udry, E., Tuffey, S. a Loehr, J. (1996) 'Burnout in competitive junior tennis players: I. A quantitative psychological assessment', *The Sport Psychologist*, 10: 322-340.

Griffin, J. a Harris, M.B. (1996) 'Coaches' attitudes, knowledge, experiences and recommendations regarding weight control', *The Sport Psychologist,* 10: 180-194.

Hall, K.G., Domingues, D.A. a Cavazos, R. (1994) 'Contextual interference effects with skilled baseball players', *Perceptual and Motor Skills*, 78(3): 835-841.

Hamill, J. a Knutzen, K.M. (2003) *Biomechanical basis of human movement*, Llundain: Wilson and Wilson.

Hamill, J., Haddad, J.M. a McDermott, W.J. (2000) 'Issues in quantifying variability from a dynamical systems perspective', *Journal of Applied Biomechanics*, 16: 407-418.

Hanton, S. a Jones, G. (1997) 'Antecedents of intensity and direction dimensions of competitive anxiety as a function of skill', *Psychological Reports*, 81: 1139-1147.

Hanton, S. a Jones, G. (1999a) 'The acquisition and development of cognitive skills and strategies: Making the butterflies fly in formation', *The Sport Psychologist,* 13: 1-21.

Hanton, S. a Jones, G. (1999b) 'The effects of a multimodal intervention program on performers: Training the butterflies to fly in formation', *The Sport Psychologist*, 13: 22-41.

Hanton, S., Thomas, O. a Maynard, I. (2004) 'Competitive anxiety responses in the week leading up to competition: The role of intensity, direction and frequency dimensions', *Psychology of Sport and Exercise*, 5: 169-181.

Hardy, L. (1990) 'A catastrophe model of anxiety and performance', yn G. Jones ac L. Hardy (goln), *Stress and performance in sport*, Chichester, DU: John Wiley and Sons.

Hardy, L. (1997) 'The Coleman Roberts Griffith address: Three myths about applied consultancy work', *Journal of Applied Sport Psychology*, 9: 277-294.

Hardy, L., Jones, G. a Gould, D. (1996) *Understanding psychological reparation for sport: Theory and practice of elite performers*, Chichester, DU: John Wiley and Sons.

Hardy, L., Mullen, R. a Jones, G. (1996) 'Knowledge and conscious control of motor actions under stress', *British Journal of Psychology*, 87: 621-636.

Hardy, L. a Parfitt, C.G. (1991) 'A catastrophe model of anxiety and performance', *British Journal of Psychology*, 82: 163-178.

Hargreaves, J. (1986) *Sport, power and culture*, Caergrawnt: Polity Press.

Hargreaves, J. (1994) *Sporting females: Critical issues in the history and sociology of women's sports*, Llundain: Routledge.

Harter, S. (1978) 'Effectance motivation reconsidered: Toward a developmental model', *Human Development*, 1: 661-669.

Harvey, A. (2005) *Football: The first 100 years*, Llundain: Routledge.

Hay, J.G. (1994) *The biomechanics of sports techniques*, Englewood Cliffs, NJ: Prentice Hall.

Hebert, E.P. a Landin, D. (1994) 'Effects of a learning-model and augmented feedback on tennis skill acquisition', *Research Quarterly for Exercise and Sport*, 65(3): 250-257.

150

Hebert, E.P., Landin, D. a Solmon, M.A. (1996) 'Practice schedule effects on the performance and learning of low- and high-skilled students: An applied study', *Research Quarterly for Exercise and Sport*, 67(1): 52-58.

Henry, G. (1999) *The X factor*, Auckland, Seland Newydd: Celebrity Books.

Henry, I. (2001) *The politics of leisure policy* (2il arg.), Basingstoke: Palgrave.

Hiley, M.J. a Yeadon, M.R. (2005) 'The margin for error when releasing the asymmetric bars for dismounts', *Journal of Applied Biomechanics*, 21: 223-235.

Hobsbawm, E. (1983a) 'Introduction: Invented traditions', yn E. Hobsbawm a T. Ranger (goln), *The invention of tradition*, Caergrawnt: Gwasg Prifysgol Caergrawnt.

Hobsbawm, E. (1983b) 'Mass-producing traditions: Europe, 1870-1914', yn Hobsbawm, E. a Ranger, T. (goln), *The invention of tradition*, Caergrawnt: Gwasg Prifysgol Caergrawnt.

Hobsbawm, E. (1992) *Nations and nationalism since 1790: Programme, myth, reality*, Caergrawnt: Gwasg Prifysgol Caergrawnt.

Hodge, K. a Petlichkoff, L. (2000) 'Goal profiles in sport motivation: A cluster analysis', *Journal of Sport and Exercise Psychology*, 22: 479-501.

Hollembeak, J. ac Amorose, A.J. (2005) 'Perceived coaching behaviours and College athletes' intrinsic motivation: A test of self-determination theory', *Journal of Applied Sport Psychology*, 17: 20-36.

Hollmann, W. (1988) 'The definition and scope of sports medicine', yn A. Dirix, H.G. Knuttgen a K. Tittel (goln), *The Olympic book of sports medicine*, Rhydychen: Blackwell Publishing.

Holt, R. (1992) *Sport and the British: A modern history*, Rhydychen: Clarendon Press.

Horne, J., Tomlinson, A. a Whannel, G. (1999) *Understanding sport: An introduction to the sociological and cultural analysis of sport*, Llundain: E and FN Spon.

Houlihan, B. a White, A. (2002) *The politics of sports development: Development of sport or development through sport*, Llundain: Routledge.

Hubbard, M. ac Alaways, L.W. (1987) 'Optimum release conditions for the new rules javelin, *International Journal of Sport Biomechanics*, 3: 207-221.

Hughes, M. (1986) 'A review of patterns of play in squash at different competitive levels', yn J. Watkins, T. Reilly ac L. Burwitz (goln), *Sport science*, Llundain: E and FN Spon.

Hughes, M. (2001) 'From analysis to coaching: The need for objective feedback', Gwefan UKSI: www.uksi.com, Tachwedd.

Hughes, M.D. (2005) 'Notational analysis', yn R. Bartlett, C. Gratton a C. G. Rolf (goln), *Encyclopedia of international sports studies*, Llundain: Routledge.

Hughes, M., Evans, S. a Wells, J. (2001) 'Establishing normative profiles in performance analysis', *International Journal of Performance Analysis in Sport*, 1: 4-27.

Hughes, M. a Franks, I.M. (1997) *Notational analysis of sport*, Llundain: E and FN Spon.

Hughes, M. a Franks, I.M. (2004) *Notational analysis of sport (2nd ed.): A perspective on improving coaching*, Llundain: E and FN Spon.

Hughes, M. a Robertson, C. (1998) 'Using computerized notational analysis to create a template for elite squash and its subsequent use in designing hand notation systems for player development', yn T. Reilly, M. Hughes, A. Lees ac I. Maynard (goln), *Science and racket sports II*, Llundain: E and FN Spon.

Hughes, M., Wells, J. a Matthews, K. (2000) 'Performance profiles at recreational, county and elite levels of women's squash', *Journal of Human Movement Studies,* 39: 85-104.

Hylton, K. a Totten, M. (2001) 'Community sports development', yn K. Hylton, P. Bramham, D. Jackson ac M. Nesti (goln), *Sports development: Policy, process and practice,* Llundain: Routledge.

Intiso, D., Santilli, V., Grasso, M.G., Rossi, R. a Caruso, I. (1994) 'Rehabilitation of walking with electromyographic biofeedback in foot-drop after stroke', *Stroke,* 25(6): 1189-1192.

Irwin, G., Hanton, S. a Kerwin, D.G. (2004) 'Reflective practice and the origins of elite coaching knowledge', *Reflective Practice,* 5(3): 425-442.

Irwin, G., Hanton, S. a Kerwin, D.G. (2005) 'The conceptual process of progression development in artistic gymnastics', *Journal of Sports Sciences,* 23(10): 1089-1099.

Irwin, G. a Kerwin, D. (2001) 'Use of 2D-DLT for the analysis of longswings on high bar', yn J. Blackwell (gol.), *Proceedings of oral presentations: XIX international symposium on biomechanics in sports,* San Francisco.

Irwin, G. a Kerwin, D.G. (2005) 'Biomechanical similarities of progressions for the longswing on high bar', *Sports Biomechanics,* 4(2): 164-178.

Irwin, G. a Kerwin, D.G. (2006) 'Musculosketal work in the longswing on high bar', yn E. F. Moritz ac S. Haake (goln), *The engineering of sport 6, Volume 1: Developments for sports,* Efrog Newydd, UDA: Springer.

Irwin, G. a Kerwin, D.G. (yn aros i'w gyhoeddi a) 'Musculoskeletal work of high bar progressions', *Sports Biomechanics.*

Irwin, G. a Kerwin, D.G. (yn aros i'w gyhoeddi b) 'Inter-segmental co-ordination of high bar progressions', *Sports Biomechanics.*

Jackson, R.C., Ashford, K.J. a Norsworthy, G. (2006) 'Attentional focus, dispositional reinvestment, and skilled motor performance under pressure', *Journal of Sport and Exercise Psychology,* 28: 49-68.

James, N., Mellalieu, S.D. a Jones, N.M.P. (2005) 'The development of position-specific performance indicators in professional rugby union', *Journal of Sports Sciences,* 23: 63-72.

Janelle, C.M., Kim, J.G. a Singer, R.N. (1995) 'Subject-controlled performance feedback and learning of a closed motor skill', *Perceptual and Motor Skills,* 81(2): 627-634.

Jarvie, G. (1990a) 'Towards an applied sociology of sport' *Scottish Journal of Physical Education,* 18: 11-12.

Jarvie, G. (1990b) 'The sociological imagination', yn Kew, F. (gol.), *Social perspectives on sport,* Leeds: British Association of Sports Sciences a'r National Coaching Foundation.

Jarvie, G. (gol.) (1991) *Sport, racism and ethnicity,* Llundain: Falmer Press.

Jarvie, G. (2006) *Sport, culture and society: An introduction,* Llundain: Routledge.

Jarvie, G. a Maguire, J. (1994) *Sport and leisure in social thought,* Llundain: Routledge.

Jones, G. (1991) 'Recent issues in competitive state anxiety research', *The Psychologist,* 4: 152-155.

152

Jones, G. (1995) 'More than just a game: Research developments and issues in competitive anxiety in sport', *British Journal of Psychology*, 86: 449-478.

Jones, G., Hanton, S. a Swain, A.B.J. (1994) 'Intensity and interpretation of anxiety symptoms in elite and non-elite sports performers', *Personality and Individual Differences*, 17: 657-663.

Jones, G. a Swain, A.B.J. (1992) 'Intensity and direction dimensions of Competitive state anxiety and relationships with competitiveness', *Perceptual and Motor Skills*, 74: 467-472.

Jones, R.L. (2000) 'Toward a sociology of coaching', yn R.L. Jones a K.M. Armour (goln), *The sociology of sport: Theory and practice,* Llundain: Addison Wesley Longman.

Jones, R.L. (2006) 'How can educational concepts inform sports coaching?', yn R.L. Jones (gol.), *The sports coach as educator: Reconceptualising sports coaching*, Llundain: Routledge.

Jones, R.L., Armour, K.M. a Potrac, P. (2002) 'Understanding the coaching process: A framework for social analysis', *Quest*, 54(1): 34-48.

Jones, R.L., Armour, K.M. a Potrac, P. (2003) 'Constructing expert knowledge: A case study of a top-level professional soccer coach', *Sport, Education and Society*, 8(2): 213-229.

Jones, R.L., Armour, K.M. a Potrac, P. (2004) *Sports coaching cultures: From practice to theory*, Llundain: Routledge.

Jones, R.L., Glintmeyer, N. a McKenzie, A. (2005) 'Slim bodies, eating disorders and the coach-athlete relationship: A tale of identity creation and disruption', *International Review for the Sociology of Sport*, 40(3): 377-391.

Jones, R.L., Potrac, P., Cushion, C. a Ronglan, L.T. (2007) 'Making an impression, hiding a defect: How Erving Goffman can help sports coaches', llawysgrif a gyflwynwyd i'w chyhoeddi.

Jones, R.L. a Standage, M. (2006) 'First among equals: Shared leadership in the coaching context', yn R.L. Jones (gol.), *The sports coach as educator: Re-conceptualising sports coaching*, Llundain: Routledge.

Jones, R.L. a Wallace, M. (2005) 'Another bad day at the training ground: Coping with ambiguity in the coaching context', *Sport, Education and Society*, 10(1): 119-134.

Kavussanu, M. a Roberts, G.C. (1996) 'Motivation in physical activity contexts: The relationship of perceived motivational climate to intrinsic motivation and self-efficacy', *Journal of Sport and Exercise Psychology*, 18: 264-280.

Kay, W. (2003) 'Lesson planning with the NCPE 2000-The revised unit of work', *Bulletin of PE*, 39(1): 31-42.

Kernodle, M.W. a Carlton, L.G. (1992) 'Information feedback and the learning of multiple-degree-of-freedom activities', *Journal of Motor Behaviour,* 24(2): 187-196.

Kerwin, D.G., Yeadon, M.R. a Sung-Cheol, L. (1990) 'Body configuration in multiple somersault high bar dismounts', *International Journal of Sport Biomechanics*, 6: 147-156.

Kibler, W.B. (1991) 'Functional biomechanical deficits in runners', *American Journal of Sports Medicine,* 19: 66-71.

Kidman, L. (2001) *Developing decision makers: An empowerment approach to coaching,*

Christchurch, Seland Newydd: Innovative Print Communications.

King, C. (2004) *Offside racism: Playing the white man*, Llundain: Berg.

King, J. (2002) *Budweisers into Czechs and Germans: A local history of Bohemian politics, 1848-1948*, Princeton: Gwasg Prifysgol Princeton.

Kingston, K.M. a Hardy, L. (1997) 'Effects of different types of goals on processes that support performance', *The Sport Psychologist*, 11: 277-293.

Kingston, K.M., Harwood, C.G. a Spray, C.M. (2006) 'Contemporary approaches to motivation in sport', yn S. Hanton ac S.D. Mellalieu (goln), *Literature reviews in sport psychology*, Hauppauge, NY: Nova Science.

Knuttila, M (1996) *Introducing sociology: A critical perspective*, Rhydychen: Gwasg Prifysgol Rhydychen.

Komi, P.V., Linnamo, P. Silventoinen, M. a Sillanpaa, M. (2000) 'Force and EMG power spectrum during eccentric and concentric actions', *Medicine and Science in Sports and Exercise*, 32(10): 1757-1762.

Kowal, J. a Fortier, M.S. (2000) 'Testing relationships from the hierarchical model of intrinsic and extrinsic motivation using flow as a motivational consequence', *Research Quarterly for Exercise and Sport*, 71: 171-181.

Kraemer, W.J., Marchitelli, L., Gordon S.E., Harman, E., Dziados, J.E., Mello, R., Frykman, P., McCurry, D. a Fleck, S.J. (1990) 'Hormonal and growth factor responses to heavy resistance exercise protocols', *Journal of Applied Physiology*, 69: 1442-50.

Kraemer, W.J., Patton, J.F., Gordon, S.E., Harman, E.A., Deschenes, M.R., Reynolds, K., Newton, R.U., Triplett, N.T. a Dziados, J.E. (1995) 'Compatibility of high-intensity strength and endurance training on hormonal and skeletal muscle adaptations', *Journal of Applied Physiology*, 78: 976-989.

Kretchmar, R.S. (1994) *Practical philosophy of sport*, Leeds: Human Kinetics,

Lee, M. (1988) 'Values and responsibilities in children's sport' *Physical Education Review*, 11: 19-27.

Lee, T.D. a Magill, R.A. (1983) 'The locus of contextual interference in motor-skill acquisition', *Journal of Experimental Psychology-Learning Memory and Cognition*, 9(4): 730-746.

Lee, T.D. a Magill, R.A. (1985) 'Can forgetting facilitate skill acquisition?', yn D. Goodman, R. B. Wilberg ac I. M. Franks (goln), *Differing perspectives in motor learning, memory, and control*, Amsterdam: Elsevier.

Lees, A., Vanrenterghem, J. a Dirk, D.C. (2004) 'Understanding how an arm swing enhances performance in the vertical jump', *Journal of Biomechanics*, 37(12): 1929-1940.

Lemert, C. (1997) *Social things: An introduction to the sociological life*, Efrog Newydd: Rowan and Littlefield.

Liao, C. a Masters, R.S.W. (2002) 'Self-focused attention and performance failure under psychological stress', *Journal of Sport and Exercise Psychology*, 24: 289-305.

Lirgg, C.D. a Feltz, D.L. (1991) 'Teacher versus peer models revisited: Effects on motor performance', *Research Quarterly for Exercise and Sport*, 62: 217-224.

154

Long, J., Carrington, B. a Spracklen, K. (1997) 'Asians cannot wear turbans in the scrum: Explorations of racist discourse within professional rugby league', *Leisure Studies* 16(4): 249-259.

Lyle, J. (2002) *Sports coaching concepts,* Llundain: Routledge.

Lyons, K. (1988) *Using video in sport,* Huddersfield: Springfield Books.

Llywodraeth Cynulliad Cymru (2005) *Dringo'n Uwch: Strategaeth Llywodraeth Cynulliad Cymru ar gyfer Chwaraeon a Gweithgarwch Corfforol,* Caerdydd: Llywodraeth Cynulliad Cymru.

McDonald, I. (1995) 'Sport for all – RIP?', yn S. Fleming, M. Talbot ac A. Tomlinson (goln), *Physical education policy and politics in sport and leisure* (Cyhoeddiad LSA rhif 55), Eastbourne: Leisure Studies Association.

MacIntyre, A.C. (1984) *After virtue,* Llundain: Duckworth.

Macionis, J. (2007) *Sociology* (11eg arg.), New Jersey: Pearson Education International.

McNamee, M.J. (1995) 'Sporting practices, institutions and virtues: a critique and a restatement', *Journal of Philosophy of Sport,* 22: 61-82.

McNamee, M.J. (1997) 'Values in sport', yn D. Levinson a K. Christenson (goln), *Encyclopedia of world sport,* Rhydychen: ABC-Clio Inc.

McNamee, M.J. a Parry, S.J. (1990) 'Notes on the concept of "health"', yn J. Long (gol.), *Leisure, health and well-being,* Brighton: LSA Publications.

McNevin, N.H., Shea, C.H. a Wulf, G. (2003) 'Increasing the distance of external focus of attention enhances learning', *Psychological Research,* 67: 22-29.

Magill, R.A. (2004) *Motor learning and performance: Concepts and applications* (7fed arg.), Boston, MA: McGraw-Hill.

Magill, R.A. a Hall, K.G. (1990) 'A review of the contextual interference effect in motor skill acquisition', *Human Movement Science,* 9: 241-289.

Magill, R.A. a Schoenfelder-Zohdi, B. (1996) 'A visual model and knowledge of performance as sources of information for learning a rhythmic gymnastics skill', *International Journal of Sport Psychology,* 27(1): 7-22.

Malberg, E. (1978) 'Science innovation and gymnastic in the USSR', *International Gymnast,* 20: 63.

Marsh, I., Keating, M., Eyre, A., Campbell, R. a McKenzie, J. (1996) *Making sense of society: An introduction to sociology,* Llundain: Longman.

Martens, R. (2004) *Successful coaching,* Champaign, IL: Human Kinetics.

Martens, R., Burton, D., Vealey, R.S., Bump, L.A. a Smith, D.E. (1990) 'Development and validation of the Competitive State Anxiety Inventory-2 (CSAI-2)', yn R. Martens, R.S. Vealey a D. Burton (goln), *Competitive anxiety in sport,* Champaign, IL: Human Kinetics.

Masters, R.S.W. (1992) 'Knowledge, knerves and know-how: The role of explicit versus implicit knowledge in the breakdown of a complex motor skill under pressure', *British Journal of Psychology,* 83: 343-358.

Masters, R.S.W. (2000) 'Theoretical aspects of implicit learning in sport', *International Journal of Sport Psychology,* 31: 530-541.

Mawer, M. (1995) *The effective teaching of physical education*, Essex: Longman.

Maxwell, J.P. a Masters, R.S.W. (2002) 'External versus internal focus instructions: Is the learner paying attention?', *International Journal of Applied Sports Sciences*, 14: 70-88.

Maynard, I.W. a Cotton, P.C.J. (1993) 'An investigation of two stress management techniques in a field setting', *The Sport Psychologist*, 6: 357-387.

Mazur, J. (1990) *Learning and behaviour* (2il arg.), Englewood Cliffs, NJ: Prentice-Hall.

Mellalieu, S.D., Hanton, S. a Fletcher, D. (2006) 'A competitive anxiety review: Recent directions in sport psychology research', yn S. Hanton ac S.D. Mellalieu (goln), *Literature reviews in sport psychology*, Hauppauge, NY: Nova Science.

Merkel, U. a Tokarski, W. (goln) (1996), *Racism and xenophobia in European football*, Aachen: Meyer and Meyer Verlag.

Metzler, M. (2000) *Instructional models for physical education*, Boston: Allyn and Bacon.

Mills, C. Wright (1959) *The sociological imagination*, Efrog Newydd: Gwasg Prifysgol Rhydychen.

Mitchell, M. a Kernodle, M. (2004) 'Using multiple intelligences to teach tennis', *Journal of Physical Education, Recreation and Dance*, 75(8): 27-32.

Moore, W.E. a Stevenson, J.R. (1994) 'Training for trust in sport skills', *The Sport Psychologist*, 8: 1-12.

Morgan, K. a Carpenter, P.J. (2002) 'Effects of manipulating the motivational climate in physical education lessons', *European Journal of Physical Education*, 8: 209-232.

Morgan, K. a Kingston, K. (yn aros i'w gyhoeddi) 'Development of a self-observation mastery intervention programme for teacher education', *Physical Education and Sport Pedagogy*.

Morgan, K., Sproule, J., Weigand, D. a Carpenter, P. (2005a) 'Development of a computer-based measure of teacher behaviours related to motivational climate in Physical Education', *Physical Education and Sport Pedagogy Journal*, 10: 113-135.

Morgan, K., Sproule, J. a Kingston, K. (2005b) 'Teaching styles, motivational climate and pupils' cognitive and affective responses in Physical Education', *European Physical Education Review*, 11(3): 257-286.

Morgan, L. a Fleming, S. (2003) 'The development of coaching in Welsh Rugby Union Football', *Football Studies* 6(2): 39-51.

Morris, L., Davis, D. a Hutchings, C. (1981) 'Cognitive and emotional components of anxiety: Literature review and revised worry-emotionality scale', *Journal of Educational Psychology*, 75: 541-555.

Morris, M. (1998) *Too soon too late: History in popular culture*, Bloomington: Gwasg Prifysgol Indiana.

Mosston, M. (1966) *Teaching physical education*, Columbus, Ohio: Merrill Publishing Co.

Mosston, M. ac Ashworth, S. (2002) *Teaching physical education* (5ed arg.), Columbus, Ohio: Merrill Publishing Co.

Mullen, R. a Hardy, L. (2000) 'State anxiety and motor performance: Testing the conscious processing hypothesis', *Journal of Sport Science*, 18: 785-799.

Murray, S. a Hughes, M. (2001) 'Tactical performance profiling in elite level senior squash', yn M. Hughes ac I.M. Franks (goln), *pass.com*, Caerdydd: CPA, UWIC.

156

Murray, S. a Hughes, M. T. (2006) *The working performance analyst*, papur a gyflwynwyd yn y Gweithdy Dadansoddi Perfformiad Rhyngwladol Cyntaf, ISPAS (Cymdeithas Ryngwladol Dadansoddi Perfformiad Chwaraeon), Caerdydd, Ionawr.

Nesti, M. (2001) 'Working in sports development', yn K. Hylton, P. Bramham, D. Jackson ac M. Nesti (goln), *Sports development: Policy, process and practice*, Llundain: Routledge.

Newell, K.M. a Walter, C.B. (1981) 'Kinematic and kinetic parameters as information feedback in motor skill acquisition', *Journal of Human Movement Studies*, 7(4): 235-254.

Nicholls, J.G. (1989) *The competitive ethos and democratic education*, Cambridge, MA: Gwasg Prifysgol Harvard.

Nissinen, M.A., Preiss, R. a Brüggemann, P. (1985) 'Simulation of human airborne movements on the horizontal bar', yn D.A. Winter ac R. Norman (goln), *Biomechanics IX-B*, Champaign, IL: Human Kinetics.

Nolte, C. (2002) *The Sokol in the Czech lands to 1914: Training for the nation*, Basingstoke: Palgrave Macmillan.

Ntoumanis, N. a Biddle, S.J.H. (1998) 'The relationship between competitive anxiety, achievement goals and motivational climate', *Research Quarterly for Exercise and Sport*, 69: 176-187.

O'Donoghue, P. (2005) 'Normative profiles of sports performance', *International Journal of Performance Analysis in Sport*, 4(1): 67-76.

Ommundsen, Y., Roberts, G.C. a Kavussanu, M. (1998) 'Perceived motivational climate and cognitive and affective correlates among Norwegian athletes', *Journal of Sport sciences*, 16:153-164.

Ost, L.G. (1988) 'Applied relaxation: Description of an effective coping technique', *Scandinavian Journal of Behaviour Therapy*, 17: 83-96.

Papaioannou, A. (1997) 'Perceptions of the motivational climate, beliefs about the causes of success, and sportsmanship behaviours of elite Greek basketball players', yn R. Lidor ac M. Bar-Eli (goln), *Innovations in sport psychology: Linking theory and practice*, Trafodion y Nawfed Cynghrair Byd ar Seicoleg Chwaraeon: Rhan II, Netanya, Israel: Gweinyddiaeth Addysg, Diwylliant a Chwaraeon.

Partridge, D. a Franks, I.M. (1993) 'Computer-aided analysis of sport performance: An example from soccer', *The Physical Educator*, 50: 208-215.

Patel, D.R., Greydanus, D.E., Pratt, H.D. a Phillips, E.L. (2003) 'Eating disorders in adolescent athlete', *Journal of Adolescent Research*, 18: 280-296.

Pelletier, R.L., Montelpare, W.J. a Stark, R.M. (1993) 'Intercollegiate ice hockey injuries: A case for uniform definitions and reports', *American Journal of Sports Medicine*, 21: 78-81.

Perez, C.R., Meira, C.M. a Tani, G. (2005) 'Does the contextual interference effect last over extended transfer trials?', *Perceptual and Motor Skills*, 100(1): 58-60.

Perkins, D. (1999) 'The many faces of constructivism', *Educational Leadership*, 57(3): 6-11.

Perkins-Ceccato, N., Passmore, S.R. a Lee, T.D. (2003) 'Effects of focus attention

157

depend on golfer's skill', *Journal of Sports Sciences*, 21: 593-600.

Pichert, J., Anderson, R., Armrustro, S., Surber, J. a Shirley, L. (1976) *A report: an evaluation of the spectrum of teaching styles*, Champaign, IL: Prifysgol Illinois, Labordy ar gyfer Astudiaethau Addysg.

Pigott, R.E. a Shapiro, D.C. (1984) 'Motor schema: The structure of the variability session', *Research Quarterly for Exercise and Sport*, 55(1): 41-45.

Polley, M. (1998) *Moving the goalposts: A history of sport and society since 1945,* Llundain: Routledge.

Poolton, J.M., Maxwell, J.P., Masters, R.S.W. a Raab, M. (2006) 'Benefits of an external focus of attention: Common coding or conscious processing?', *Journal of Sports Sciences*, 24: 89-99.

Potrac, P. a Jones, R.L. (1999) 'The invisible ingredient in coaching knowledge: A case for recognising and researching the social component', *Sociology of Sport Online*, 2(1) [Ar-lein] http://physed.otago.ac.nz/sosol/home.htm

Potrac, P., Jones, R.L. ac Armour, K.M. (2002). '"It's all about getting respect": The coaching behaviours of an expert English soccer coach', *Sport, Education and Society,* 7(2): 183-202.

Potter, G. a Hughes, M. (2001) 'Modelling in competitive sports', yn M. Hughes ac F. Tavares (goln), *Notational analysis of sport IV*, Caerdydd: UWIC.

Powers, C.H. (2004) *Making sense of social theory: A practical introduction*, Lanham, MD: Rowan and Littlefield.

Premack, D. (1965) 'Reinforcement theory', yn D. Levine (gol.), *Nebraska symposium on motivation*, Lincoln: Gwasg Prifysgol Nebraska.

Pribram, K.H. a McGuiness, D. (1975) 'Arousal, activation and effort in the control of attention', *Psychological Review,* 82: 116-149.

Prinz, W. (1997) 'Perceptions and action planning', *European Journal of Cognitive Psychology,* 9: 129-154.

Purdy, L.G. (2006) 'Coaching in the 'current': Capturing the climate in elite rowing training camps', Traethawd PhD heb ei gyhoeddi, Prifysgol Otago, Seland Newydd.

Richardson, L. a Mumford, K. (2002) 'Community, neighbourhood, and social Infrastructure', yn J. Hills, J. Le Grand a D. Piachaud (goln), *Understanding social exclusion,* Rhydychen: Gwasg Prifysgol Rhydychen.

Roberts, G.C. (2001) 'Understanding the dynamics of motivation in physical activity: The influence of achievement goals on motivational processes', yn G.C. Roberts (gol.), *Advances in motivation in sport and exercise*, Champaign, IL: Human Kinetics.

Roberts, G.C., Treasure, D.C. a Kavussanu, M. (1996) 'Orthogonality of achievement goals and its relationship to beliefs about success and satisfaction in sport', *Sport Psychologist*, 10: 398-408.

Roberts, K. (2004) *The leisure industries*, Basingstoke, Hants.: Palgrave Macmillan.

Robertson, G., Caldwell G., Hamill, J., Kamen, G. a Whittlesey, S. (2004) *Research methods in biomechanics*, Champaign, IL: Human Kinetics.

Robinson, L. (2004) *Managing public sport and leisure services*, Llundain: Routledge.

158

Rodano, R., a Tavana, R. (1995) 'Three-dimensional analysis of instep kicks in professional soccer players', yn T. Reilly, J. Clarys, ac A. Stibbe (goln), *Science in Football II*, Llundain: E & FN Spon.

Rogers, C.A. (1974) 'Feedback precision and post-feedback interval duration', *Journal of Experimental Psychology*, 102(4): 604-608.

Rothstein, A.L. ac Arnold, R. K. (1976) 'Bridging the gap: Application of research on videotape feedback and bowling', *Motor Skills: Theory into Practice*, 1: 36-61.

Ryan, R.M. a Deci, E.L. (2000) 'Self-determination theory and the facilitation of intrinsic motivation, social development, and well-being', *American Psychologist*, 55: 68-78.

Salmoni, A.W., Schmidt, R.A. a Walter, C.B. (1984) 'Knowledge of results and motor learning: A review and critical reappraisal', *Psychological Bulletin*, 95(3): 355-386.

Sanderson, F.H. a Way, K.I.M. (1979) 'The development of objective methods of game analysis in squash rackets', *British Journal of Sports Medicine*, 11(4): 188.

Schmidt, R.A. (1975) 'Schema theory of discrete motor skill learning', *Psychological Review*, 82(4): 225-260.

Schmidt, R.A. (1991) 'Frequent augmented feedback can degrade learning: Evidence and interpretations', yn J. Renquin a G.E. Stelmach (goln), *Tutorials in motor neuroscience*, Dordrecht, Yr Iseldiroedd: Kluwer Academic Publishers.

Schmidt, R.A. a Wrisberg, C.A. (2000) *Motor learning and performance* (2il arg.), Champaign, IL: Human Kinetics.

Schunk, D. (1999) 'Social self interaction and achievement behaviour', *Educational Psychologist*, 26: 207-231.

Scottish Executive (1998) *The national strategy for sport*, Caeredin: Gweithrediaeth yr Alban.

Scuderi, G.R. a McCann, P.D. (2005) *Sports medicine: A comprehensive approach*, PA: Elsevier Mosby Books.

Sharpe, T. a Koperwas, J. (1999) BEST: *Behavioral evaluation strategy and taxonomy software*, CA: Sage Publications Inc.

Shea, C.H. a Kohl, R.M. (1990) 'Specificity and variability of practice', *Research Quarterly for Exercise and Sport*, 61(2):169-177.

Shea, C.H. a Kohl, R.M. (1991) 'Composition of practice: Influence on the retention of motor-skills', *Research Quarterly for Exercise and Sport*, 62(2): 187-195.

Shea, J.B. a Zimny, S.T. (1983) 'Context effects in memory and learning in movement information', yn R.A. Magill (gol.), *Memory and control of action*, Amsterdam: North-Holland.

Shoenfelt, E.L., Snyder, L.A., Maue, A.E., McDowell, C.P. a Woolard, C.D. (2002) 'Comparison of constant and variable practice conditions on free-throw shooting', *Perceptual and Motor Skills*, 94(3): 1113-1123.

Shumway-Cook, A., Anson, D. a Haller, S. (1988) 'Postural sway biofeedback: Its effect on re-establishing stance stability in hemiplegic patients', *Archives of Physical Medicine and Rehabilitation*, 69(6): 395-400.

Siedentop, D. (1991) *Developing teaching skills in physical education* (3ydd arg.), Mountain View, CA: Mayfield.

Simon, R.L. (1991) *Fair play*, Llundain: Westview Press.

Singer, R.N. (1985) 'Sport performance: A five-step approach', *Journal of Physical Education and Recreation*, 57: 82-84.

Singer, R.N. (1988) 'Strategies and metastrategies in learning and performing self-paced athletic skills', *The Sport Psychologist*, 2: 49-68.

Skills Active (2005) *National occupational standards: NVQ/SQV Level 3 in sports development*, Llundain: Skills Active.

Slavin, R. (2003) *Educational psychology: Theory and practice* (7fed arg.), Boston: Allyn and Bacon.

Smith, A.D. (1991) *National identity*, Llundain: Penguin.

Smith, C.A. (1994) 'The warm-up procedure to stretch or not to stretch: A brief review', *Journal of Orthopaedic Sports Physiotherapy*, 19: 12-17.

Smolevskij, V. (1969) *Masterstvo gimnastov*, Mosgo.

Solmon, M.A. (1996) 'Impact of motivational climate on students' behaviors and perceptions in a physical education setting', *Journal of Educational Psychology*, 88: 731-738.

Sports coach UK (2004) *UK coaching certificate monitoring study: learning from the early stages of implementation: Phase 2 report*, Leeds: Sports coach UK.

Sports coach UK (2006) *UK action plan for coaching: Consultation draft*, Leeds: Sports coach UK.

Spray, C.M. (2002) 'Motivational climate and perceived strategies to sustain pupils' discipline in physical education', *European Physical Education Review*, 18: 5-20.

Spray, C.M., Wang, C.K.J., Biddle, S.J.H. a Chatzisarantis, N.L.D. (2006) 'Understanding motivation in sport: An experimental test of achievement goal and self determination theories', *European Journal of Sport Sciences*, 6: 43-51.

Standage, M., Duda, J.L. a Ntoumanis, N. (2003) 'Predicting motivational regulations in physical education: The interplay between dispositional goal orientations, motivational climate and perceived competence', *Journal of Sports Sciences*, 21: 631-647.

Statman, D. (gol.) (1997) *Virtue ethics*, Caeredin: Gwasg Prifysgol Caeredin.

Steele, M.K. (1996) *Sideline help: A guide for immediate evaluation and care of sports injuries.* Champaign, IL: Human Kinetics.

Stones, R. (1998) 'Tolerance, plurality and creative synthesis in sociological thought', yn R. Stones (gol.), *Key sociological thinkers*, Basingstoke, Hants.: Macmillan Press.

Suinn, R.M. (1987) 'Behavioural approaches to stress management in sports', yn J.R. May ac M.J. Asken (goln), *Psychology of motor behaviour and sport*, Champaign, IL: Human Kinetics.

Suits, B. (1995) 'The elements of sport', yn W.P. Morgan a K.V. Meier (goln), *Philosophic inquiry in sport*, Leeds: Human Kinetics.

Swain, A.B.J. a Jones, G. (1993) 'Intensity and frequency dimensions of Competitive state anxiety', *Journal of Sport Sciences*, 11: 533-542.

Swinnen, S.P., Schmidt, R.A., Nicholson, D.E. a Shapiro, D.C. (1990) 'Information feedback for skill acquisition: Instantaneous knowledge of results degrades learning', *Journal of Experimental Psychology: Learning, Memory and Cognition*, 16(4): 706-716.

160

Taylor, M. (2005) *The leaguers: The making of professional football in England, 1900-1939*, Lerpwl: Gwasg Prifysgol Lerpwl.

Thomas, O., Maynard, I. a Hanton, S. (2004) 'Temporal aspects of competitive anxiety and self-confidence as a function of anxiety perceptions', *The Sport Psychologist*, 18: 172-187.

Tinning, R., Kirk, D. ac Evans, J. (1993) *Learning to teach physical education*, Llundain: Prentice Hall.

Torkildsen, G. (2005) (5ed arg.) *Leisure and recreation management*, Abingdon: Routledge.

Treasure, D. (1993) 'A social-cognitive approach to understanding children's achievement behavior, cognitions, and affect in competitive sport', traethawd doethuriaeth heb ei gyhoeddi, Prifysgol Illinois, Urbana-Champaign.

Tumilty, D. (2000) 'Protocols for the physiological assessment of male and female soccer players', yn C.J. Gore (gol.), *Physiological tests for elite athletes: Australian Sports Commission*, Champaign, IL: Human Kinetics.

Vallerand, R.J. (1997) 'Toward a hierarchical model of intrinsic and extrinsic motivation', yn M.P. Zanna (gol.), *Advances in experimental sport psychology*, San Diego, CA: Academic Press.

Vallerand, R.J. a Losier, G.F. (1999) 'An integrative analysis of intrinsic and extrinsic motivation in sport', *Journal of Applied Sport Psychology*, 11: 142-169.

Van Emmerik, R.E.A a van Wegen, E.E.H. (2000) 'On variability and stability in human movement', *Journal of Applied Biomechanics*, 16: 394-406.

Van Mechelen, W., Hlobil, H. a Kemper, H.C. (1992) 'Incidence, severity, aetiology and prevention of sports injuries: A review of concepts', *Sports Medicine*, 14: 82-99.

Vealey, R.S. (1986) 'Conceptualization of sport-confidence and competitive orientation: Preliminary investigation and instrument development', *Journal of Sport Psychology*, 8: 221-246.

Vealey, R.S. (2001) 'Understanding and enhancing self-confidence in athletes', yn R.N. Singer, H.A. Hausenblas a C.M. Janelle (goln), *Handbook of sport psychology*, Efrog Newydd: John Wiley and Sons Inc.

Vealey, R.S., Hayashi, S.W., Garner-Holman, M. a Giacobbi, P. (1998) 'Sources of sport-confidence: Conceptualization and instrument development', *Journal of Sport and Exercise Psychology*, 21: 54-80.

Vlachopoulos, S.P. a Biddle, S.J.H. (1997) 'Modelling the relation of goal orientations to achievement-related affect in physical education: Does perceived ability matter?', *Journal of Sport and Exercise Psychology*, 19: 169-187.

Vygotsky, L. (1978) *Mind and Society*, Cambridge, MA: MIT Press.

Walker, J. ac O' Shea. T. (1999) *Behaviour management: A practical approach for educators* (7fed arg.), Upper Saddle River, NJ: Pentice Hall.

Walling, M.D., Duda, J.L. a Chi, L. (1993) 'The perceived motivational climate in sport questionnaire: Construct and predictive validity', *Journal of Sport and Exercise Psychology*, 15: 172-183.

Watkins, C. a Mortimer, P. (1999) 'Pedagogy: what do we know', yn P. Mortimer (gol.), *Understanding pedagogy and its impact on learning*, Llundain: Paul Chapman.

Watkins, J. (yn aros i'w gyhoeddi) *An introduction to the biomechanics of sport and exercise*, Caeredin: ELSEVIER.

Weinberg, R. a Gould, D. (2003) *Foundations of sport and exercise psychology* (3ydd arg.), Champaign, IL: Human Kinetics.

Whannel, G. (1992) *Fields in vision: Television sport and cultural transformation*, Llundain: Routledge.

White, A. a Bailey, J. (1990) 'Reducing disruptive behaviour of elementary physical education students with sit and watch', *Journal of Applied Behaviour Analysis*, 3: 353-359.

Williams, J. (2003) *A game for rough girls? A history of women's football in Britain*, Llundain: Routledge.

Williams, J.M. a Straub, W.F. (2006) 'Sport psychology: Past, present, future', yn J.M. Williams (gol.), *Applied sport psychology: Personal growth to peak performance* (5ed arg.) Mountain View, CA: Mayfield.

Wilson, C., King, M.A. a Yeadon, M.R. (2006) 'Determination of subject-specific model parameters for visco-elastic elements', *Journal of Biomechanics*, 39: 1883–1890.

Winstein, C.J. a Schmidt, R.A. (1990) 'Reduced frequency of knowledge of results enhances motor skill learning', *Journal of Experimental Psychology-Learning Memory and Cognition*, 16(4): 677-691.

Woodman, T. a Hardy, L. (2001a) 'Stress and anxiety', yn R. Singer, H.A. Hausenblas a C.M. Janelle (goln), *Handbook of research on sport psychology* (2il arg.), Efrog Newydd: Wiley.

Woodman, T. a Hardy, L. (2001b) 'A case study of organizational stress in elite sport', *Journal of Applied Sport Psychology*, 13: 207-238.

Wulf, G., McNevin, N.H., Fuchs, T., Ritter, F. a Toole, T. (2000) 'Attentional focus in complex skill learning', *Research Quarterly for Exercise and Sport*, 71: 229-239.

Wulf, G. a Prinz, W. (2001) 'Directing attention to movement effects enhances learning: a review', *Psychonomic Bulletin and Review*, 8: 648–660.

Wulf, G. a Schmidt, R.A. (1994) 'Contextual interference effects in motor learning: Evaluating a KR-usefulness hypothesis', yn J.R. Nitsch ac R. Seiler (goln), *Movement and sport: Psychological foundations and effects*, Sankt Augustin, Yr Almaen: Acedemia Verlag.

Zimmerman, B.J. a Kitsantas, A. (1996) 'Self-regulated learning of a motoric skill: The role of goal setting and self-monitoring', *Journal of Applied Sport Psychology*, 8: 60-75.

Zinkovsky, A.V., Vain, A.A. a Torm, R.J. (1976) 'Biomechanical analysis of the formation of gymnastic skill', yn P.V. Komi (gol.), *Biomechanics VB, International Series on Biomechanics*, Champaign, IL: Human Kinetics.

Zinsser, N., Bunker, L. a Williams, J.M. (2001) 'Cognitive techniques for building confidence and enhancing performance', yn J.M. Williams (gol.), *Applied sport psychology: Personal growth to peak performance*, Mountain View, CA: Mayfield.

162

GEIRFA

PENNOD 1

adeileddiaeth	constructivism
amserlen cymhareb amrywiol	variable ratio schedule
atgyfnerthwr	reinforcer
atgyfnerthwyr allanol	extrinsic motivators
atgyfnerthwyr mewnol	intrinsic motivators
canfyddiad normadol	normative perception
cosbwr	punisher
cyflyru gweithredol	operant conditioning
cyfranogwyr	participants
cynnydd cyn tewi	extinction burst
Darganfod dan Arweiniad	Guided Discovery
Darganfod Dargyfeiriol	Divergent Discovery
deddf effaith	law of effect
Dwyochrog	Reciprocal
ergyd flaenllaw	forehand shot
gafael	grip
hunangyfeiriol	self-referenced
hunanreoleiddio	self regulation
parth datblygiad procsimol	zone of proximal development
Pennwyd gan y Dysgwr	Learner Initiated

164

saib	time out
sbardun ac ymateb	stimulus and response
sgaffaldio	scaffolding
sgiliau symud	motor skills
symbyliad allanol	extrinsic motivation
symbyliad mewnol	intrinsic motivation
symbylol	motivational
symbylwyr	motivators
theori deallusrwydd lluosog	multiple intelligence theory
theori dysgu adeileddol	constructivist learning theory
theori dysgu cymdeithasol	social learning theory
theori dysgu ymddygiadol	behavioural learning theory
theori hinsawdd symbylol	motivational climate theory
ymddygiadwyr	behaviourists

PENNOD 2

adborth ar lafar	verbal feedback
adborth cyfredol	concurrent feedback
adborth estynedig	augmented feedback
adborth gohiriedig	delayed feedback
adborth terfynol	terminal feedback
bioadborth	biofeedback
caffael sgiliau	skill acquisition
effaith ymyriad cyd-destunol	contextual interference effect
effeithlonrwydd	efficacy
ergyd flaenllaw top-sbin	top-spin forehand
ffocws pell	distal focus
ffocws procsimol	proximal focus
ffocws sylw	attentional focus
gafael	grip
hypothesis ail-lunio'r cynllun gweithredu	action plan reconstruction hypothesis
hypothesis arweiniad	guidance hypothesis
hypothesis effaith gweithred	action effect hypothesis
hypothesis ymhelaethu	elaboration hypothesis
nodau proses cyfannol	holistic process goals
nodau proses unigol	isolated process goals

patrwm gwrthreddfol	counter intuitive pattern
rhaglen symud gyffredinol	generalised motor programme
sgiliau symud	motor skills
sylw hunanffocws	self-focused attention
systemau propriodderbynnol	proprioceptive systems
ymarfer amrywiol	variable practice
ymarfer bloc	blocked practice
ymarfer cymysg	random practice
ymarfer cyson	constant practice

PENNOD 3

actifiad	activation
atgyfnerthu cysylltiedig	contingent reinforcement
canfyddiad cyfeiriadol	directional perception
canlyniadau camaddasol	maladaptive consequence
campau cyffwrdd	contact sport
cyfeiriadedd ego	ego orientation
cyfeiriadedd tasg	task orientation
cyflawniad perfformiad	performance accomplishment
cysur amgylcheddol	environmental comfort
ffafrioldeb sefyllfaol	situational favourableness
gwahaniaeth cyflwr-nodwedd	state-trait distinction
gwanychol	debilitative
hunaneffeithlonrwydd	self-efficacy
hunangadarnhad	self-affirmation
hwylusol	facilitative
hyder chwaraeon	sport confidence
model trychineb	catastrophe model
newidyn cymedroli	moderator variable
perffeithiaeth	perfectionism
perswâd ar lafar	verbal persuasion
perthynas	relatedness
profiad dirprwyol	vicarious experience
pryder cystadleuol	competitive anxiety
rhaglen ymlacio cyhyrol-gynyddol	progressive-muscular relaxation programme
rheoli cynnwrf emosiynol a ffisiolegol	physiological and emotional arousal control

166

siarad â'r hunan — self-talk

straenachoswr cystadleuol — competitive stressor

straenachoswr sefydliadol — organisational stressor

theori cyrraedd nodau — achievement goal theory

theori gwerthuso gwybyddol — cognitive evaluation theory

theori hunanbenderfyniad — self determination theory

theori pryder amlddimensiynol — multidimensional anxiety theory

ymateb pryder — anxiety response

PENNOD 4

cystadlaethau tri diwrnod — three day eventing

dychymyg cymdeithasegol — sociological imagination

gweithrediant — agency

rhyngweithedd cymdeithasol — social interactionism

rhyngweithedd symbolaidd — symbolic interactionism

rhywedd — gender

sianelu — channelling

stacio — stacking

PENNOD 5

cenedlaetholdeb — nationalism

codeiddio chwaraeon — sports codification

Cwlt Athletiaeth — Cult of Athleticism

cymuned a ddychmygir — imagined community

eiconosentrig — iconocentric

gwladwriaeth genedlaethol — nation state

hunaniaeth genedlaethol — national identity

hynodyn emblematig — emblematic singularity

iaithsentrig — linguacentric

teithi — traits

traddodiad dyfeisiedig — invented tradition

PENNOD 6

canlyniadaeth — consequentialism

cyfannol — holistic

dyletswyddeg — deontology

167

dyletswyddwr	deontologist
gwaharddiadau	proscriptions
gwertheg	axiology
iwtilitariaeth	utilitarianism
iwtilitarydd	utilitarian (n)
moeseg	ethics
moeseg rhinweddau	virtue ethics
moesegol	ethical
moesegwyr	ethicists
moesol	moral
myfyrio	reflect/reflection
myfyriol	reflective
ontoleg	ontology
ontolegol	ontological
rhanddeiliaid	stakeholders

PENNOD 7

Dringo'n Uwch	Climbing Higher
Safonau Galwedigaethol Cenedlaethol (NOS)	National Occupational Standards (NOS)

PENNOD 8

aelodau	limbs
â'r coesau ar led	straddle
bwrdd llofneidio	vaulting table
ceffyl llofneidio	vaulting horse
cinemateg	kinematics
cineteg	kinetics
cyfangiadau cyhyrol	muscular contractions
cyfnod gweithredol y glun	hip functional phase
dadansoddi ansoddol	qualitative analysis
dadansoddi lled-feintiol	semi-quantitative analysis
dadansoddi meintiol	quantitative analysis
dadansoddi nodiannol	notational analysis
dangosydd perfformiad arwahanol	discrete performance indicator
dangosydd perfformiad parhaus	continuous performance indicator
disgyniad ôl drosben syth triphlyg	triple straight backward somersault dismount

168

electromyograffeg	electromyography
gwthiad	thrust
gyriad	drive
hafaliad mudiant	equation of motion
hwb/hybiau	impulse(s)
model dynameg tuag ymlaen	forward dynamics model
penodoldeb	specificity
picell	javelin
plygiad	flexion
rhyngwyneb hyfforddiant-biomecaneg	coaching-biomechanics interface
siâp cwrcwd	tuck shape
swing hir	longswing
swing tuag i lawr	downswing
synhwyrydd/synwyryddion	sensor(s)
ymestyniad dynamig y glun	dynamic hip extension
yn blyg	piked

PENNOD 9

I'r darllenydd: Mae'r mân amrywiadau'n dibynnu ar rediad y frawddeg.

adalw	retrieve/retrieval
asesiad wedi'r gêm	post-game assessment
cymarebau syml ergydion ennill / camgymeriadau	simple winner and error ratios
dadansoddi amser-real	real-time analysis
dadansoddi nodiannol	notational analysis
dadansoddiad o ergydion ennill/ camgymeriad	winner/error analysis
dadansoddiad ôl-ddigwyddiad	post-event analysis
dadansoddwr nodiannol	notational analyst
dangosydd perfformiad	performance indicator
dwyn i gof	recall
ffenest fotymau	button window
gêm oresgyn	invasion type game
let	let
meddalwedd systemau nodiannol	notational software systems
newidyn(nau)	variable(s)
offeryn nodiannol	notational instrument

169

pecynnau meddalwedd nodiannol	software notation packages
prawf dibynadwyedd rhyng-arsylwyr	inter-observer reliability test
prawf dibynadwyedd un-arsylwr	intra-observer reliability test
proffiliau normadol	normative profiles
strôc	stroke
system nodiannu â llaw/nodiant llaw	hand notation system
systemau dadansoddi fideo	video analysis systems
systemau nodiannol	notational systems
systemau nodiannu biomecanyddol	biomechanical notation system
systemau nodiannu/nodiant	notation systems
systemau nodiannu/nodiant cyfrifiadurol	computerised notation systems
Technoleg Dadansoddi Syml Ergydion Ennill a Chamgymeriadau [SWEAT]	Simple Winner and Error Analysis Technology [SWEAT]
yn ystod digwyddiad	in-event

PENNOD 10

adfer / adferiad	rehabilitation
ailddechrau cystadlu/chwarae	return to competition/play
ailddechrau ymarfer a chystadlu	return to training and competition
amenorhea	amenorrhoea
anafiadau acíwt	acute injuries
anafiadau acíwt allanol	extrinsic acute injuries
anafiadau acíwt mewnol	intrinsic acute injuries
anafiadau cronig	chronic injuries
anafiadau cronig allanol	extrinsic chronic injuries
anafiadau cronig mewnol	intrinsic chronic injuries
anafiadau chwaraeon	sports injuries
anafiadau gorddefnydd	overuse injuries
anafiadau sy'n datblygu'n raddol	gradual onset injuries
anafiadau trawiad sydyn	sudden impact injuries
anhwylder bwyta	eating disorder
atal	prevention
atal anafiadau	injury prevention
athletwr campau dygn	endurance athlete
baich yr ymarfer	training load
camaliniad aelodau	limb malalignment

170

campau cyffwrdd	contact sports
clunwst	sciatica
cyfangiadau'r cyhyrau	muscle contractions
cyfergyd	concussion
cyflyru	conditioning
cyfraddau anafiadau	injury rates
cyffroad uwchsain	ultra sound stimulation
cyffuriau gwrthlidiol	anti-inflammatories
cymalsyllol	arthroscopic
cynllun ystwytho	warm-up routine
datgymalu	dislocate / dislocation
disymudrwydd	inactivity
dwyster yr ymarfer	training intensity
epiffysis / epiffysisau	epiphysis / epiphyses
gêm ymarfer ffug	simulated match practice
goddefedd poen	pain tolerance
gorau posib	optimal
gorbronadu	overpronation
gorymestyn	hyperextension
gweyllen y ffêr	Achilles tendon
halogiad	contamination
lladd sioc	shock absorption
llid ar y penelin	tennis elbow
llonyddu	immobilise / immobilisation
meddygaeth chwaraeon	sports medicine
meinwe meddal	soft tissue
orthoteg	orthotics
osteoporosis	osteoporosis
rhagdueddiadau genetig	genetic predisposition
rheoli anafiadau	injury management
rheoli ar y pryd	immediate management
rheoli cynnar	early management
steroidau cortison	cortisone steroids
straenachoswr	stressor
syndrom tanberfformio diesboniad	unexplained underperformance syndrome
syndrom triawd y menywod	female triad syndrome

171

torri llengig	rupture
tylino	massage
tylinwr corff	masseur
y broses wella	recovery process
ystwytho	warm-up

PENNOD 11

I'r darllenydd: Mae'r mân amrywiadau'n dibynnu ar rediad y frawddeg.

adweithiau rhyddhau egni	energy-releasing reactions
amlwibiadau	repeated-sprint
amrywio	variation
cryfder	strength
cyfangu'n araf	slow-contracting
cyfangu'n gyflym	fast-contracting
cyfradd curiad y galon	heart rate
cyfyngiadau cyhyrol	muscle contraction
cyhyrau (sydd) ar waith	working muscles
dwyster isel	short-intensity
dwyster uchel	high-intensity
dygn / dygnwch	endurance
ffibrau cyhyrol	muscle fibres
ffrwydroldeb cyhyrau'r coesau	leg muscle explosiveness
gorlwytho	overload
grym/grymoedd	force(s)
hyfforddiant seibiannol	interval training
hyfforddwr dygnwch	endurance coach
hypertroffedd	hypertrophy
màs cyhyrol	muscle mass
metabolaeth aerobig	aerobic metabolism
metabolaeth anaerobig	anaerobic metabolism
nerth	power
penodoldeb	specificity
sesiwn hyfforddi dygnwch hirfaith	prolonged endurance training session
sesiwn hyfforddi ffrwydroldeb	explosiveness training session
stôr o egni	energy store
stôr y cyhyrau o egni	muscles' energy store

system gardioresbiradol	cardio-respiratory system
tro / troeon	bout(s)
tro o ymarfer	exercise bout
un tro o ymarfer caled	single bout of all-out exercise

PENNOD 12

chwaraewr llinell gefn	baseliner
gêm yng nghefn y cwrt	backcourt game
perthynas gamweithredol	dysfunctional relationship
serf-a-foli	serve-and-volley
strociau llawr	ground strokes
tennis oed agored	open age tennis
trylwyredd	rigour

173

MYNEGAI

Mae rhifau'r tudalennau sydd mewn *teip italig* yn cyfeirio at ffigurau a thablau

174

ego, ymgyfraniad 31-2

egwyddor penodoldeb 134

Egwyddor Premack 5

ethnigrwydd 46-7

Fasting, K. 47

Fletcher, D. *et al.* 38

Focus, system nodiannol gyfrifiadurol 110

Franks, I.M.: *et al.* 102, 103, 104; a Goodman, D. 105, 106; a Hughes, M. 102, 104, 108,
    110; a Miller, G. 102-3

Ffederasiwn Rhyngwladol Meddygaeth Chwaraeon (FIMS) 115

ffisioleg: agweddau perfformiad 127-30; asesu ffitrwydd 132; asesu galwadau chwaraeon
    130; hyfforddi i wella perfformiad 132-6

ffisioleg campau amlwibiadau 129-30

ffitrwydd aerobig ac anaerobig 135-6

ffocws sylw 23-7

ffocws sylw allanol 23-5

ffordd yr hyfforddwr o feddwl 88

Fframwaith Hyfforddi'r DU 79-80, 83

Game Plan (DCMS/Uned Strategol) 78, 84

Gardner, H. 12, 13

gwahaniaethau rhwng unigolion 7, 9, 10-11, 32, 51; gwybodaethau hyfforddi 138-43;
    lefelau gallu 70-2

gweithgaredd niwrogyhyrol 98

gwertheg (gwerthoedd) 65, 66-7

gwerthoedd allanol a mewnol 66-7

gwerthoedd gwrthrychol a goddrychol 66

gwerthuso arferion hyfforddi 91-3

gwibio 127-8, 129-30, 134

gwrthdaro buddiannau 66

gwybodaethau hyfforddi 138-43

hanes: a hunaniaeth genedlaethol 56-60; datblygu chwaraeon 74-5; hyfforddi
    chwaraeon 53-6

Hardy, L. 32, 37; *et al.* 23, 25, 33; a Parfitt, C.G. 37

178

180

sgiliau, gwella 91-2

sgiliau symud 23

siarad â'r hunan 35

siartiau llif 106-8, 110, *111*

Slavin, R. 4, 5-6, 8

Sporting Future for All (DCMS) 78, 84

Sports Coach UK 78-9, 80, 83, 84

SportsCode, system nodiannu gyfrifiadurol 110

straen a phryder 36-8; effeithiau 26, 37; hunaneffeithlonrwydd 34

straenachoswyr cystadleuol 36

straenachoswyr sefydliadol 38

strategaeth dysgu dealledig 25

strategaeth dysgu diarwybod 25

strwythuro'r amgylchedd ymarfer 17-20

sylw hunanffocws 23-7

symbyliad 29-33; ac adfer 123; atgyfnerthwyr 5-7, 36; mewnol ac allanol 30-1, 66-7;
    sylwi, cadw, cynhyrchu symud a symbylu 7

system gardioresbiradol 134

systemau nodiannol cyfrifiadurol 104, 108-9, 110-12

systemau nodiannu â llaw 103-4

TARGET, amgylchedd dysgu 13-14

Tinning, R. *et al.* 11

Tystysgrif Hyfforddi'r DU (UKCC) 79

theori cyrraedd nodau (AGT) 31-3

theori dysgu cymdeithasol 7-8

theori dysgu ymddygiadol 4-7

theori gwerthuso gwybyddol (CET) 31

theori hunanbenderfyniad (SDT) 30-1

theori pryder amlddimensiynol (MAT) 36

theorïau dysgu 4-7

theorïau dysgu adeileddol 8-9

Van Mechelen, W. *et al.* 117, 118

Vealey, R.S. 33, 35-6

Vygotsky, L. 8-9

Watkins, C. a Mortimer, P. 3

Wulf, G.: *et al.* 23, 24-5; a Prinz, W. 24-5